青少年STEAM活动核心系列丛书

# 创新能力训练
## ——打破思维定式，激发无限创意

朱　洁◎著

清华大学出版社
北　京

## 内容简介

本书是专门为青少年编程、创客及STEAM教育编写的“创新思维及能力训练”教材。目前的创客教育普遍存在“重技术，轻思维”的误区。本书的写作初衷就是为目前技术主导的创客教育补齐“问题意识”和“思维训练”这两块短板，让孩子们不仅具有创造的动手能力，还具有发现问题的眼光和产生创意的头脑。本书根据创新能力的四大要求——发问、创新、行动、表达，设计了六部分内容：第一章为“创新，不像你想得那么难？”，即认识创新与创造的区别，从而了解创新思维的脑科学基础；第二章为“如何发现好问题？”；第三、第四章为“如何想出好主意？”，即通过训练提升创新思维能力，包括发散思维训练和收敛思维训练两部分；第五章为“如何找到好方案？”，即通过训练提升行动力；第六章为“如何表达好创意？”，即通过训练提升表达力。

本书以国内外最新的创新理论和方法为基础，首次专门为小创客量身定制了21个创新能力训练小工具，便于老师教学和孩子自学。



**图书在版编目（CIP）数据**

创新能力训练：打破思维定式，激发无限创意 / 朱洁著. —北京：清华大学出版社，2020.11

（青少年STEAM活动核心系列丛书）

ISBN 978-7-302-54766-2

I.①创…　II.①朱…　III.①创造能力—能力培养—青少年读物　IV.①G305-49

中国版本图书馆CIP数据核字（2020）第013351号

**责任编辑：**贾小红
**封面设计：**秦　丽
**版式设计：**文森时代
**责任校对：**马军令
**责任印制：**丛怀宇

**出版发行：**清华大学出版社
　　**网　　址：**http://www.tup.com.cn，http://www.wqbook.com
　　**地　　址：**北京清华大学学研大厦A座　　**邮　　编：**100084
　　**社 总 机：**010-62770175　　**邮　　购：**010-62786544
　　**投稿与读者服务：**010-62776969，c-service@tup.tsinghua.edu.cn
　　**质量反馈：**010-62772015，zhiliang@tup.tsinghua.edu.cn
**印 装 者：**北京博海升彩色印刷有限公司
**经　　销：**全国新华书店
**开　　本：**170mm×230mm　　**印　　张：**19.25　　**字　　数：**343千字
**版　　次：**2020年11月第1版　　**印　　次：**2020年11月第1次印刷
**定　　价：**79.80元

---

产品编号：081743-01

# 前　言

儿童编程之父米切尔·雷斯尼克（Mitchel Resnick）指出，现在的小学生，大概有三分之二会在将来从事目前尚未发明出来的工作。要想在变化如此快速的世界蓬勃发展，创造性地思考和行动的能力变得前所未有的重要。那么如何培养孩子的创新能力呢？

作为一名在高校从事“创新能力训练”课程教学 14 年的教师，我的教学对象一直是 20 岁左右的大学生，他们每年都会在我的指导下参与各类企业创新项目、参加各级创意类学科竞赛，并用一百多项国家级和省级创新类学科竞赛获奖证书证明创新能力训练方法的有效性。直到有一天，我受邀为 10 岁的孩子上了一堂“少儿创新思维课”，被孩子们超乎想象的创造力震惊，才真正认识到，创新能力训练不应该到大学才开始培养，要越小越好；才开始深入思考如何从小培养孩子创新能力的问题，也因此走上了研究青少年创新能力训练方法的道路。

## 创新能力训练，我们的孩子已经远远落后了

美国有大量培养青少年创造力的课程、项目和工作坊。一项针对美国 1504 所大学进行的研究发现，76.5% 的学校开设了创造力的课程，美国各类培养创造力的项目和工作坊有 250 个之多。[①]

近年来，美国的教育工作者、心理学家和政治家们都认为应该更加重视创新思维的教育，美国大学院校协会（The Association of American Colleges and Universities）开发了一种用于本科教学的有效评估工具（Valid Assessment of Learning in Undergratuate Education， VALUE），创立了一种创新思维的评价体系来帮助教师们教授“创新思维”这门课程。这个体系有助于评估并提高具体的创新能力，如承担风险、解决问题、接受反驳和创新思考等。美国大学院校协会认为：“创新思维是对现有创意、图像、专业知识进行创作组合或合成的能力。它是以富有想象力的方式进行思考、反应和工作的一种体验，它的特点是高度的创造性、发散性和冒险性。”[②]

① 臧玲玲，唐俭欣 . 美国青少年创造力培养的理论与实践 [J]. 外国中小学教育，2012（02）:27-32.
② 沃格尔 . 创新思维法：打破思维定式，生成有效创意 [M]. 陶尚芸，译 . 北京：电子工业出版社，2016：24.

相比之下，我们的创新思维训练课程只在少数几所大学里开设，中小学还没有“创新思维训练课”的影子。试想，如果没有中小学前置课程的支撑、创新思维的准备，学生的思维已经在经年累月的 3R'S (read/write/arithmatic style) 教育中趋向固化，到大学再重启创新思维模式谈何容易！

## 创新思维是个开放的系统，不要等到封闭后再设法打开

我在对比了大学生和中小学生两个不同的教学对象后，得出了一个结论：哪怕同样的教学内容，中小学生的创新思维活跃度远远优于大学生。

创新思维的特征是发散思维活跃，就是我们常说的“天马行空”。我曾让小学生列举“笔记本电脑的用途”，他们可以轻易跳出笔记本的常规用途——写作业、上网、打游戏等，而快速推进到创新性用途——夹核桃、打苍蝇、当菜板等。同样的训练，20 岁左右的大学生通常要很多轮训练之后才能推进到创新性用途。这是为什么呢？

因为越小的孩子，思维的局限性越小，扩展的维度越大。

如果在大学中开展的创新能力训练课程都能取得如此好的成效，那么，面对创新思维系统如此开放的中小学生，创新训练的实效性一定会更加显著。

那么，为什么不为青少年们写一本创新训练的书呢？

教育家们经常说，不要错过了孩子成长的关键期，我们（家长和老师）也不要错过了孩子创新思维训练的黄金时期。试想，保持创新思维模式的孩子进入大学后，他的创新能力将不可估量。

## 创新自信，需要从娃娃抓起

大学每学期的第一节课，我都会问学生三个问题。首先，我请全体同学起立，然后问，“你觉得自己的创新能力在全班排前 50% 吗？如果回答是，请保持站立，如果回答否，请坐下。”一般情况下，大学生们听到第一个问题后会陆续有人坐下，此时大概还有三分之一的学生站着，这时，我会问第二个问题，“你觉得自己的创新能力在全班排前 10% 吗？”这时，剩下的同学会有大部分选择坐下，仍然站着的同学会显得有点犹豫不决。接着，我会问出最后一个问题，“你觉得自己的创新能力在选课同学中排前 3 位吗？”此时仍然站着的同学已经寥寥无几。

“你觉得自己的创新能力在全班排前 50% 吗？”当我向小学的孩子们问出同样的问题时，居然没有人坐下，直到最后一个问题，仍然有大半的孩子信心满满地站着。

我惊呆了！

为什么面对同样问题，孩子们在 10 岁和 20 岁时的反应会有如此巨大的反差？

如果我们从小学就开始进行创新思维训练，他们的创新自信就会一直持续下去，而不会从大学再重新拾起。

如果我们从中小学就开始创新能力培训，让创新思维训练贯穿小学到大学的 STEAM 教育和创客教育，孩子们一定会收获更多的成果。

## 你参加的所有创客教育，都有一块短板

创客教育的兴起，源自于全球的创客运动热潮和“大众创业、万众创新”时代经济发展的大背景，也符合培养学生创新精神、创新能力、实践能力的现实需要。2017 年，随着国家、省、市级政府出台一系列促进 STEAM 创客教育发展的政策，以及全国各地中小学校重视并落地的发展态势。2018 年 1 月 16 日，教育部出台《普通高中课程方案和语文等学科课程标准（2017 年版）》。在此次“新课标”改革中，正式将人工智能、物联网、大数据处理划入新课标。由此可见，从普及小学阶段的少儿编程课程到推广中学阶段的人工智能，创新教育已经在全国全面落地并逐步开展。

在如此利好的政策导向下，国内创客教育如火如荼地开展起来，但考察了国内的创客教育后，我们发现目前的创客教育存在“重技术，轻思维”的误区。目前市面上面向中小学的 STEAM 教育类书籍涵盖 3D 打印、电路设计、少儿编程等技术知识，却没有一本关于“创新思维”的书籍。这说明我们的创客教育存在一个普遍的误区，那就是认为创客运动仅仅是技术领域的事情，创客教育只是需要教软件、硬件、电路、结构、人工智能就可以了。如果没有问题意识的训练和创新思维方法的支撑，单一的技术路线是不能支持创客教育的。而这本书的初衷就是为目前技术主导的创客教育补齐“问题意识”和“思维训练”这两块短板。让孩子们不仅具有创造的动手能力，还具有发现问题的眼光和产生创意的头脑。因此创客教育的本质应该是“四动”——动心、动脑、动手和动脚的结合。

## 一张创新能力教育全景图，值得收藏

本书构建了一幅理想的创新能力教育全景图，在这个全景图中，创新思维教育

是创新能力教育的一大分支，是创客教育的基础。

### 什么是创新能力？

创新能力是洞察生活中的问题，进行创新性思考，用行动力制造原型并清晰表达创意的一种综合能力。

人人都有创新能力，我们要做的，只是帮您重新认识自己身上的创新能力，并在思维训练的过程中让它发光发亮罢了。

### 创新能力是天生的吗？可以训练提高吗？

人的创造性行为只有 25% ～ 40% 是由遗传因素决定的。这就意味着，其余约 2/3 的创新技能是习得的。

正如“水平思考”的发明者爱德华•德博诺（Edward De Bono）博士所说，创新能力就如同游泳、打球、烹饪、阅读和学习数学一样，是一项谁都可以学习并加以练习和使用的技巧。

关键是，相信自己，并勤加练习。

### 创新能力包含哪两个板块、哪四大部分？

创新能力教育包含理念与能力两大板块。

理念部分主要包括创新的含义、创新的自信、创新与创造的区别、创新思维的脑科学基础、创新训练的教练培养等内容。

创新能力包括发现问题、创新思维、行动力和表达力（见图 1 创新教育全景图）。

## 四个为你量身定制的“工具箱”，拿走不谢

我们设计了适合孩子自主使用的四个“工具箱”，分别是发问工具箱、创新工具箱、行动工具箱和表达工具箱。每一个工具箱里都装着拿来就可以用的小工具。

这些小工具虽“小”，却大有来头。我们收集了目前国内外最新的创新理论和方法，从中筛选出适合中小学创客使用的这些工具。

考虑到中小学创客的接受能力，我们把这些“大有来头”的工具“打磨”成适合中小学生使用的小工具，并且专门为中小学生重新量身定制了工具使用手册（操作流程见图 2 创新能力训练工具箱）。

我们所做的一切，都是为了让这些工具能真正成为孩子们提高创新能力的好帮手。

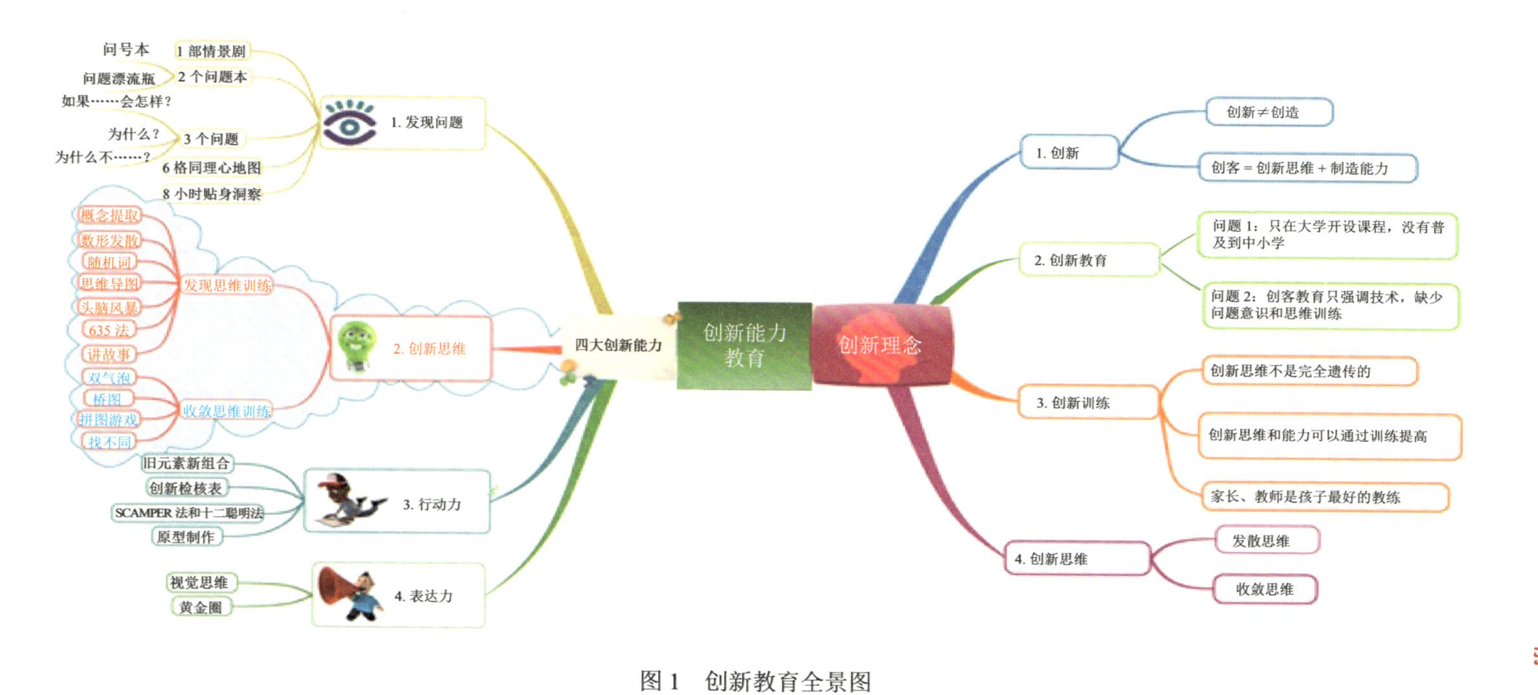
创新能力教育
创新理念
1. 创新
创新≠创造
创客＝创新思维＋制造能力
2. 创新教育
问题 1：只在大学开设课程，没有普及到中小学
问题 2：创客教育只强调技术，缺少问题意识和思维训练
3. 创新训练
创新思维不是完全遗传的
创新思维和能力可以通过训练提高
家长、教师是孩子最好的教练
4. 创新思维
发散思维
收敛思维
四大创新能力
1. 发现问题
1 部情景剧
问号本
2 个问题本
问题漂流瓶
如果……会怎样？
3 个问题
为什么？
为什么不……？
6 格同理心地图
8 小时贴身洞察
2. 创新思维
发现思维训练
概念提取
数形发散
随机词
思维导图
头脑风暴
635 法
讲故事
收敛思维训练
双气泡
桥图
拼图游戏
找不同
3. 行动力
旧元素新组合
创新检核表
SCAMPER 法和十二聪明法
原型制作
4. 表达力
视觉思维
黄金圈

图 1　创新教育全景图

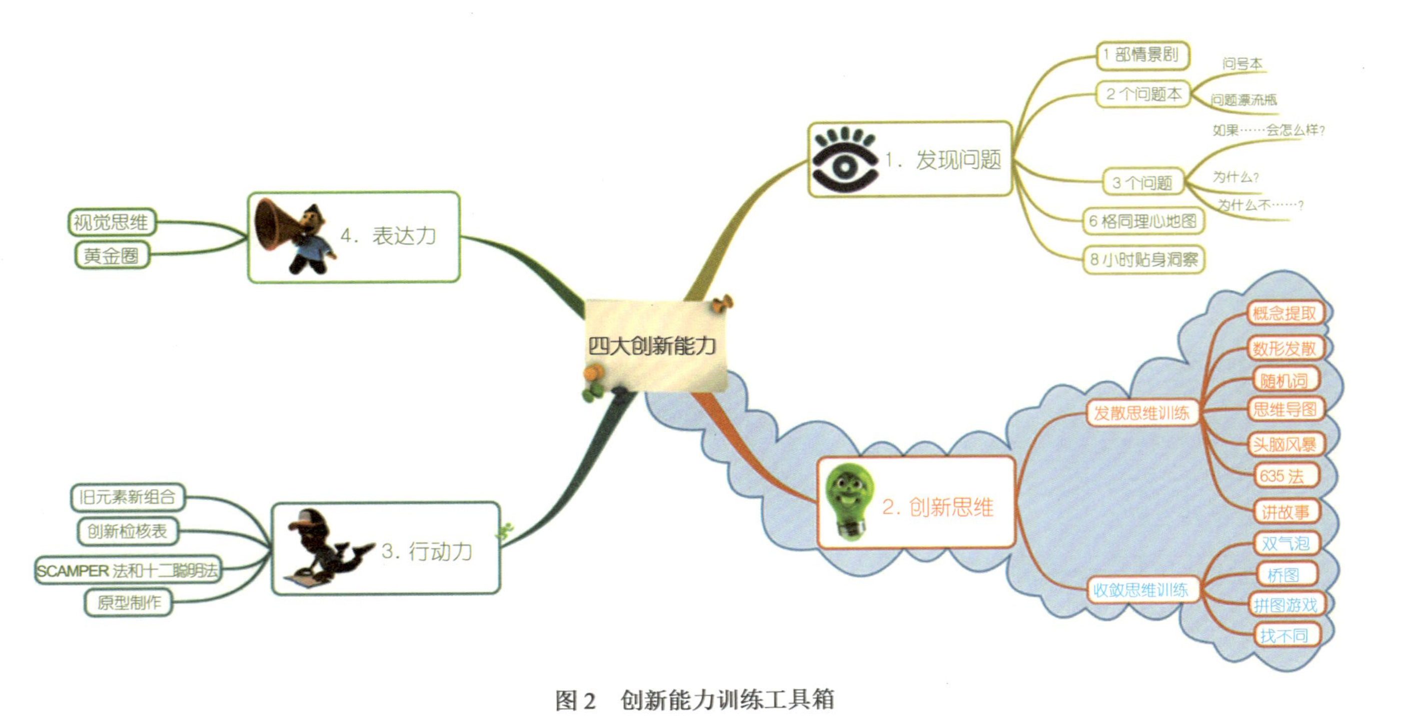


图2 创新能力训练工具箱

# 像打游戏一样学创新，六大关卡等你来闯

本书的所有训练按照游戏闯关模式设计，共有6个关卡，分别如下。

第一关，认识创新思维——创新，不像你想得那么难（第一章）；

第二关，如何发现好问题（第二章）；

第三关，如何想出好主意——发散思维训练（第三章）；

第四关，如何想出好主意——收敛思维训练（第四章）；

第五关，如何找到好方案（第五章）；

第六关，如何表达好创意（第六章）。

每次通关成功可依次获得“坚强青铜”“敏锐白银”“荣耀黄金”“梦想铂金”“创新钻石”“最强X王”徽章。全部通关者（完成全部训练）将获得“最强X王”徽章。

图3　坚强青铜、敏锐白银、荣耀黄金、梦想铂金、创新钻石、最强X王

## 无论你是学生、家长还是老师，本书就是为你而写

现在你已经发现，无论你是喜欢发明创造的小创客、想和孩子一起提高创新能力的家长，还是从事科创教学的老师，都会在本书找到适合自己的思维训练方法，因为，这是一本专门为学生、家长和教师写作的“创新思维”书籍。

准备好了吗？让我们一起开始创新之旅吧！

# 目　录

# 第一章 创新，不像你想得那么难

## 1.1 来，加入“X 型”战队

现在的小学生，大概有 2/3 会在将来从事目前尚未发明出来的工作。要想在变化如此快速的世界蓬勃发展，创造性地思考和行动的能力变得前所未有的重要。①

——（美）米切尔·雷斯尼克（少儿编程之父）

### 1.1.1 游戏：折纸飞机

游戏准备：A4 白纸若干。

游戏说明：你的手中只有一张 A4 白纸，折一架纸飞机，让它飞得最远！

游戏步骤：

1. 分发 A4 白纸。
2. 折纸飞机。
3. 试飞。

准备好了吗？大家一起扔出你手中的纸飞机，看谁的纸飞机飞得最远。

玲玲和天天是同桌，可是他们在老师眼里可是完全不同的孩子。玲玲的语文、数学、英语等门门考试成绩都是优，她的答卷经常被老师当作范本，作文也经常被当作范文。天天心里不服，总想着找机会赢玲玲一回。这天，科学课上老师让大家折一架纸飞机，看谁的飞机飞得最远。天天心想：“机会来了，我要折一架与众不同的飞机！”

玲玲回想起上节课老师教的纸飞机的折法，认真折了一架翅膀上翘、线条优美的飞机，而天天却把纸握进手里，揉成了一团。然后，他们同时把“飞机”扔了出去……

① 雷斯尼克．终身幼儿园 [M]. 赵昱鲲，王婉，译．杭州：浙江教育出版社，2018：5.

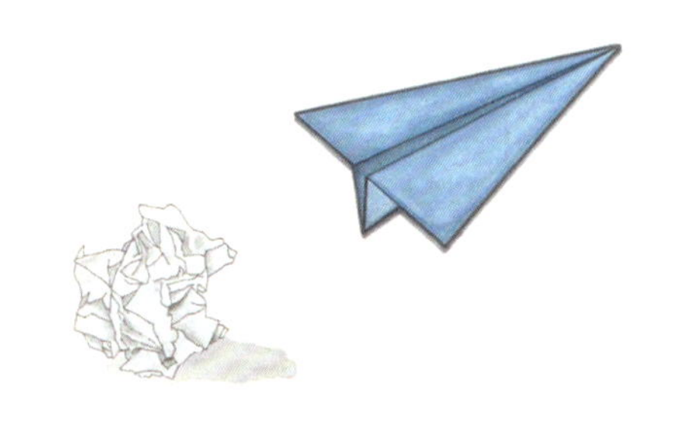

天天的“飞机”像一颗飞驰的炮弹，直接砸中了教室后面的黑板。毫无疑问，天天赢了。玲玲不服气地说，“你那根本就不是纸飞机嘛”，而天天却得意扬扬地说，“老师只说要飞机飞得远，并没有说飞机必须有两个翅膀呀，我折的是像炮弹的‘纸飞机’，哈哈！”

如果你是一名学生，你更喜欢天天还是更喜欢玲玲？如果你是一位家长或老师，你希望自己的孩子或学生成长为成绩优秀、功课达A的玲玲，还是成为愿意冒险、勇于尝试新方法的天天呢？少儿编程之父、麻省理工学院媒体实验室学习研究教授米切尔·雷斯尼克和清华大学的前校长陈吉宁把像玲玲一样的学生称为“A型学生”，这类学生尽管考试成绩很好，但并不具备未来社会所必需的创造力和创新精神。与“A型学生”相对应的是“X型学生”，他们像天天一样，善于发现问题的本质，能够创造性地解决问题，是具有创新思维和创新能力的未来型人才。

现在，你决定好要做哪类人了吗？如果你决定做未来需要的“X型人”，那么，就请加入我们，一起加入“X型”战队吧！

你可能会说，“哎呀，我刚巧已经是个典型的A型人啦，还能成为X型人吗？”我们的答案是肯定的，因为“X型人”的创新思维只有三分之一来自天生，其余三分之二是可以通过创新能力训练来提高的。看完这本书，完成里面全部的训练，你就会发现自己的思维方式已经悄悄发生了改变，你的“X型”基因正在逐渐形成。

## 1.1.2 “X”的含义

“A”代表的是等级，“A型学生”“A型老师”和“A型家长”看重的是成绩的评价，看重孩子在班级中所处的位次；“X”代表的是未来的未知数，“X型学生”“X型老师”和“X型家长”看重的是解决问题的多种可能性，为探寻未知而进行思考的过程。

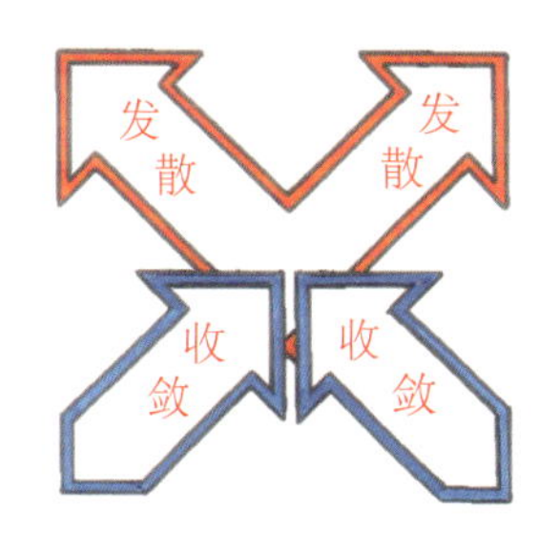


“X”这个字母的外形既展示了从一个中心点向四周扩散的发散思维路径，同时也体现了从四周向一个问题中心进行聚拢的收敛思维过程。因此，“X”体现了创造性思维的两大核心——发散和收敛。“A”与“X”的差异如表 1-1 所示。

表 1-1　“A”与“X”的差异

| | 意　义 | 知　识 | 思　维 |
|---|---|---|---|
| A | 成绩等级 | 已知 | 定势 |
| X | 未知领域 | 未知 | 发散 |
| | | | 收敛 |

## 1.1.3　“X 型人”的四大特征

### 1. 发问

“同学们，还有问题吗？”快下课时，老师的这个提问经常会让课堂陷入沉默。没有问题，是老师在课堂中面临的最大问题。如果有“X 型”学生在场，他们一定会打破沉默。为什么？因为发问是他们的思考方式。美国的创造力研究专家戴尔（Jeff Dyer）和克里斯坦森（Layton M · Christensen）在著作《创新者的基因》中把“发问”列为创新者的重要技能之一，因为发问能催生其他的发现行为，包括观察、交际和实验。创新者会提出很多问题，以求更好地理解现状，挑战现状，寻求突破①。

普利策奖得主、1944 年诺贝尔物理学奖获得者伊西多 · 拉比（Isidor Isaac-Rabi）曾分享过他的一个亲身经历：大部分母亲在孩子放学回家后都会问一句，“你今天学到什么了吗？”但他的母亲当年却问，“拉比，你今天有没有提出一个好问题？”

（1）为什么你不再发问？

“为什么数学是十进制不是七进制八进制？”

“为什么井盖是圆形的？”

“妈妈的头发是怎么烫卷的？”

① 戴尔，克里斯坦森．创新者的基因 [M]. 曾佳宁，译．北京：中信出版社，2017：50.

生活中总是充满了问题，善于发现问题的孩子会提出千奇百怪的问题。遗憾的是，很多爱发问的孩子长大后都成了不爱问问题的人，甚至认为提出问题是很“羞愧”的，好像显得自己很愚蠢。这一切是怎么发生的呢？

你观察过幼儿园的孩子吗？他们往往在老师话音未落时便高高举起了手，有时他们会提出一些让老师未曾准备的问题。一次家长开放日，我坐在幼儿园的小椅子上，和孩子们一起兴致勃勃地跟随一位年轻可爱的老师学习如何用彩泥捏一只恐龙。正当我们跟着老师的步骤准备把尾巴粘在霸王龙的屁股上的时候，一个细小的声音突然响起，“老师，为什么彩泥是软的？”提问的是一个5岁的小女孩。就像没有听见一样，老师仅仅是停顿了一秒钟，然后继续用好听的声音告诉大家，“尾巴一定要粘在正确的位置上哦”。

为什么要忽略孩子的提问呢？我想，也许是这个问题与教学任务“无关”，又或者担心会影响课堂纪律，也有可能老师也回答不上来……

无论什么原因，一个孩子的发问行为正在被忽视。而追求结果、忽略过程的教育行为，最终会导致孩子的发问动机遭到破坏。美国心理学家托伦斯（E.P.Torrance）（1968）发现学生在小学四年级的时候创造力暴跌，这和发问次数的减少是有很大关系的。

（2）如何鼓励发问？

认知科学家、教育家马琳·斯卡达玛利亚（Marlene·Scardamalia）和卡尔·贝雷特（Carl Bereiter）发现，孩子们通常会对学习的主题感到好奇或困惑，但比较各班学生在学习该主题之前和之后提出的问题，结果却令人忧心不已：学习该主题之前，学生提出的问题更深刻、更有趣；而正式的学习似乎湮灭了学生的学习兴趣。① 在玩彩泥之前，孩子问出了“彩泥为什么是软的”的问题，比起如何捏一只恐龙，她更想弄清一种新的材料，认识这种新材料的特性，甚至延伸出这种材料的多种用途（而不仅仅是用来捏恐龙）。遗憾的是，老师对孩子问题选择了忽略（也许问题超出了老师的知识范围）。当然，哪怕最渊博的学者也无法自如应对一个5岁孩子稀奇古怪的问题。但我们需要回应和鼓励，引导他去寻找答案，而不是忽略。忽略一个孩子的提问的危害是极大的，这不仅不能更多地激发他们的创造力，而且会大大挫伤他们创意的自信和提问的积极性。很快，大概在学期结束前，一个没有问题的孩子就在我们的课堂上诞生了。

---

① 珀金斯．为未来而教，为未来而学[M]．杨彦捷，译．杭州：浙江人民出版社，2015：80.

忽略孩子的提问，让孩子从“问号”到“句号”

重视孩子的问题，认真地回应他们的提问，甚至同他们一起去寻找问题的答案，孩子们的好奇心才能得到保护，发问的热情才会向种子一样开出智慧的花朵。

### 2. 创新

“X 型人”不仅喜欢发问，还超爱“不走寻常路”地去创新，他们看问题的角度和解决问题的方法往往表现出与众不同之处。就如同上面的“折飞机”游戏一样，班上 90% 的孩子都会和玲玲一样，一想到飞机就会认定飞机一定有两个翅膀，于是折出的飞机也基本一样。具有创新精神的“X 型人”却能看到问题的本质，“只要飞得远就好啦，为什么一定要有翅膀呢？”大胆创新带来的一定是意想不到的结果。

#### （1）创新者的特征

具有创新思维的“X 型人”具有哪些特征呢？他们更加坚持自我，更愿意另辟蹊径，更富有游戏感，更喜欢冒险（Ciskszentmihalyi， 1996）。这些品质使他们比常人更愿意尝试新的理念、方法、手段。① 说到这儿，你头脑中会出现谁的名字？是苹果的前掌门人乔布斯、提出相对论的爱因斯坦、魔兽世界里古灵精怪的侏儒、那个总能写出出人意料作文的同班同学，还是折出不一样“飞机”的天天呢？

其实，人人都有创新能力，你相信吗？

#### （2）人人都有小 c

有人认为创新能力只有一些伟大的发明家才具备，但研究结果却显示，普通人也同样具有创新能力，只是和伟大的发明家略有不同罢了。契克斯米哈依

① 克拉夫特．创造力和教育的未来：数字时代的学习 [M]. 张恒升，译．上海：华东师范大学出版社，2013（3）：5.

（Ciskszentmihalyi，1996）把对某个领域具有重大创造性贡献的成果称为大写的创造力（Creativity），也就是大C，日常生活中的创造力则是小写的创造力（creativity），也就是小c。[①] 什么是日常生活中的小c呢？你有没有编过一个吸引人的故事？尝试过做一道口味独特的菜肴？或者用一种新的解题思路解出一道数学题？所有这些日常生活中的创新都是小c。现在你知道了吧，创造力并不是“大人物”才有的，人人身上都有小c，你我也一样。这本书要做的，只是让你重新认识身上的小c，并在创新能力训练的过程中让它发光发亮罢了。

### 3. 行动

“X型人”总是在尝试新的体验，试行新的想法。仅仅拥有“创想”和“创意”是不够的，真正的“X型人”在“创造”中才能享受到最大的乐趣。为此，他们会不停地制造产品原型，并不停地在实验中迭代。无论是改进一种产品、规划新的交通路线、提出一种商业模式，或是设计一款App，不要让想法仅仅停留在头脑中，说出来，画出来，甚至做出模型来。总之，行动力是区分“X型人”和“A型人”最大的特征。“X型人”不会仅仅满足于用一个数学公式做题，而是把它用到桥梁设计等现实问题中去。学知识不是目的，只是用于行动的工具。

（1）行动的最佳路径是“To do”

行动的最佳路径是“To do”。如果你看了一本让你回味无穷的书，把你的感受写下来，哪怕只言片语；如果你玩的这款游戏让你找到了无穷乐趣，试着画一下这款游戏的逻辑图，或者设计一款新游戏，要比现在的更有趣；如果你觉得寝室的

① 巴格托等．培养学生的创造力[M]．陈菲等，译．上海：华东师范大学出版社，2013：4.

桌椅使用不方便，画一张设计图，最好做出模型来；如果你觉得上课形式太无聊，访谈一下大家的感受，写一份“未来课堂实施方案”……

总之，不要光想，Just do it!

（2）创客工具箱

从想法到实践的距离很短，只要去做。途径也很多样，为此我们为你准备了一张创客工具清单，包含机械加工、电子智能、软件编程三大类。

1）机械加工类——用于制作产品外观和机械结构的工具。

- 剪刀、美工刀、胶水，用于制作简单的手工作品。
- 锯子、钳子、锉刀、胶枪、电钻、电烙铁，用于原型制作。
- 3D 打印机、数控机床、激光切割机和 3D 扫描仪，用于桌面制作。

3D 打印机被视为创客运动的标志性工具，它通过喷头将材料逐层堆积打印出来。3D 打印大大减少了制作原型的时间和费用，让生产和创造普及到每一个人。在教学过程中，教师能够通过 3D 打印制作出模型，既方便学生进行真实探究，也方便学生亲手生成模型，赋予学习更多的可能。

数控机床通过切削的方式进行制造和加工，能够弥补 3D 打印的局限性，帮助学生制作创客原型产品。

激光切割机是创客教育中最受欢迎的工具之一，它可以加工多种材料的板材，通过精准的计算机控制，学生们能够将切割下来的材料拼合成三维物体，帮助学生构建立体思维。

3D 扫描仪将现实中的物体转化为模型，让学生免去烦琐的建模步骤，直接生成模型文件。

此外，还有很多创客教育套件有专门用于机械结构制作的材料，最典型的例子就是乐高。乐高拥有种类丰富的标准化零件，通过独具特色的穴柱连接方式进行组合，从而方便学生快速制作创客产品的原型。

2）电子智能类——用于实现产品的主要功能。

如果说机械结构的搭建为创客教育赋予躯干，而电子智能工具则为创客教育赋予了官能。电子智能类工具是指由电子组成的各类元件，常见的电子智能类工具有主控板、传感器、控制器、输出设备等。主控板是创客作品的大脑，为作品赋予智能；传感器能够感知环境的变化，是创客作品的耳目；控制器是作品的口舌，能够与人进行交互；输出设备是作品的神经，驱动机械按照特定的方式运作。

开源硬件是指与自由及开放源代码相同方式设计的计算机和电子硬件，它可以让教师更加快速地设计主控板，通过主控板与传感器、控制器配合，操作自己的创客产品。根据连接方式的不同，开源硬件可以分为积木式开源硬件和开源硬件开发平台。

- 积木式开源硬件

积木式开源硬件是以开放式电子积木模块为基础的一种开源硬件，LittleBits 就是其中的典型。其以不同的颜色划分不同类型的元件，并且采用磁铁进行连接，学生可以将任意两块电子积木拼接在一起，发挥无限的创意。积木式开源硬件很适合初步接触创客教育的学生，能够帮助他们实现自己的创意。

- 开源硬件开发平台

开源硬件开发平台也是创客运动的另一个标志性工具，Arduino 和树莓派则是开源硬件开发平台的代表之作。创客们可以围绕开发板进行设计、开发和测试，为自己的作品赋予智能。它便利的设计、丰富的元件和开源的文化，构成了开源硬件在创客教育中的优势，当学生掌握开源硬件的设计时，就离成为一个真正的创客不远了。

值得一提的是，开源硬件中有各种各样的传感器，它们能够感知环境中的各种变化，并把这些变化转变为电信号输出给主控板，根据预设的程序向相应的部件发出指令，执行相应的动作。传感器是智能硬件、物联网及人工智能等领域广为使用的部件，只有熟悉并灵活使用传感器，才能把创客教育做得更好。

3）软件编程类——用于智能设计。

无论桌面制造，还是开源硬件，创客工具很大的一个特征就是智能化，学生必须掌握与计算机沟通的技巧，方可设计出理想的作品，可以说，软件和编程工具构成了创客作品的心智。

在桌面制造中，常常需要用到设计类软件，可以简单分为两类：平面设计和立体设计。

- 平面设计软件

平面设计软件用于激光切割机文件的设计，AutoCAD、CorelDRAW 等软件都能够胜任。

- 立体设计软件

立体设计软件则多用于 3D 打印、数控机床源文件的设计，常见的有 123D

Design、SketchUp 等。

设计类软件不仅需要学生能够熟练掌握软件的操作，更重要的是，学生能够通过它培养空间感知能力。例如，在激光切割中，学生就需要思考每一块切下来的板跟完整的立体设计的对应关系，在一次次的练习中锻炼自己。

- 代码式编程

编程是创客的一个至关重要的能力，在以开源硬件为工具的设计中，编程是必不可少的。开源硬件一般需要用到代码式编程，如基于 Arduino 设计的 Arduino IDE、SMeshStudio 等。

- 图形化编程

对于初次接触创客的学生来说，代码式编程令人生畏，所以很多创客教育者都采用了图形化的编程界面，或者用图形化的界面封装特定程序，帮助学生进行形象化的学习。例如，服务于 Arduino 的图形化编程软件就有 Mixly、Ardublock、BlocklyDuino 等。这些基于实物教具的编程软件提升了编程的复杂度，让学生建立计算思维和实体世界之间的映射。

值得注意的是，图形化编程终究只是帮助学生建立计算思维的过渡方式，学生最终还是要掌握基于实际应用的代码式编程语言，才能真正做到得心应手地进行创造。

除了这 3 类工具，还有一些创客教育工具是以创客主题为导向的，融合了不同工具的使用，如教育机器人、无人机等。与其他工具不同，这些工具的服务目标更加明确，在制作过程中，学生不仅能够锻炼多种创客能力，还能通过各种不同的创客工具改造它们，为制作赋予更多的个性。[①]

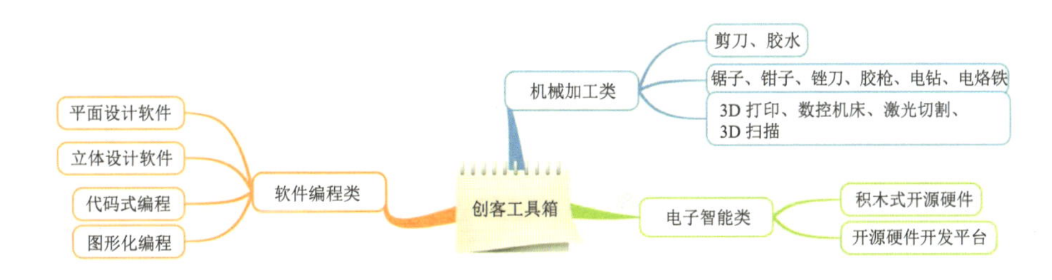


## 4. 表达

有了好的想法，做出了好方案就行了吗？不，沟通与表达也是“X 型人”的重

① 陈染 . 选择适合的创客教育工具 [J]. 中国科技教育，2017（12）：60-61.

要特征。做出好方案不等于讲出好方案，这两者之间没什么必然关系。

我们发现，“X 型人”不仅能做出好方案，还能清晰地表达自己的创意。因此，表达力也是“X 型人”必备的一种能力。

如何表达才能让人接受你的创意？如何表达才能更让人信服？从创新能力训练的角度，我们需要练习视觉思维的习惯。在读图时代，所谓“一图胜千言”，图形化思维可以帮助我们把复杂的问题轻松讲出来。同时，在讲述顺序上我们需要学习“黄金圈法则”，练习从“为什么”开始讲述，承接“如何做”和“做什么”，最后完成一个有效的讲述逻辑。

现在我们对“A 型”和“X 型”人有一个大概的印象了吧，未来需要“X 型”人，让我们一起加入“X 型”战队，为未来而教，为未来而学吧！

“A 型”和“X 型”人的对比如表 1-2 所示。

**表 1-2 “A 型”和“X 型”人的对比**

| | 发现问题 | 创新思维 | 行动力 | 表达力 |
|---|---|---|---|---|
| A 型人 | 很少提出课本以外的问题，不善于发现生活中的问题 | 缺少创新思维 | 不重视动手和实践能力 | 能清晰表达创意 |
| X 型人 | 经常提出课本以外的问题，善于发现生活中的问题 | 擅长创新思维 | 动手能力强，要把想法变成现实 | 不能清晰表达创意 |

## 1.1.4　四大创新能力的训练工具

在之后的章节中，我们将根据“X 型人”的四大创新能力要求逐一展开训练。为此，我们设计了适合孩子自主使用的 4 个“工具箱”，分别是发问工具箱、创新工具箱、行动工具箱和表达工具箱。每一个工具箱里都装着拿来就可以用的小工具。

在发问工具箱里，有“1 部情景剧”“2 个问题本”“3 个问题”“6 格同理心地图”“8 小时贴身洞察”等工具，可以帮助我们找到问题。

创新工具箱里又包含两个小工具箱，分别是“发散思维工具箱”和“收敛思维工具箱”。“发散思维工具箱”里装着“思维导图”“随机词”“635 法”“头脑风暴”“概念提取”“数形发散”“讲故事”等小工具，可以帮助我们进行发散思维训练。“收敛思维工具箱”里装着“双气泡图”“桥图”“拼图游戏”“找不同”等小工具，可以帮助我们进行收敛思维训练。而发散思维训练和收敛思维训练共同构成了创新思维训练的全部内容。

行动工具箱里装着“旧元素新组合”“创新检核表”“SCAMPER 法”“原型制作”等小工具，能帮我们把想法变成可执行、可落地的现实。

表达工具箱里装着“视觉思维”和“黄金圈法则”两个帮助我们表达创意的小工具。

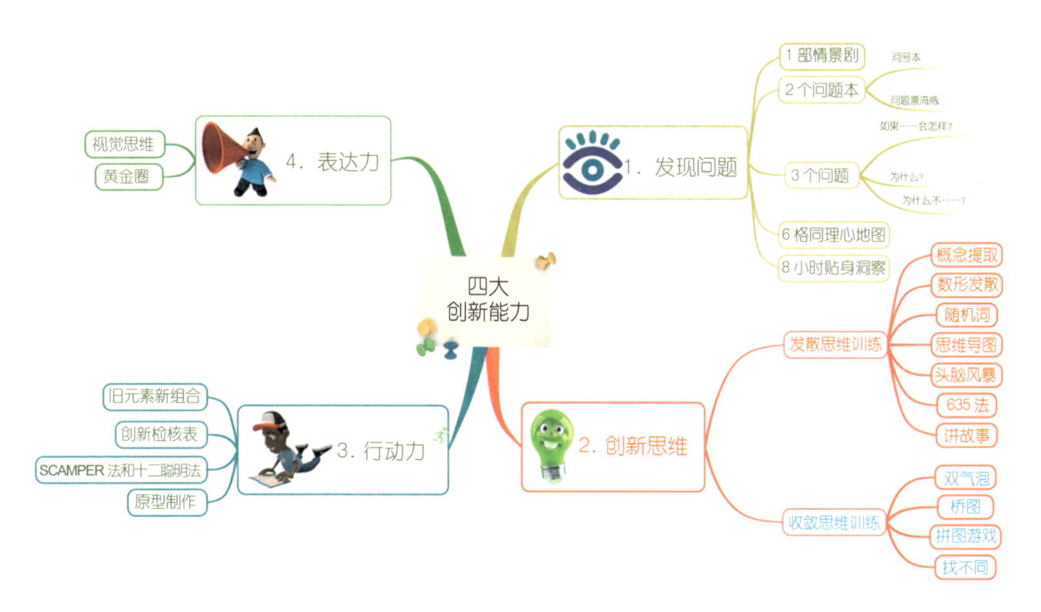

这些小工具虽“小”，却大有来头。我们收集了目前国内外最新的创新理论和方法，从中筛选出适合小创客使用的这些工具。例如，“随机词法”这个小工具就是享誉全球的创新思维大师爱德华·德博诺博士在“水平思考”的理论基础上发明的。“思维导图”则是世界著名心理学家、教育学家东尼·博赞在脑科学的基础上开发出来的思维工具，目前在世界各国广泛使用。

考虑到小创客的接受能力，我们把这些“大有来头”的工具“打磨”成适合孩子们使用的小工具，并且专门为孩子们重新量身定制了工具使用手册（操作流程）。

我们所做的一切，都是为了让这些工具能真正成为孩子们提高创新能力的好帮手。

为了帮助大家轻松掌握这些小工具，我们在每个工具包里都放进了——

1 句名言

1 个游戏

1 点理论

几个案例

几道训练题

通过这简单的一玩（游戏）一读（理论）一看（案例）一练（训练），每个孩子、家长和老师都能掌握所有的工具。

无论你是喜欢发明创造的小创客、想和孩子一起提高创新能力的家长，还是在中小学从事科创教学的老师，都会在本书中找到适合自己的创新能力训练方法，因为，这是目前国内第一本专门为中小学孩子、家长和教师写作的创新能力训练书籍。

准备好了吗？让我们一起开始创新之旅吧！

下面的训练有两个“坚强青铜”任务，完成本次思维训练，将获得一枚“坚强青铜”勋章。

### 1.1.5 “坚强青铜”训练：列出你的行动清单

训练目的：光有创意是不够的，用“行动清单”帮助我们尽快动手实践。

训练内容：列出你最近一周的好创意、好想法，然后制订行动计划。

训练步骤：

1. 示范

在表格的左边填写最近一周的创意，在表格的右边填写你的行动计划，要尽量具体。前面三列是示范，请完成下面的空格。

2. 填空

完成你的行动清单，然后采取行动，如表 1-3 所示。

表 1-3　想法与行动

| 最近的好想法 | 行　动　计　划 |
| --- | --- |
| 1. 整理桌面，让物品好用好找 | 设计一个桌面收纳方案，用快递纸盒制作收纳筐 |
| 2. 阅读喜欢的书籍 | 制订每日阅读计划，开始按计划阅读 |
| 3. 搭建树屋 | 如果现实无法实现，那就画一张理想中的树屋设计图，要尽量详细，然后把图贴在卧室的墙上，继续改进它 |
| 4. | |
| 5. | |
| 6. | |
| 7. | |
| 8. | |

### 1.1.6 “坚强青铜”训练：读故事，想办法

训练目的：运用创新思维，解决具体问题。

训练内容：阅读一个故事，在故事的结尾补充你想出来的解决方案。

训练步骤：

1. 阅读《图书馆搬家的故事》

因大英图书老馆年久失修，在新的地方建立了一个新的图书馆，新馆建成后，要把老馆的书搬到新馆去。这本来是搬家公司的事，没什么好策划的，把书装上车，拉走，摆放到新馆即可。问题是预算需要 350 万英镑，但图书馆却没有那么多钱。眼看雨季就要到了，不马上搬家，这损失就大了，怎么办呢？

正当馆长苦恼的时候，一位馆员找到馆长，说他有一个解决方案，不过仍然需要 150 万英镑。馆长十分高兴，因为图书馆有能力支付这些费用。

“快说出来！”馆长很着急。

馆员说：“好主意也是商品，我有一个条件。”

“什么条件？”馆长更着急了。

“如果把150万都花尽了，那权当我给图书馆做贡献了；如果有剩余，图书馆把剩余的钱给我。”

“那有什么问题？350万我都认了，150万以内剩余的钱给你，我马上就能做主！”馆长坚定地说。

“那咱们签个合同？”馆员意识到发财的机会到了。

合同签订了，不久就实施了馆员的搬家方案。花150万？连零头都没有用完，就把图书馆给搬完了。

你知道他是怎么办到的吗？

坚强青铜

2. 想办法

5分钟内，你想到了多少种办法？都写在下面吧。

答案见最后一页。

完成第一次训练，恭喜你获得一枚“坚强青铜”徽章！

## 1.2 其实，你不懂创新

创新就是看到旧的东西会萌发新的想法。①

——（英）莎士比亚

###  1.2.1 游戏：一站到底

上课时，老师请同学们全体起立，然后问三个问题。

第一个问题：你觉得自己的创新能力在全班排前50%吗？如果你的回答是“是”，请保持站立，回答“否”的同学请坐下。你不需要思考太长时间，凭直觉做选择就可以了。

第二个问题：你觉得自己的创新能力在全班排前10%吗？如果你的回答是“是”，请保持站立，回答“否”的同学请坐下。

① 沃格尔. 创新思维法：打破思维定式，生成有效创意 [M]. 陶尚芸，译. 北京：电子工业出版社，2016：4.

第三个问题：你觉得自己的创新能力在全班排前三名吗？如果你的回答是“是”，请保持站立，回答“否”的同学请坐下。

我在大学教授“创新能力基础训练”课程已经14年了，每学期第一节课，我都会问选课的学生3个问题。首先，我请全部同学起立，然后问大家第一个问题，“你觉得自己的创新能力在全班排前50%吗？”大概1分钟内，陆续有学生会选择坐下，此时大概还有三分之一的学生站着，这时，我会问第二个问题，“你觉得自己的创新能力在全班排前10%吗？”这时，剩下的同学会有大部分选择坐下，仍然站着的同学会显得有点犹豫不决。接着，我会问出最后一个问题，“你觉得自己的创新能力在选课同学中排前三位吗？”此时仍然站着的同学已经寥寥无几。有时，所有的同学都会在听到最后一个问题时一起坐下。偶尔会有3到5个同学坚定地站着，但无论如何，结果都是只有不到5%的同学会坚定地站到最后。这个游戏常常引发我深刻的思考，为什么学生对自我的创新能力有如此巨大的认知差异呢？

通过这些年的教学实践，我逐渐发现，这是因为我们对“创新”的理解不同。虽然这几年“创新”成了一个热词，但其实大多数人并不了解“创新”的真正含义。生活中和媒体上，甚至经常出现乱用“创新”之名的现象。下面，就让我们来为“创新”正名！

### 1.2.2 创新不等于创造

2014年，李克强总理在夏季达沃斯论坛上提出“大众创业，万众创新”的号召，让“创新”成为教育界的焦点。2018年1月16日，教育部出台《普通高中课程方案和语文等学科课程标准（2017年版）》。在此次“新课标”改革中，正式将人工智能、物联网、大数据处理正式划入新课标。由此可见，从普及小学阶段的少儿编程课程到推广中学阶段的人工智能，创新教育已经在全国全面落地并逐步开展。那么，什么是创新呢？

国内很多人把创新与创造混为一谈，认为培养学生创新思维等同于培养创造性思维。“创造”与“创新”其实是有区别的。根据《朗文当代高级英语辞典》的解释，创造（create）是指“to make something exist that did not exist before”，强调的是事物从无到有的创造过程，这个事物是以前从未有过的，因此“创造”一词经常与“发明”换用。创新（innovate）是指“to start to use new ideas or methods”，强调的是用新的视角和新的方法去看待问题和解决问题，因此创新思维（innovative thinking）就是以新的方式重新定义旧思想，突破观念上的障碍的思维方式。我们提倡的少儿创新思维，是鼓励孩子发展新方法去重新认识问题，突破思维上的局限。如果孩子能借助思维训练打破思维惯性，发展出别具一格的想法去解决问题，那便达到了创新思维训练的目的。

孩子们之所以不敢对自己的创新能力抱有自信，是因为他们大多把创新理解为“创造”，以为要做出“前所未有”的事物才算创新，如果这样理解创新，那拥有创新能力的人自然是少之又少。如果我们把创新理解为“用新的视角和新的方法去看待问题”，那么创新的能力是我们每个人身上都具有的。

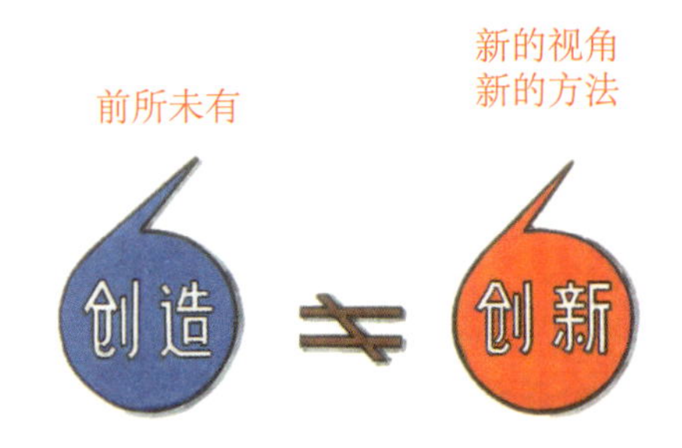


## 1.2.3 创客与创新

随着“双创”的蓬勃发展，“创客”与“创新”经常被相提并论。那么，什么是创客？创客与创新有什么关联？创客运动与创新有什么关联吗？

首先，创客（maker）的本意是“制造者”。回顾创客运动的发展史，我们会清晰地看到，早期的创客其实是热衷在地下室、车库和社区中心制造东西和分享想法的人。2005 年，随着戴尔 • 多尔蒂（Dale Dougherty）推出《Make》杂志，创客运动发展势头越来越盛。2006 年，多尔蒂组织了第一届创客盛会“Maker Faire”，它被形容为一个“适合家庭的发明、创造和智慧的嘉年华”。从制造传统的手工艺品到制造高科技的机器人，Maker Faire 的展会里应有尽有。在过去的十年中，有几百次创客盛会在世界各地涌现，吸引了数百万工程师、艺术家、设计师、企业家、教育家、父母和孩子们。[①]2012 年，创客运动进入中国。2014 年，随着 Maker Faire 在深圳的成功举办，创客运动迅速在全国铺展开来。

① 雷斯尼克 . 终身幼儿园 [M]. 赵昱鲲，王婉，译 . 杭州：浙江教育出版社，2018：34.

其次，制造促成创新自信。创客必须具备的能力是创新思维 + 制造能力，也就是不仅要“创想”，还要“制造”。在目前大多数中小学教育中，长年累月的 3R’S（read/ write/ arithmatic style）训练使我们的学生在言语和逻辑思维能力方面不断得到加强，但动手造物的能力却非常低下。这使得孩子们在面对“你是否有创新能力”这个问题时，对自己的动手能力十分不自信，因此会选择回答“否”。在创客运动的文化中，只是做点事情是不够的，你需要制造出东西来。根据创客的原则，最有价值的学习经验来自当你积极参与设计、建造或创造某样东西的过程中，即当你通过制造来学习的时候。目前在国内轰轰烈烈开展的创客运动可以很好地解决孩子们“创想”与“造物”断裂的问题，从而帮助孩子们找到把想法变成现实的创新自信。

瑞士的心理学家让•皮亚杰（Jean Piaget）发现孩子会通过与人和周围事物的日常互动，积极地建构知识。知识不会像水倒进花瓶那样倾注在孩子身上，相反，孩子在与玩具和朋友游戏的过程中，能够不断地创造、修正和测试他们自己关于世界的理论。[①] 根据皮亚杰的建构主义学习理论，麻省理工学院媒体实验室教授米切尔•雷斯尼克领导“终身幼儿园”团队开发了 Scratch 编程语言，鼓励孩子们用 Scratch 表达自己的想法，并在项目中发现创新的乐趣。我们采访过经常在 Scratch 社区中交流作品的孩子，无论是为朋友送上节日祝福还是设计避障小车，他们都会把自己的想法付诸实施，做成电子贺卡或者用各种传感器制作避障小车。当我们问他们“你们觉得自己是否有创新能力”的时候，“当然！”这是我们经常听到的回答，坚定而自信。

再次，创客不仅是 maker，同时也是 thinker。如前文所说，“创新”作形容词时，指的是用新的视角和新的方法去看待问题和解决问题，例如称某开拓者具有创新精神，是指他具有用新视角和新方法看待问题和解决问题的精神；作名词时，“创新”指的是从创想到造物，再到生产应用的动态过程，例如产品创新。产品创新不仅仅是提出了一个新产品的想法，还包括从产品原型到实际应用的整个过程。作为创新活动的主体，创客强调的是“做”。但要完成整个创新活动，创客还要加入前端的创想的过程。因此，创客活动其实包含两个部分：think 和 make，创客应该是 thinker 和 maker 的完美结合。

① 雷斯尼克 . 终身幼儿园 [M]. 赵昱鲲，王婉，译 . 杭州：浙江教育出版社，2018：37.

下面的训练为 3 个“坚强青铜”任务，完成本次思维训练，将获得一枚“坚强青铜”勋章。

## 1.2.4“坚强青铜”训练：穿越纸片

训练内容：在一张 3cm×5cm 的卡片上剪出一个洞，使你的头能够顺利通过。

训练目的：动脑与动手能力的结合，感受从创想到制作的过程。

答案见最后一页。

## 1.2.5 “坚强青铜”训练：编排集体节目

新年晚会、国庆庆典、儿童节演出……每次集体演出都需要班级表演有创意的节目。怎样才能让我们的集体节目脱颖而出呢？我们一起来创编一个节目，一起用环保材料为节目制作道具和布景吧。

训练目的：初步训练创新思维和制造能力。

训练步骤：

1. 节目创想。集思广益，大家一起想创意，什么样的节目最受大家喜欢？

2. 确定方案。投票决定最终表演方案，根据节目内容进行分工，如导演、演员、音乐、道具等。

3. 制作道具和布景。使用可回收材料（纸板、饮料瓶、纸盒、旧衣物等）制作道具和布景。

4. 排练节目。结合道具和布景进行排练。

5. 演出。

### 1.2.6 “坚强青铜”训练：制造火星登陆小车

到目前为止，火星是除了地球以外人类了解最多的行星，已经有超过 30 枚探测器到达过火星，它们对火星进行了详细的考察，并向地球发回了大量数据。同时火星探测也充满了坎坷，大约三分之二的探测器，特别是早期发射的探测器，都没有能够成功完成它们的使命。但是火星对于人类却有一种特殊的吸引力，因为它是太阳系中最近似地球的天体之一。

查阅资料，了解更多关于火星的知识，设计并制作一个火星登陆小车。

训练目的：初步训练创新思维和制造能力。

训练步骤：

1. 查阅资料，了解更多关于火星的知识，如气候、环境、地质、温度、湿度、大气层等。

2. 查阅已有的火星登陆设备。了解它们的名称、结构、功能、任务、结局等。

3. 设计火星登陆小车，画出设计稿。

4. 利用废旧材料，制作火星登陆小车模型。

范例：“2018 年第一届四川科技馆 XMaker 创客挑战赛——火星登陆小车项目一等奖作品”。

2018 年第一届四川科技馆 XMaker 创客挑战赛——火星登陆小车项目一等奖作品

这是一个具有蓄电池、风力发电、太阳能板等发电设备，可以探测火星外貌、岩石和金属含量的火星登陆小车模型。黄色的冰糕棒是铲除石块等路障的设备模型。

完成训练，恭喜你又获得一枚徽章！

坚强青铜

# 1.3 没有“创新思维”，何谈创客教育?

> 创客运动不仅是技术和经济上的运动，而且有成为一次学习运动的潜力，能为人们提供体验和参与创造性学习的新途径。当人们制作和创造时，他们就有机会发展成为创造型思考者。毕竟，创造是创造力的根源。[①]
>
> ——（美）米切尔•雷斯尼克

## 1.3.1 游戏：反向伞为什么没有普及开来?

游戏准备：准备一把普通家用雨伞和一把反向伞。

游戏步骤：

1. 观察：打开普通的家用伞，回想在雨天或晴天时打伞的经历。
2. 讨论：有什么可以改进的吗?
3. 展示：打开反向伞，请大家说出反向伞的优点。
4. 讨论：具有如此优势的反向伞为什么没有普及开来?

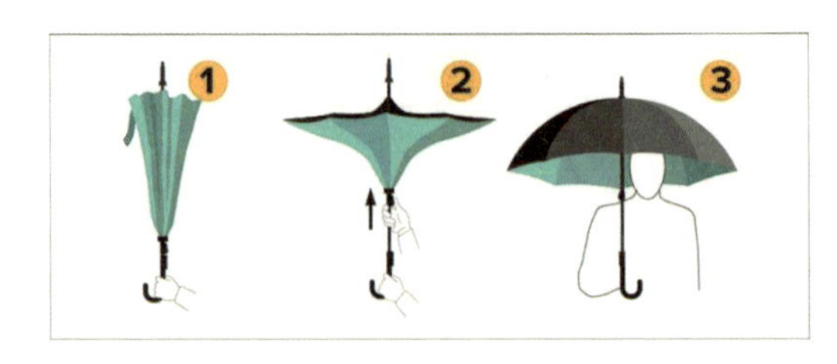

这是一个有趣的题目，让我们一起反思有3500年历史的雨伞究竟可以如何创新。你或许会想到2013年上市的反向伞——Umbrella。反向伞的发明解决了雨伞

① 雷斯尼克.终身幼儿园[M]. 赵昱鲲， 王婉，译.杭州：浙江教育出版社，2018：35.

打湿地面、上车时开合不方便等问题，具有雨水收纳、人群中易于开合等特点。但我们要思考的问题核心是：反向伞为什么没有普及开来？

我们需要从雨伞使用者的角度出发，将反向伞与普通伞进行对比，如表 1-4 所示，请你分别从便携性、重量、成本、使用场景几个方面给两种伞进行评分，然后说说你的结论。

**表 1-4 反向伞与普通伞的对比**

| 消费者的需求 | 普 通 伞 | 评分（1 分为最低，5 分为最高） | 反 向 伞 | 评分（1 分为最低，5 分为最高） |
|---|---|---|---|---|
| 便携 / 可折叠 | 最小能五折，只有巴掌大 | | 不能折叠 | |
| 重量轻 | 350g | | 双层的重 567g | |
| 成本低 | 雨伞品牌天堂伞 30 元左右 | | 反向伞 100 元以上 | |
| 使用场景 | 晴雨两用 | | 一般雨天使用 | |

从上面的例子中我们可以看到，一种创新能否从想法走向产品，再从产品走向市场是需要考虑很多要素的。就技术层面来看，反向伞已经解决了室内防潮、易于开合等问题，但在人的需求层面却没有关注到使用者的主要需求（便携、轻、便宜），因此市场迟迟未能打开。国内目前倡导创新的创客教育其实也存在相同问题，往往只偏重技术实现，不太关注用户体验和市场需求，下面我们就来梳理一下国内创客教育存在的误区。

##  1.3.2 国内创客教育的误区

创客教育的兴起，源自于全球的创客运动热潮和“大众创业、万众创新”时代经济发展的大背景，也符合培养学生创新精神、创新能力、实践能力的现实需要。2017 年随着国家、省、市级政府出台一系列促进 STEAM 创客教育发展的政策，全国各地中小学校日益重视创客教育。

2015 年 9 月，教育信息化政策里首次提及了 STEAM、创客教育，随后政府大力推进校企合作，鼓励公立学校建立特色校园等，创客教育、机器人教育类课程开始走入校园，并逐渐进入青少年教育消费市场。

2016 年教育部印发《教育信息化“十三五”规划》，各省教育厅和电化教育

馆随后出台了相应的创客教育实施方案，从创客空间基础建设、师资队伍建设、资源开发与应用、活动中心建设、网络平台建设、省级示范区建设及完善竞赛制度等方面做出了任务安排，要求2018年年底全省各级各类学校均建立学校创客空间。

2017年教育部印发《义务教育小学科学课程标准》，明确定位了科学教育课程在小学校园中的地位，重申科学教育对于青少年健康成长的重要意义。

2018年1月16日，教育部出台《普通高中课程方案和语文等学科课程标准（2017年版）》。在此次“新课标”改革中，正式将人工智能、物联网、大数据处理正式划入新课标。由此可见，从普及小学阶段的少儿编程课程到推广中学阶段的人工智能，创新教育已经在全国全面落地并逐步开展。

在如此利好的政策导向下，国内创客教育如火如荼地开展起来，但考察了国内的创客教育后，我们发现目前的创客教育存在“重技术，轻思维”的误区。目前市面上面向中小学的STEAM教育类书籍涵盖3D打印、电路设计、少儿编程等技术知识，但没有一本关于“创新思维”的书籍。这说明我们的创客教育存在一个普遍的误区，那就是认为创客运动仅仅是技术领域的事情，创客教育只是需要教软件、硬件、电路、结构、人工智能就可以了。如果没有问题意识的训练和创新思维方法的支撑，单一的技术路线是不能支持创客教育的。

创客教育的本质应该是“四动”——动心、动脑、动手和动脚的结合。而这本书的初衷就是为目前技术主导的创客教育补齐“问题意识”（动心）和“思维训练”（动脑）这两块短板，让孩子们不仅具有创造的动手能力，还具有发现问题的眼光和产生创意的头脑。

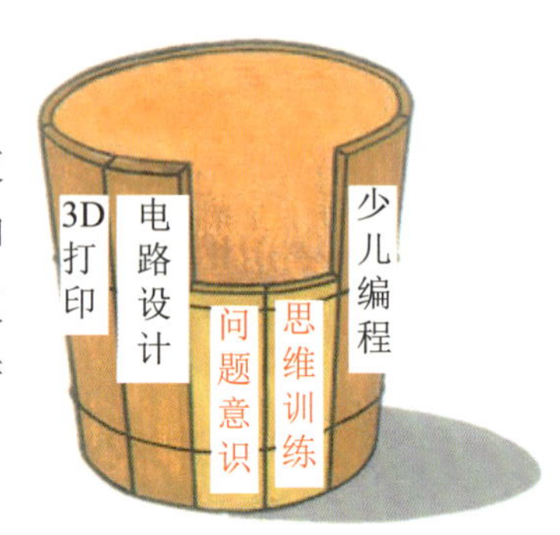


### 1.3.3 国外创新思维教育的现状

美国有大量培养青少年创造力的课程、项目和工作坊。一项针对美国1504所大学进行的研究发现，76.5%的学校开设了创造力的课程，美国各类培养创造力的项目和工作坊有250个之多。[①]

近年来，美国的教育工作者、心理学家和政治家们都认为应该更加重视创新思维教育，美国大学院校协会（The Association of American Colleges and Universities）开发了一种用于本科教学的有效评估工具（Valid Assessment of

① 臧玲玲，唐俭欣．美国青少年创造力培养的理论与实践[J]．外国中小学教育，2012（02）：27-32.

Learning in Undergraduate Education， VALUE），创立了一种创新思维的评价体系来帮助教师们教授“创新思维”这门课程。这个体系有助于评估并提高具体的创新能力，如承担风险、解决问题、接受反驳和创新思考等。美国大学院校协会认为：“创新思维是对现有创意、图像、专业知识进行创作组合或合成的能力。它是以富有想象力的方式进行思考、反应和工作的一种体验，它的特点是高度的创造性、发散性和冒险性。”①

### 1.3.4　国内创新思维教育的现状

目前创新思维教育正在国内部分高等院校逐步展开，中山大学现代教育技术研究所王竹立教授的专著《你没听过的创新思维课》（电子工业出版社 2017.11）就是一本面向大学本科及以上学生的教材，其课程内容同步上传超星通识课，成为很多大学生的选修课程。但遗憾的是，创新思维教育并未在中小学中同步开展起来，目前中小学还没有开设创新思维类课程（仅有创客课程）。如果没有中小学前置课程的支撑、创新思维的准备，到大学再接触创新创业类课程的时候，学生的接受能力和学习效果都会出现问题。

因此，目前创客教育的两大误区是：只强调技术和产品，对创新思维训练的必要性还未充分认识；创新思维课程仅在大学中开设，没有在中小学教育中开展。

我们相信，中国未来的创客教育一定会融入创新思维训练的内容，并将“创新思维训练”作为一门通识课程在中小学铺开。

### 1.3.5　创新教育的全景图

本书构建了一幅理想的创新能力教育全景图，在这个全景图中，创新思维教育是创新能力教育的一大分支，是创客教育的基础。

创新能力教育包含理念与能力两大板块。

理念部分主要包括创新的含义、创新的自信、创新与创造的区别、创新思维的脑科学基础、创新训练的教练培养等内容。

创新能力包括发现问题、创新思维、行动力和表达力。

下面的训练为两个“坚强青铜”任务，完成本次思维训练，将获得一枚“坚强青铜”勋章。

① 沃格尔．创新思维法：打破思维定式，生成有效创意 [M]. 陶尚芸，译．北京：电子工业出版社，2016：24.

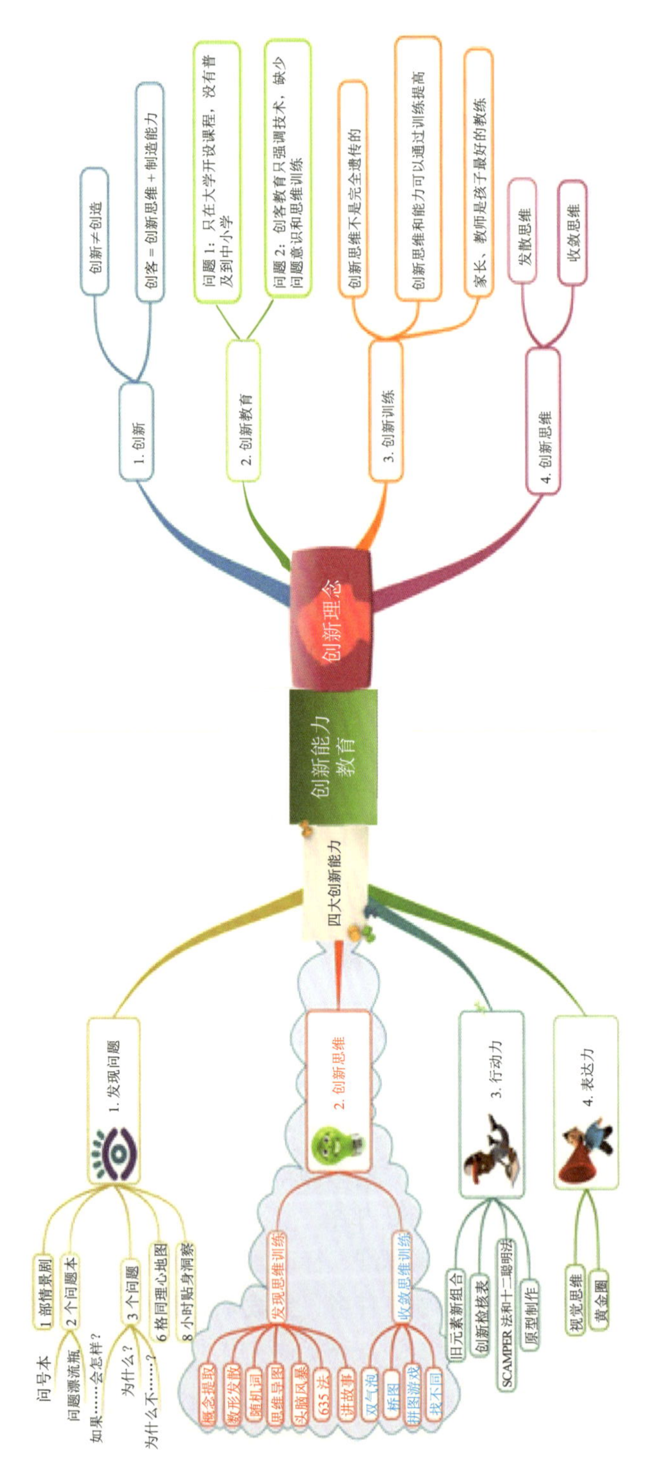

创新能力教育
创新理念
1. 创新
创新≠创造
创客＝创新思维＋制造能力
2. 创新教育
问题1：只在大学开设课程，没有普及到中小学
问题2：创客教育只强调技术，缺少问题意识和思维训练
3. 创新训练
创新思维不是完全遗传的
创新思维和能力可以通过训练提高
家长、教师是孩子最好的教练
4. 创新思维
发散思维
收敛思维
四大创新能力
1. 发现问题
1部情景剧
2个问题本
问号本
问题漂流瓶
3个问题
如果……会怎样？
为什么？
为什么不……？
6格同理心地图
8小时贴身洞察
2. 创新思维
发现思维训练
概念提取
图形发散
随机词
思维导图
头脑风暴
635法
讲故事
收敛思维训练
双气泡
桥图
拼图游戏
找不同
3. 行动力
旧元素新组合
创新检核表
SCAMPER法和十二聪明法
原型制作
4. 表达力
视觉思维
黄金圈

### 1.3.6 “坚强青铜”训练：油水如何分离？

训练目的：从现实问题入手，尽可能多地想到解决方案。在动手制作之前，先鼓励创新的想法。

训练内容：吃多了油腻的东西会导致消化不良、胃口不好，如果喝汤时能把油腻去掉就好了。

训练步骤：

1. 提问：如何才能在盛汤时把油去掉呢？结合你的生活常识，想出尽可能多的解决方法。

2. 提出方案：把你的方案记录下来。如果是新的想法，请重点记录。

3. 分享：把你的想法分享给爸爸妈妈听，听听他们的建议。

4. 制作：动手去做出模型吧。

**给教练员的小贴士：**

1. 这是来自第三十一届全国青少年科技创新大赛小学组一等奖的案例——《除油勺》。小作者在生活中发现，大多油水分离器都是进行规模化工业生产，适用于家庭的小型分离器非常少。于是他研制了一种简单的家用除油勺，利用油与水的密度不同且不相容，设计出一个能够轻松把油从水中分离出来的装置。①

2. 我们要鼓励孩子们提出尽可能多的解决方案，观察孩子们提出问题和分析问题的过程，不要在意最终的解决方案。“除油勺”只是方案之一，我们期待看到孩子们更多的好创想。

### 1.3.7 “坚强青铜”训练：如何在骑单车时看手机？

训练目的：体会创新的两个环节——创新思维＋制作实现。

训练内容：你在骑共享单车的时候，如果同时要使用手机导航，是不是觉得很不安全？想出尽可能多的解决方案，并将其中的一个方案制作出来，变成模型。

训练步骤：

1. 提问：使用共享单车的时候你们是如何用手机进行导航的？在使用上，有什

① 中国科协青少年科技中心．第三十一届全国青少年科技创新大赛获奖作品集 [C]. 北京：科学普及出版社，2016：11.

么困难吗？

2. 讨论：这个困难是怎么产生的？如何才能解决这个问题？请小组讨论，想出尽可能多的创意。

3. 制作：找一个最可行的方案，将它还原出来，如果是一个产品，请用纸板、泡沫、热熔胶等制作出模型。

4. 分享：和朋友交流，发现每种方案的亮点和缺陷，试着改进自己的方案。

**给教练员的小贴士：**

1. 这是来自我的课堂的一个真实案例，一个学生提出了使用共享单车时用手机导航不方便的问题，于是我鼓励他发散出尽可能多的解决方案。最终，他们制作了一个手机支架的模型。

2. 我们不只是鼓励孩子们制作出手机支架，如果他们发现在手机中内置一个App可以解决问题，那也很好。试着把这个APP的功能结构描述出来。虽然作品都不够完美，但能让孩子们完整体会到从创想到制作的整个创新过程，我们的训练目的就达到了。

完成训练，恭喜你又获得一枚徽章！

## 1.4 还好，创新能力是可以训练的

就像游泳、打球、烹饪、阅读和学习数学一样，创造力是一项谁都可以学习并加以练习和使用的技巧。

——（英）爱德华·德博诺

### 1.4.1　游戏：制造名牌

游戏准备：A4 的纸一张，水彩笔一盒，一支铅笔或钢笔。

如何让大家互相认识呢？除了自我介绍，还可以制作姓名牌。请在 5 分钟内制作满足以下要求的姓名牌。

1. 用一张 A4 的纸制作一张姓名牌。

2. 姓名牌上必须出现姓名、班级等信息，还可以有其他你想分享的个人信息，例如爱好、星座等。

3. 姓名牌必须能站立在桌子上。

在学校的社团课堂上，我们经常用“制作姓名牌”的游戏进行互相介绍，让同学们能很快认识来自不同班级的同学，并在团队任务中发挥每位同学的特长。

其实，除了自我介绍的功能外，这个游戏还蕴含了考察创新能力的目的。为了让姓名牌能站立在桌子上，同学们会想出五花八门的办法。有的折成三角形、有的折成四方形，还有的卷成圆筒……另外，姓名牌上的自我介绍也是千奇百怪，孩子们不会满足于仅仅介绍自己的姓名和班级，他们更愿意与大家分享他们的爱好和个性。

一次“制作姓名牌”的游戏，不仅可以在课程的开始阶段让大家迅速认识，还能引发同学们对创新思维的思考，“为什么我做的和他们不一样？”“怎么还有这么多我没想到的‘站立’方法？”“他做的姓名牌怎么这么有创意？”

孩子们开始思考以上问题的时候，就是老师们开始创新能力训练的契机。这时，老师需要引导孩子们进一步思考以下 3 个问题。

第一，我们的创造力为什么不同？

第二，创造力是天生的吗？

第三，可以通过后天的学习提升创造力吗？

### 1.4.2　创新能力是完全遗传的吗？

创造力是与生俱来的吗？很多人会回答“是”。大多数人相信，某些人天赋异禀，基因决定了创新能力的高低，就像乔布斯一样，生来就有创新基因，而其他人没有这种基因。照此逻辑，创新是不可学习的。我们只需要检测自己身上是否具有创新基因就可很快判断，我是不是做创新的料。

事实真的如此吗？早期关于创新的遗传因素的测试只局限在发散思维方面，学者南锡（Nancy）等人在总结211项研究成果（1972）并计算各种能力的遗传决定系数、环境决定系数中发现，发散思维的遗传决定系数为0.22，是最小的一个，提示发散思维能力是最容易接受环境的影响而发展的。① 此后，学者们研究了117对15～22岁同卵和异卵双胞胎的创造能力。经过10个创造力测试，研究人员发现，这些双胞胎在测试中的表现只有30%是由遗传因素决定的。与之形成对比的是，在一般性智力因素测试（IQ测试）中，80%～85%的表现都是由遗传因素决定的。因此，一般性智力（IQ）基本上是先天的禀赋，但是创造力则不是。至少对创造力而言，后天教育比先天禀赋要重要。而另外6个针对同卵双胞胎的创造力测试也证实了心理学家列兹尼科夫（Merton Reznikoff）等人的研究结论：人的创造性行为只有25%～40%是由遗传因素决定的。这就意味着，其余三分之二的创新技能是习得的。②

### 1.4.3　创新能力是可以通过训练提升的吗？

既然人的三分之二的创新技能都是后天习得的，那么，创造力训练真的能提升创新能力吗？换句话说，创造力训练是否是提升创新能力的有效途径呢？学者暴占光、华炜、张向葵、田录梅对61名初一学生进行了发散思维训练（创造力训练的一部分），通过对比实验发现，发散思维训练对提高学生的创造力是有效的。③ 由此可见，创造力训练是可以帮助我们提升创新能力的。

### 1.4.4　提升创新能力的最佳方法是什么？

当然是训练。美国的著名学者诺曼（Donald Arthur Norman）在《设计心理学1：日常的设计》中说，“人类依靠两种类型的知识完成工作：陈述性知识（是什么）和程序性知识（怎么做）。后者最好的教授方法是示范，最佳的学习方法是练习。”陈述性知识易用文字表达，也易于传授，例如，“红灯亮了要停车。”“北京是中国的首都。”程序性知识是让人知道如何成为演奏技巧高超的音乐家，如何

① 李孝忠．能力原理与测量[M]．长春：东北师范大学出版社，1993：42-45.
② 戴尔，克里斯坦森．创新者的基因[M]．曾佳宁，译．北京：中信出版社，2017：9.
③ 暴占光，华炜，张向葵．发散思维训练对61名初一学生创造力的影响[J]．中国心理卫生杂志，2007（3）.

在打网球时有效回击对方发过来的球，以及在脱口秀节目中如何让观众发笑。程序性知识很难甚至不可能用文字表述清楚，因此很难用言语来教授。同样，要提升创新能力，光靠知道“创新是什么”是不行的，只有在示范的指导下充分训练，才能一步步收获创新的技巧。斯坦福科技投资项目执行总监蒂娜·西利格（Tina Seelig）在《天才培训计划：创造力的速成课》一书中说，“每个人都可以加强自己的创造力，就像加强运动能力一样，只要你进行了适当的培训和集中实践就能实现。”美国的创意大师托马斯·沃格尔（Thomas Vogel）也认为，创造性和创造性思维是一种技能，它不是通过阅读和处理信息获得的，而是通过探索、尝试和实践获得的。①

准备好开始创造力训练了吗？等等，别急。在你回答之前，我需要你知道一件比训练更重要的事——自信。研究表明，富于创造力的人，认为自己具有创造力；缺乏创造力的人，不认为自己具有创造力。多有趣的事实！还记得我们的“一站到底”游戏吗？为什么极少有人站到最后？因为大多数人都在心里默认自己是没有创造力的人。如果带着这样的暗示开始我们的训练，那效果是不会好的。

本次训练为 3 个“坚强青铜”任务，完成本次思维训练，将获得一枚“坚强青铜”勋章。

### 1.4.5　“坚强青铜”训练：测一测，你有多少创造力

根据表 1-5 的内容对自己进行打分，1 分代表“非常不赞同”，7 分代表“非常赞同”。

表 1-5　创新能力自评表

| | 内　容 | 1 | 2 | 3 | 4 | 5 | 6 | 7 |
|---|---|---|---|---|---|---|---|---|
| 1 | 和同学们在一起时，我总能想出新的游戏 | | | | | | | |
| 2 | 我总喜欢用新角度看待问题 | | | | | | | |
| 3 | 一天中，我头脑中的创意想法不断出现 | | | | | | | |
| 4 | 我喜欢想有创意的计划 | | | | | | | |
| 5 | 我的新想法常让同学和家长大吃一惊 | | | | | | | |
| 6 | 在出主意方面，同学们经常向我寻求帮助 | | | | | | | |
| 7 | 我希望学新的技能和知识 | | | | | | | |
| 8 | 我喜欢在做题时尝试用不同的方法 | | | | | | | |

① 沃格尔 . 创新思维法：打破思维定式，生成有效创意 [M]. 陶尚芸，译 . 北京：电子工业出版社，2016：7.

将 8 项的得分相加，你的得分是多少呢？如果你的得分在 41 分及以上，说明你对自己的创造力的评价还是挺高的，要继续努力哦！如果你的得分在 41 分以下，说明你对自己的创造力的评价偏低，对自己的创新能力没什么自信哦。

### 1.4.6 “坚强青铜”训练：哭丧脸与笑眯眯

仔细回想，并在表 1-6 中的“哭丧脸”下逐行写出你没创新的原因，认真读你写的内容，正视它们，然后在“笑眯眯”下逐行写出走向创新的想法。前两列是我的举例，继续往下写吧。

表 1-6 “哭丧脸”与“笑眯眯”

| 哭丧脸 | 笑眯眯 |
|---|---|
| 1. 我很少在同学中提出新的想法 | 我不是没想法，只是有时不太确定大家是不是喜欢我的想法。下次，我要勇敢提出自己的想法，想法本来就没有对错，所以，我不怕被人嘲笑 |
| 2. 我写作文总是千篇一律 | 写作文套路太多反而套住了我的头脑，下次，我要换一种新的思路啦 |
| 3. | |
| 4. | |
| 5. | |
| 6. | |

### 1.4.7 “坚强青铜”训练：创意自信

写下 20 句赞美自己有创意的话，贴在镜子上，每天鼓励自己。

完成训练，恭喜你又获得一枚徽章！

坚强青铜

## 1.5 不是家长和教师，是教练

只有在信念上和行动上充分相信自己是创意人士，你才能在任何事情上有创见。①

——（美）米哈尔科（《Thinkertoys》的作者）

### 1.5.1 游戏：贴标签

游戏准备：红色便利贴和黄色便利贴若干。

游戏步骤：

1. 选志愿者

"我们需要两名志愿者来完成一个游戏，有人自愿报名吗？"

让两名志愿者坐到教室的中间，两者中间留出一定的间距。

2. 贴便利贴

老师把学生分成两组，A 组发红色的便利贴，B 组发黄色的便利贴。

请 A 组的同学每人在红色的便利贴上写一句表达对创新的赞美的话，例如"你太有创意了！""想法好棒！""创意达人"……

请 B 组的同学每人在黄色的便利贴上写一句贬低他人创造力的话，例如"太没想法！""没创意！""想法太 Low!"……

请 A 组同学依次走到一位志愿者面前，大声念出便利贴上的话，然后把便利

① 米哈尔科．米哈尔科商业创意全攻略 [M]. 曹凯，译．北京：中国人民大学出版社，2010：2.

贴贴在志愿者的身上。

随后请B组同学依次走到另一位志愿者面前，大声念出便利贴上的话，然后把便利贴贴在志愿者的身上。

#### 3. 发表感受

游戏结束后，请两位志愿者分别谈谈此时此刻的感受。

这是心理学中的一个小游戏。游戏中的两位志愿者分别被贴上了肯定和否定创新能力的标签。最有启发意义的环节来自两位志愿者的发言，短短10分钟的贴标签时间，让他们感受到了来自他人的密集的一致评价。此时，被A组同学评价的同学会感觉自己很有创新精神，甚至觉得自己从来没这么棒过；而被B组同学评价的同学会情绪非常低落，他的自信被严重打击了，他甚至开始为自己“没有创新能力”感到伤心落泪。

这个有趣的游戏告诉老师们，要想培养学生的创新能力，就给他们积极的评价；要想毁掉一个学生的创新能力，就把他说得一无是处。作为主导创新能力训练的老师，我们的评价关乎学生的成长，甚至未来，因此我们需要在教学的态度上达成以下共识。

### 1.5.2 创新是被鼓励出来的

我曾做过一个试验，分别让大学生、中学生和小学生玩一站到底的游戏，你猜猜站到最后人数最多的是谁？你一定猜到了，站到最后人数比例最高的是小学生，而经常听到第二个问题就全班坐下的是大学生。好有趣，对吧？但结果却值得我们反思。

小学生总是对自己的创新能力充满自信，而随着年龄的增长，他们对自己的评价却在一点点降低，这其中，老师和家长的正面评价越来越少是关键因素。

在创新训练中，有一个重要的原则就是鼓励。肯定学生的想法，积极推进他们的想法，鼓励他们实践自己的想法。回想一下，为什么小时候如此喜欢画画的我们，长大后却大都认为自己不擅长画画？“还可以吧，呃……如果你把草画成绿色就更好了。”“等一下，宝贝，妈妈做完饭就来看你的画。”“你画的是什么？我完全看不懂你画的什么。”这样的评价是不是很熟悉呢？在我看来，最成功的幼儿美术教育不是教孩子画什么，而是保护并激发孩子绘画的热情。如今，有的幼儿美术教育机构成功地教孩子学会了画画的技巧，却让孩子们失去了对绘画的自信，这

样的教育真的好吗？

### 1.5.3　创造力训练的老师是教练

人类的知识分为陈述性知识（是什么）和程序性知识（怎么做），前者对应的是老师，而后者对应的是教练。创新训练更像是一种体育训练，就像体育训练锻炼的是身体的柔韧性一样，创新训练锻炼的是思维的柔韧性。创新教练需要指导学生通过长期的思维训练熟练掌握发散和收敛的技能。因此，教练在课堂中要少说教，多示范。把课堂的主角让给学生，学生才是课堂的中心。

如果没有创新思维训练课，没有教练，怎么办呢？

如果你是家长，和孩子一起来学习本书中的创造力训练工具，你就是孩子的教练！

如果你是一名学生，因为兴趣在看这本书，那就做自己的创造力训练教练，完成全书所有的训练，一样可以提高自己的创新能力！

无论你是喜欢发明创造的小创客、想和孩子一起提高创新能力的家长，还是从事科创教学的老师，都会在本书中找到适合自己的创造力训练方法。学习的同时，你也能成为最好的创造力训练教练！

因为，这正是为你写的一本书。

作者在四川科技馆进行“亲子创造力训练”讲座的现场，

一个家庭正在练习“在家就可以用的创造力训练法”①

① 图片来源：成都魅客科创中心提供。

## 1.5.4 教练常用的口头禅：好，很好，还有呢?

创新教练不会吝惜鼓励。教练不要轻易否定学生的创意，轻易地否定会打消学生创新的积极性。在课堂中，创新教练经常会启发学生进行创想，例如，“杯子有什么用途？”学生们会产生各种各样有趣的创意，这时教练不需要评价，一定不要评价学生的想法不够好，或这个想法不如那个同学的好等。如果教练想要激发更多的创意，请学会使用下面这组口头禅。

“好！”

“很好！”

“还有呢？”

“好”“很好”是鼓励，“还有呢”是激发。

如果只是鼓励，学生会容易满足，觉得自己现在的想法已经足够好了。“还有呢”能够激发学生继续思考，想出更多更好的点子。课堂上，很多好的想法都是教练一次又一次问“还有呢？”之后，同学们相互激发产生的。

下面的训练为两个“坚强青铜”任务，完成本次思维训练，将获得一枚“坚强青铜”勋章。

## 1.5.5 “坚强青铜”训练：做个好教练

本次训练是针对创新教练员的，如果你是教授创新课程的老师，请完成下面的

训练。如果你是自学创新思维的人，请把自己当作自己的创新教练，也试着完成下面的训练。

先看下面这个案例：

在一个由十岁儿童组成的班级里，新学期开始之前，给新来的老师一张名单，名单是班里所有孩子的智商分数，按照从高到低的顺序依次排列。智商最高的（大约 150 分）名字排在最上面，而智商最低的（大约 85 分）排在最下面。实验者告诉老师，这张排名表并不重要，纯粹出于兴趣提供给老师作为参考。

学期结束时，这个班的孩子的学业表现、社会表现以及行为表现，都被一一记录下来，然后和之前提供给老师的智商排名表进行比较。

乍看对比结果，让人有点沮丧：差不多有 80% 的学生，其学业和社会表现的优异程度与 IQ 基本符合。这似乎也在暗示，老师或家长在其中能起的作用非常有限，而孩子的基本能力（天赋）凌驾于家庭和教育环境（培养）之上。

而这个实验的真正意义在于，最初给老师的智商排名表，与学生的真实智商是完全相反的！换句话说，我们从一开始就把 IQ 最高的孩子放在了名单的最后，而智商最低的孩子则放在了名单的最顶端。排在后面的孩子，其实都比排在他们前面的学生 IQ 高。①

请思考，究竟是什么原因导致实验结果有如此高的相关度（80%）？将你找到的理由写在下面。

______________________________

______________________________

______________________________

显然，答案不是孩子的 IQ 分数，而是老师的期望程度。如果老师期望自己的学生能够做得很好，那么，无论出于什么理由，都有 80% 做得更好的可能性按照她的意愿出现，同样的，如果老师对学生的期望很低的话，那么，无论学生的潜在智商如何，都会有 80% 表现糟糕的可能性按照她的意愿出现。

通过这个案例，我们需要思考的是，在创新训练的过程中，我们怎样才能做个好教练呢？

① 博赞 . 博赞儿童思维导图 [M]. 索析，译 . 上海：华东师范大学出版社，2016：83.

### 1.5.6 “坚强青铜”训练：练习创新口头禅

在你的课堂上（或和孩子一起，或自己）练习这组口头禅：“好”“很好”“还有呢？”看看你的课堂（或你的孩子，或自己）有什么变化，请把学生（或孩子，或自己）的变化写在下面。

1. ______

2. ______

3. ______

完成训练，恭喜你又获得一枚徽章！

坚强青铜

## 1.6 发散与收敛，创新思维可测量

> 事实上，每个人都拥有激发创新思维的想象力，是消极的思维方式阻止了创造的过程。[①]
>
> ——（英）博登

### 1.6.1 游戏：改造皮球

伦斯创造性思维测验题之一——对下图中的皮球进行改造，让它更好玩。

你不需要考虑什么限制条件，在 3 分钟内，写出尽可能多的改进方案。

______

______

① 博登 . 思维技巧 [M]. 卢寿荣，译 . 上海：上海交通大学出版社，2003：57.

这是一道测试创新思维的题目，结果是什么呢？首先从数量上看，有的人在 3 分钟内想出了 5 种改进方案，从声光电设备到 3D 打印的技术改进，从陪伴孩子的故事机到野外侦查的机器兔的功能改造，可谓种类繁多。而有的人却一个改进的主意都没想出来！差别真的好大，对吗？这时，你可能会问，创新思维到底是什么神秘的东西，它怎么会在我们身上有如此不同的表现？我们可以测量自己的创新思维吗？

## 1.6.2 创新思维是发散思维与收敛思维的有机统一

20 世纪 60 年代末，美国心理生物学家斯佩里博士（Roger Wolcott Sperry，1913.8.20—1994.4.17）通过著名的割裂脑实验，证实了大脑不对称性的“左右脑分工理论”，因此荣获 1981 年诺贝尔生理学或医学奖。

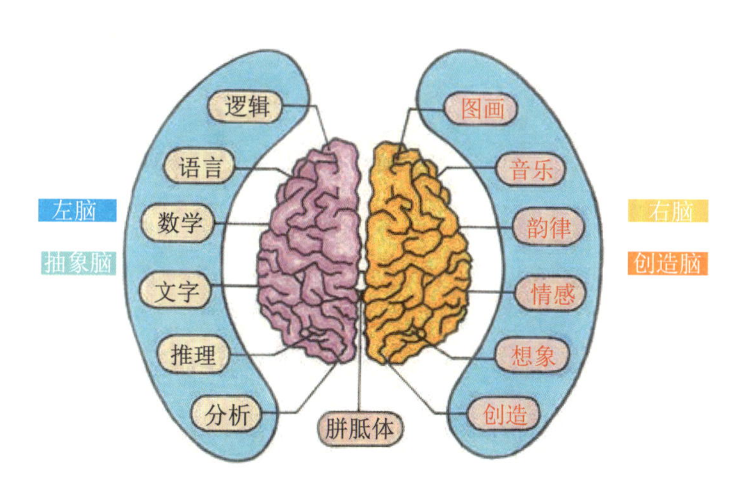

通过这个实验发现，人的左脑擅长逻辑、推理、分析等，因此被称为抽象脑；右脑擅长图画、想象、音乐等，因此被称为创造脑。

左脑的思维方式是聚合类的，而右脑的思维方式是扩张类的。

创新思维是左右脑协同工作的产物，既包含发散思维，又包含收敛思维。因此，创新思维是发散思维与收敛思维的有机统一。

那么，什么是发散思维和收敛思维呢？

## 1.6.3 发散思维

发散的意思是，从一个中心向四周辐射。“明亮地闪耀”“散射着快乐和希望的明亮眼神”“陨石雨的中心落点”等都描述了发散的画面。发散思维是指，来自或连接到一个中心点的联想过程。[①]

发散思维的重点不是找到具体的答案，而是尽可能想出各种可能的解决方案。当人们对一个问题进行多方面的联想和追踪时，发散思维就开始起作用了。这种思维可以更好地增加解决方案的数量，而不用考虑这些解决方案是否可以最终解决这个问题。

发散思维训练的一个要点就是：多多益善。

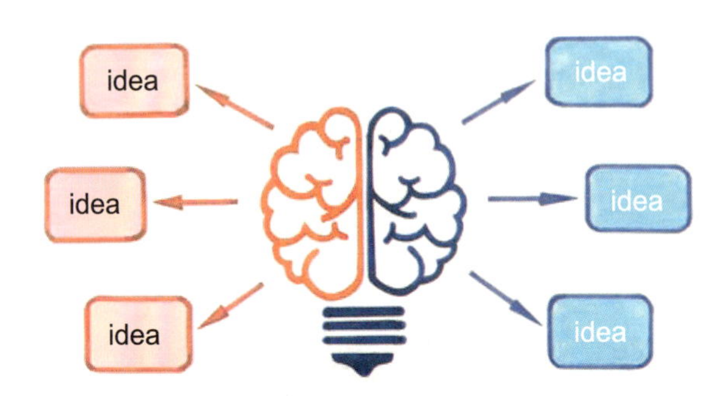


下面的训练为6个“坚强青铜”任务，完成本次思维训练，将获得一枚“坚强青铜”勋章。

## 1.6.4 “坚强青铜”训练：测测你的发散联想

说到“发散”，你能想到什么画面？例如，太阳、蒲公英等。

① 博赞，等．思维导图[M]. 卜煜婷，译．北京：化学工业出版社，2017：27.

训练目的：理解发散的概念。

训练步骤：先思考 3 分钟，然后以接龙的方式，每人依次大声说一个名词。要求前面说过的内容，后面的人不能重复。

**给教练员的小贴士：**

1. 提醒时间，让训练在时间压力下完成。

2. 由于部分人的声音比较小，为了让大家都听见前面人说的名词，避免重复，教练员需要大声且清晰重复每个人说的名词。

3. 遇到无法继续的成员，给予鼓励。停留 30 秒后，若还没有听到答案，不必为难他，游戏继续。

## 1.6.5 “坚强青铜”训练：符号联想

看下面这个符号，说出你想到的东西，记住，千万不要说“零”哦。

训练目的：这是一次典型的发散思维训练。目的是通过一个符号，激发大家发散出很多想法。

训练步骤：先思考 3 分钟，然后以接龙的方式，每人依次大声说一个名词。要求前面说过的内容，后面的人不能重复。

**给教练员的小贴士：**

1. 提醒游戏规则：（1）前面的人说过的内容，后面的人不能重复。（2）没有接上的人，接受“真心话大冒险”的“惩罚”。

2. 教练员用手势引导大家按照从左至右，从前往后的 S 型路线进行回答，并跟随回答的路线走动，及时给予每个答案鼓励和肯定。

3. 掌握节奏，让游戏在快速和紧张的节奏下进行，不可在一个人身上停留太多时间。因为发散思维训练的原则之一是训练思维流畅性。如果节奏太慢，或在一处停留太久（超过 30 秒）都会影响整个思维训练的流畅性。

### 1.6.6 收敛思维

收敛思维又称“聚合思维”，思维始终集中于同一方向，使思维条理化、简明化、逻辑化、规律化。

收敛思维假定逻辑必须走在秩序的“道路”上，以便抵达有已知、特定答案的“彼岸”。

当思维专注于寻找问题的逻辑与规律时，就要启动收敛思维了。

### 1.6.7 “坚强青铜”训练：找相同

请说出下面两个词的共同之处。

例如，“操场”和“手机”之间的共同点可以是“游戏”：在操场上可以做游戏，在手机上可以玩游戏；还可以是“平面”，操场是平面的，手机的屏幕也是平面的，每个人找的共同点会有很大差异。

训练目的：这是一次典型的收敛思维训练。目的是通过找两个词语的共同点，锻炼思维的概括能力。

训练步骤：

1.“作业”和“明星”的共同点是什么？

______________________________

______________________________

______________________________

2.“地震”和“奥数”的共同点是什么？

______________________________

______________________________

______________________________

3.“汉堡”和“足球”的共同点是什么？

______________________________

______________________________

______________________________

**给教练员的小贴士：**

1. 分三步进行，一次只做两个词的找共同点练习。

2. 教练员必须清楚，收敛思维的发展有一定的客观规律，一般而言，是伴随着年龄的增长而发展的，因此小学生和中学生的收敛思维能力会有很大差异。针对不同年龄阶段学生的训练，应该有不同的训练要求。

3. 如果学生不能理解题目的意思，请多举几个例子，通过举例让学生明白训练的要求。

## 1.6.8 创新思维的测量

我的创新思维究竟如何，可以通过科学的方法进行测量吗？这是心理学家们一直在探究的问题。1967 年，美国心理学会主席吉尔福特（J.P.Guilford）进行了发散思维测验，这种测验要求在 5 分钟内列出尽可能多的回形针的用处。然后测评者根据答案的独特性、灵活性、流畅性和精致性 4 个维度进行打分。后来，美国心理学家托伦斯发展出了托伦斯（E.P.Trrance）创造性思维测验（Torrance Test of Creative Thinking，TTCT，Torrance，1974），这套测验用相对简单的词语和图形作业来测量发散思维。其中的一个测量题目就是本节开头的游戏题，另一道测试题是“假设人们眨巴眼睛就能把自己从一个地方送到另一个地方，结果会出现哪些事情”，见训练题 1.6.9“眨眼联想”。20 世纪 90 年代中期，波兰心理学家库亚夫斯基（Janusz Kujawski）又提出了“创造性想象测验量表”（TCI），这个测试用时半小时，比较方便操作，见训练题 1.6.10 和 1.6.11。

好，准备好了吗？让我们一起来做下面的训练题，亲测一下自己的创新思维水平吧！

## 1.6.9 “坚强青铜”训练：眨眼联想

假设人们眨巴眼睛就能把自己从一个地方送到另一个地方，结果会出现哪些事情？请写（或画）出来。（3 分钟）

## 1.6.10 “坚强青铜”训练：16 元素的创想

下面的方框里有四组共 16 个元素，包括直线、点、波浪线和半圆曲线。在你所画的每一个图形中，可以使用少于或等于这 16 个元素，但不能超过 16 个元素，同时不能使用这 16 个元素以外的元素。并对图画命名，图形越多越好，越新颖越有创意越好。（15 分钟）

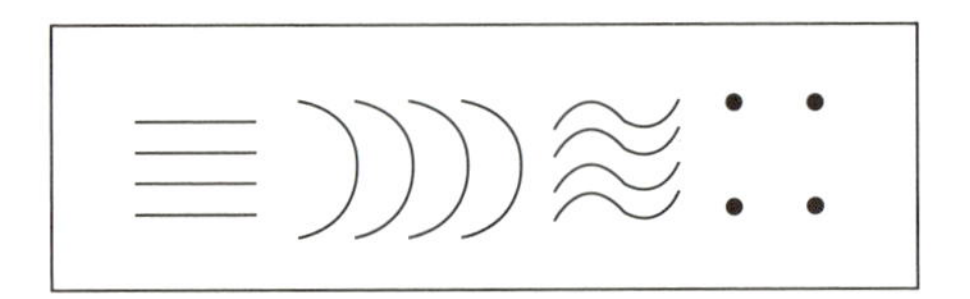

## 1.6.11 “坚强青铜”训练：四图形的创想

下面的方框里给出了 4 个基本图形，请使用这些图形组合成新的图形并对其进行命名。在同一个图案里，每个图形只能使用一次，图画数量越多越新颖越好。（15 分钟）

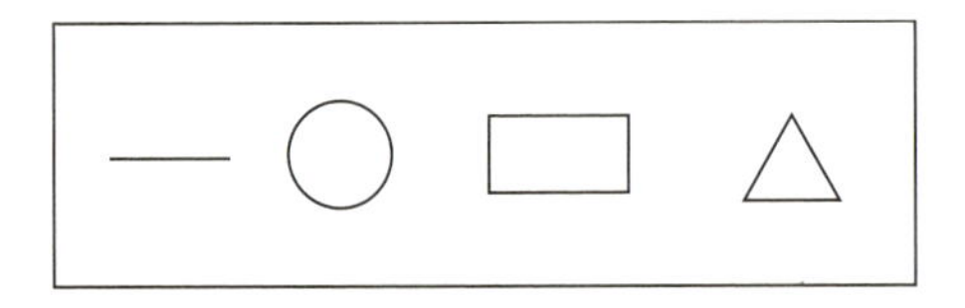

完成训练，恭喜你又获得一枚徽章！

坚强青铜

# 第二章

# 如何发现好问题？

## 2.1 关于问题

> 问题是激发创造性想法的关键催化剂。
>
> ——（美）戴尔，（美）克里斯坦森（《创新者的基因》作者）

###  2.1.1 游戏：你会发现问题吗？

回顾你的日常生活，把你认为生活和学习中不方便的地方梳理一下，写出其中的三条，尽量描写得细致一些。例如，上学时乘坐地铁太拥挤、上课看不清楚黑板等。

1. ______________________________

2. ______________________________

3. ______________________________

看看上面这份问题清单，和朋友交流各自的问题清单，说说你们是在什么情况下发现了这些问题，比较一下你们发现的问题有什么相同和不同之处。

### 2.1.2 什么是问题？

回答问题的“问题”和发现问题的“问题”是同一个意思吗？

如果你认为是同一个意思就错啦。回答问题的“问题”是指的 question，就是疑问；发现问题的“问题”指的是 problem，是指麻烦、困境。我们说，创新的第一步是发现问题（problem），就是说要发现生活中不方便的、麻烦的地方，然后用新的方法新的思路去改进这个麻烦，如何才能发现这个麻烦呢？那就是要多多提问题（question）啦。

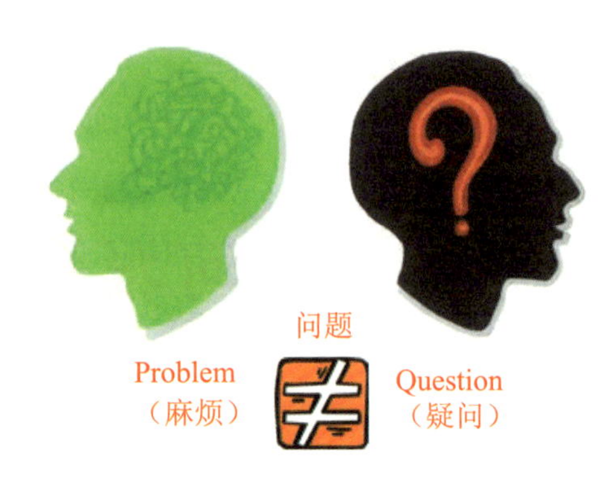

## 2.1.3 什么是生活中的问题？

你理想中的状态和实际存在的状态之间的差距（GAP）就是我们要找的问题。

有人可能要说，我觉得生活中什么都很方便啦，没什么不方便的。那我们就来仔细想想，你在冬天用马桶的时候觉得马桶应该是暖暖的，而实际却……你觉得马桶有问题；你在公园散步，草坪上铺的石板是为了保护草地，本来也应该方便你行走，可你却发现石板铺设的间距让你迈步很不舒服；你坐在教室里听课，本来应该能看清楚黑板的板书，可黑板的反光却让你看不清楚……

这些问题是不是生活中常见的呢？

罗丹说过，生活不是缺少美，只是缺少发现美的眼睛。这里我们要说，生活中不是缺少问题，只是缺少发现问题的方法。

翻开《青少年科技创新成果大赛获奖作品集》，你会发现，小朋友们真的找到了好多好问题（表 2-1）！

表 2-1　《青少年科技创新成果大赛获奖作品集》中的“问题”

| 编　号 | 项目名称 | 发现的问题 | 方　案 |
|---|---|---|---|
| 1 | 新型便携式自主视力检测仪 | 目前的视力检测需要他人帮助才能完成，不方便个人操作 | 基于图像分析的智能视力检测仪，能让我们随时随地独立进行视力检测 |
| 2 | 高架玻璃栈道多维安全巡查分体随动维护平台 | 目前景区对玻璃栈道的安全维护只能依靠人工巡视目测，不能发现和及时维护栈道底部构建体及支撑物 | 融合运用传感器、电子、视频、通信、计算机和机器人等多学科技术，设计一套自动对玻璃栈道安全巡查，并可拓展多种维护功能的人机互动平台 |

续表

| 编　号 | 项 目 名 称 | 发现的问题 | 方　案 |
| --- | --- | --- | --- |
| 3 | 消防用感应控温维生呼吸器 | 目前国际上通用的火灾防护面具都以过滤有毒气体为主，并不具备快速降温功能 | 具有温度自感应启动、高效快速降低吸入气体温度、佩戴轻便等特点的消防用维生呼吸器 |
| 4 | 一键式废旧教材循环利用智能化消毒柜 | 教材在循环使用中，容易沾染细菌和病毒，极易造成传染性疾病的爆发，危害同学健康 | 旧教材循环利用智能化消毒柜 |
| 5 | 低成本手语手套设计与中等词汇量连续手语识别 | 目前市面上没有一款手语识别产品被聋哑人广泛使用，原因之一是数据手套价格较高 | 设计制作低成本手语手套 |
| 6 | 残杀威高效降解混合菌的筛选及其条件优化 | 长期饮用被农药污染的饮用水或食物，会引发癌症、白血病和软组织肉瘤等 | 找到一种微生物来降解环境中的残杀威 |
| 7 | 马祖老酒红糟变身天然美白圣品 | 红曲和曲酸已被开发成美白化妆品，但价格昂贵 | 研究红糟是否具有与红曲、曲酸相近甚至更优的美白效果，以研发出更为平价的护肤产品 |
| 8 | 桥墩受损时撞击波智能警示装置 | 目前国内尚无对桥墩受到撞击损伤进行实时撞击波智能警示的手段，为避免发生次生灾难，仍采用事后组织专业技术研判 | 构建一套行之有效的桥墩撞损实时撞击波智能警示装置 |
| 9 | 车流自控双模交通信号装置 | 乡村路口车流量小，如果使用传统红绿灯会大大阻碍路口的车辆通行效率，而无红绿灯的乡村路口存在一定的安全隐患 | 设计一种适合乡村路口交通情况的高效、有序、安全的路口交通安全管控装置 |
| 10 | 基于位权凸轮组合方式点显的盲文电子阅读器的设计 | 盲人阅读书籍需要依靠纸质盲文书，但纸质盲文书识别麻烦，信息量小。目前应用的盲文点显器主要有压电式和电磁式两种。其中，电磁式盲文点显器通过电磁线圈工作，其机械结构决定了它的体积不能压缩；而压电式盲文点显器用的是压电陶瓷，该材料变形小但成本高 | 低成本的盲文电子阅读器 |

## 2.1.4 什么问题才是好问题？

好问题的标准是什么？

好问题一定是来源于生活，来源于实践。例如“车流自控双模交通信号装置”的小作者发现乡村路口车流量小，如果使用传统红绿灯会大大阻碍路口的车辆通行效率，而无红绿灯的乡村路口存在一定的安全隐患。这个问题是生活中现实存在的，经常会遇到的，只是大多数人没有一双发现问题的眼睛，已经习惯了这样“有问题”的生活，从没想过改变。创新者一定是善于发现问题的人，他们的眼睛随时都在寻找生活中的问题。

交通够方便吗？能不能更便捷？

视力检测够方便吗？能不能自己就可以操作？

盲文电子书够好了吗？能不能更便宜？

旧教材能循环使用吗？能不能更卫生？

食品够安全了吗？能不能更安全？

由此可见，所谓问题，就是对生活的不满，所谓创新，就是对更美好生活的预期，如表 2-2 所示。

表 2-2　问题与创新

| 问题：对生活的不满 | 创新：对更美好生活的预期 |
| --- | --- |
| 不方便 | 更方便 |
| 不便宜 | 更便宜 |
| 不安全 | 更安全 |
| 不舒适 | 更舒适 |
| 不适用 | 更适用 |
| 不健康 | 更健康 |
| 不兼容 | 更兼容 |
| 不灵敏 | 更灵敏 |
| 不高效 | 更高效 |
| 不流畅 | 更流畅 |
| …… | …… |

### 2.1.5 人人都能发现好问题

创新者首先是热衷发现问题的人，他们善于观察和思考，并不断挑战现状。研制第二代苹果计算机时，乔布斯发现主机风扇发出的嗡嗡声让人心神难宁。直觉告诉他，用户会和自己一样，不喜欢这种噪音。他的问题是：主机风扇为什么会有嗡嗡声？他要求合作者重新设计，随着设计复杂但容易冷却的电池的出现，问题最终得以解决。也许你会说，向乔布斯那样拥有大 C（对某个领域具有重大创造性贡献的成果称为大写的创造力——Creativity）的人毕竟只是少数吧，那我们就来看看常州一位名叫周乐颜的小学生是如何发现问题的吧！

在同一间教室里学习，有的同学认为教室里太暗需要开灯，有的同学却觉得够亮了，开灯也是浪费。为什么大家感觉不一样？仔细观察后，周乐颜发现教室里各个地方亮度是不一样的，靠窗的亮一些，靠门的暗一些。那么，教室里现在的灯光安排合理吗？能满足每一位同学的学习需要吗？能不能找到一种办法，让同学们清楚地知道什么情况下开灯、开几盏灯。于是他进行了教室照度调查，并提出了照明方案设计，凭着这个设计，周乐颜在“第三十二届全国青少年科技创新大赛”中获得了一等奖。

上面的案例中，乔布斯和周乐颜同学都用到了“为什么”提问法，找到了更好的解决方案。

每天都在教室中上课学习的我们，同样也可以发现教室中存在的问题吧，除了照明，还有什么问题值得我们关注呢？

下面的训练为 1 个“敏锐白银”任务，完成本次思维训练，将获得一枚“敏锐白银”勋章。

### 2.1.6 “敏锐白银”训练：教室大改造

将学生分为 6 人一组，每组在右边的卡片中（课桌、书架、窗户、台灯）选择一张作为改造目标，提出其中存在的问题。

训练目的：学会发现身边的问题。

物料准备：

A3 纸，中间有一个主体图案，如课

桌、书架、窗户、台灯等。只能有一个主体图案，印有“？”的便利贴。

课前准备：方便 6 人小组讨论的桌椅摆放，给每位同学发 5 张带有“？”的便利贴。每组便利贴的颜色不同。

训练流程：

### 1. 预热

教练员请大家仔细观察教室。

### 2. 发现问题

教练员提问：“大家觉得我们的教室使用方便吗？其实，我们的教室还存在很多问题，现在就请大家一起努力把教室变得更好！”

请每个组抽取一张画有课桌、书架、窗户、台灯等主体图案的 A3 纸。

各组讨论各自主题，例如，抽到“课桌”的小组，讨论“课桌”存在的问题。

由一位同学把本组提出的问题写在带“？”的便利贴上，再把便利贴贴在 A3 的大纸上。

### 3. 描述问题

每组派代表向大家讲述本组发现的“问题”。

展开本组的 A3 纸，依次讲述每张便利贴上的内容。

### 4. 小组 PK

教练员简单总结大家的发现，并数出每组发现的问题的数量（数一数带“？”的便利贴），给获胜的小组一定的奖励。

**给教练员的小贴士：**

1. 教练员要引导学生观察教室里的东西。
2. 事先强调小组竞赛原则，可以给予获胜的小组一定的奖励。
3. 记得使用教练员口头禅“好”“很好”“还有呢？”，不要打击和质疑。

完成训练，恭喜你又获得一枚徽章！

敏锐白银

## 2.2 如何发现问题？

质疑无可置疑之事。

——拉丹·塔塔（塔塔集团（Tata Group）主席）

### 2.2.1 游戏：发现“瓶子”的问题

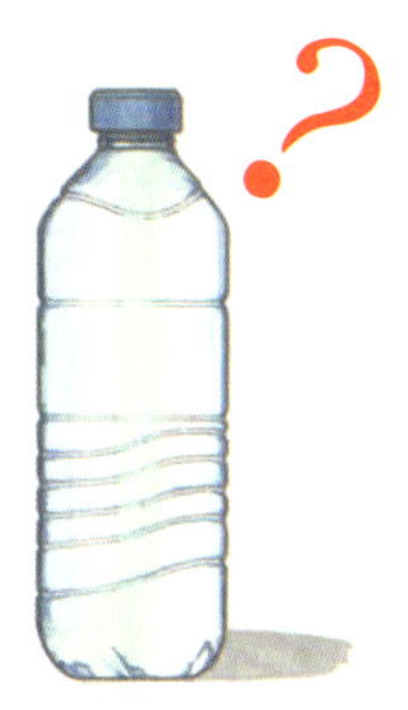

游戏准备：

1. 教练员提前了解关于矿泉水瓶子的种种知识，包括材料、发明者、使用现状、设计、打开方式、环境影响等，越全面越好。

2. 分为 3 ～ 5 人小组。

游戏步骤：

**1. 提问**

教练员展示各种类型的矿泉水瓶子，请大家一边观察一边思考，“回忆你喝矿泉水的经历，说说你发现的矿泉水瓶子不合理的地方，例如，瓶口、瓶身、瓶贴等。”

**2. 随机回答**

尽可能多地提出自己发现的矿泉水瓶子的不合理的地方。

**3. 小组讨论和创造**

请大家小组讨论，发明一种能解决这些问题的矿泉水瓶，并画出示意图。

**4. 小组分享和展示**

小组代表展示“新发明”。

面对司空见惯的“瓶子”发问，这个游戏模拟了创新的第一步——发现问题的过程。

前面我们知道了问题是什么，好问题的标准是什么，接下来就需要发现问题了。问题可以启发创造性的见解。很久之前爱因斯坦就曾经多次重复：“要是我问了正确的问题就好了……要是我问了正确的问题就好了。”难怪他最后得出了这样的结论：“问题的形成往往比问题的解决更重要，”而为了解决问题提出新的问题“需要创造性的想象力。”现在我们知道，生活中处处是问题，可是如果没有一双能发现问题的眼睛，该怎么办呢？

## 2.2.2 发现问题的工具箱

对于一个创新者而言，发现问题是一种本能。2018年上半年，每万人口发明专利拥有量达到10.6件。① 有的人每年获得几项发明专利，这说明他们是拥有大C的人（对某个领域具有重大创造性贡献的成果称为大写的创造力——Creativity），而这些拥有大C的人在人口总数中占绝对少数。对于只拥有小c（日常生活中的创造力则是小写的创造力——creativity）② 的大多数人而言，如何才能发现问题呢？接下来，让我们一起打开发现问题的工具箱，这里有5件用来发现问题的好工具：

3个问题

8小时贴身洞察

6格同理心地图

1部情景剧

2个本子（问号本和问题漂流）

### （1）3个问题

提问是发现问题的第一步。“3个问题”是指在开始创新之前先问3个问题，分别是“如果……会怎样？”“为什么？”“为什么不？”。我们要先从学会提问

① 数据来自：国家知识产权局，http://www.sipo.gov.cn/zscqgz/1123516.htm，2018年中国知识产权保护状况.2018.11.21.

② 巴格托，等.培养学生的创造力[M].陈菲，等，译.上海：华东师范大学出版社，2013：4.

开始，开启发现问题的创新之旅。

（2）8 小时贴身洞察

这是一种直接观察用户行为的方法，也就是对用户当下的行为表现做记录，掌握用户的真实偏好，从中发现用户在使用产品时的不便。

（3）6 格同理心地图

这是设计思维的一个可视化工具，在地图的中间画出目标用户的图形，在他的周围四格中记录“他听到周围人说了些什么？”“他看到了什么？”“他对此有哪些回应，说了或做了什么？”“他的想法和感觉如何？”下面的两个方框用于记录“他感到的痛苦和挫败是什么？”“他的期望、需求是什么？”。同理心地图也是在观察的基础上绘制的，它可以把我们的观察记录很好地提炼成要解决的“问题”。

（4）1 部情景剧

如果要改进一个具体产品，我们可以先设定一个产品使用者，通过适度夸张的表演展示他在生活中使用该产品时遇到的小麻烦，以及小麻烦带来的“严重”后果，揭示产品中存在的问题以及改进的可能性。这种表演的方式就叫“情景剧”。情景剧的表现方式有两种：课堂表演和拍摄短片。

（5）2 个本子

收集、记录问题和发现问题一样重要。为自己准备一个问号本吧，这个本子和你的好词好句记录本一样，都是用来进行点滴积累的。另外，全班需要共同准备一个问题本，挂在教室固定的地方。每一天这个本子会“漂流”到不同的学生手里，你通过翻看前面同学们提出的问题，激发自己的问题。当然，如果你想为前面的问题提供些线索，写下来。这第二个本子被我们称为“问题漂流本”，它和你自己的问号本一起，都可以用作收集日常问题的工具。

### 2.2.3 试试用“工具”发现矿泉水瓶的问题

有了以上5种工具，发现问题就不是难事啦！下面，我们拿出“3个问题”工具箱中的两个工具“如果……会怎样”和“为什么不”来具体演示一下从发现矿泉水瓶存在的问题到解决方案的全过程。

（1）如果……会怎样？

有3位学习设计的大学生发现矿泉水瓶的使用非常不环保，怎样才能减少每年生产出的或被丢弃的塑料饮用水瓶的数量呢？他们问了一个很有意思的问题：如果塑料饮水瓶可以吃会怎样？这真是一个大胆的想法！接下来，他们发明了“水泡式水瓶”。这种被称为Ooho的“水泡”是一种容器，但它又不是传统意义上的容器，因为它完全推翻了传统容器的概念。实际上，它是一种“可食用”的水瓶。它的外形像一个水泡，是由藻类和氯化钙构成的一层精细的薄膜。它足够坚韧，能互相重叠，便于运输和储存。喝水时，只要把它放在嘴边，轻轻挤压就好了。①

在这个案例中，3名学生用的是“如果……会怎样？”提问法，找到了问题。

（2）为什么不？

一家生产矿泉水的公司发现，中国的人均水资源量只有世界平均水平的1/4，

① Soon Soon Soon 团队. 创客手册：100个改变生活的创新发明[M]. 北京：人民邮电出版社，2017：16.

而这 1/4 也经常被浪费。每次团队活动后，人们总会丢弃很多未喝完的矿泉水，这不是因为人们不想节约用水，而是很多人经常忘记哪一瓶是自己的。怎样才能轻易地找到自己的那一瓶呢？这家公司为了解决这个问题，接下来问了一个很好的问题：我们为什么不让塑料瓶子有差异呢？

可是，生产形状不同的瓶子成本太高，如何才能生产出成本不高又易于区分的瓶子呢？既然生产线上出来的瓶子都一模一样，那就让顾客 DIY 出不一样的瓶子！于是，这家公司在瓶贴上印上可刮涂层，用手指即可刮出自己的独特记号，"手写瓶"就这样诞生了。仅仅改变了一下瓶贴，就解决了瓶子容易混淆的问题，从而减少了水资源的浪费，这真是一个很有创意的想法。

在这个案例中，这家公司用到了"为什么不？"的提问法找到了一个好的创意。

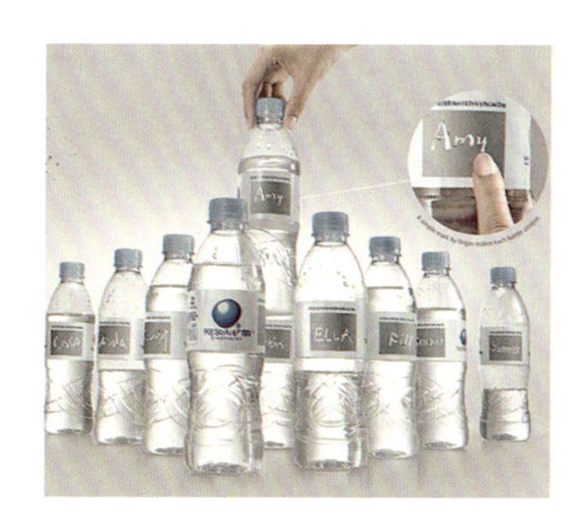


以上案例分别来自国内外，但都在矿泉水瓶上找出了问题，并通过提问"如果……会怎样？"和"为什么不？"发现了问题并找到了解决方案。

下面的训练为 1 个"敏锐白银"任务，完成本次思维训练，将获得一枚"敏锐白银"勋章。

### 2.2.4 "敏锐白银"训练：试用发现问题的工具

请试着用其他几种工具进行探索，看看你有没有初步了解这几种工具的基本功能，当然，更多关于发现问题的工具我们会在下面的章节中逐一介绍。

如果用"8 小时经验追踪"去发现矿泉水瓶子的问题，我会＿＿＿＿＿＿＿＿＿＿

＿＿＿＿＿＿＿＿＿＿＿＿＿＿＿＿＿＿＿＿＿＿＿＿＿＿＿＿＿＿＿＿＿＿＿＿

＿＿＿＿＿＿＿＿＿＿＿＿＿＿＿＿＿＿＿＿＿＿＿＿＿＿＿＿＿＿＿＿＿＿＿＿

如果用“6 格同理心地图”发现矿泉水瓶子的问题，我会________________

________________________________________________

________________________________________________

如果用“1 部情景剧”去展现矿泉水瓶子的问题和带来的危害，我会________

________________________________________________

________________________________________________

如果用“2 个本子”（问题本和漂流本）去记录我们发现的矿泉水瓶子的问题，我会________________________________________

________________________________________________

完成训练，恭喜你又获得一枚徽章！

敏锐白银

## 2.3 3 个问题之“如果……会怎样？”

宇宙有开端吗？如果有的话，在此之前发生过什么？

——霍金

### 2.3.1 游戏：如果海平面继续上升会怎样？

游戏准备：教练员准备有关温室效应的知识。

每位同学准备一个图画本和若干水彩笔。

游戏步骤：

1. 教练员展示如下资料和数据。

根据现代气象仪器观测分析结果显示：最近一百多年来的北半球平均气温逐年有冷暖的随机振动，但是长期趋势则是升温的。

城市非常容易受到气候增暖的影响，世界上超过 50% 的人口居住在沿海 60 千米

的范围内，全球3/4的大城市位于沿海地区和江河沿岸。冰盖消融坍塌导致海平面上升所带来的灾害是不堪设想的。如果海平面继续上升，许多黄金城市（伦敦、纽约、东京、上海、威尼斯……）将被洪水淹没，岛国的许多岛屿从此在地图上消失，大片肥沃良田将被盐碱化。

气候增暖可使森林火灾发生频次增加，全球持续增温极有可能引起灾害性的天气气候频次增加，导致交通瘫痪等。

联合国相关报告指出，自然灾害、旱涝、暴风雪等对经济造成的损失，在2000—2006年达到20世纪70年代的4倍，受灾人数上升34倍。

生物多样性受到影响，许多野生植物、昆虫、鱼类正在消失，造成生态失衡。再加上人类的恣意捕杀，全球的食物链将产生恶性循环，可能带来疾病，危及健康，不利于医学领域以及人类基因的深入研究，这是人类无法复制的资源。

气候变暖使微生物活性加强，流感、霍乱、瘟疫、肺结核、黄热病等病例增多。世界卫生组织在2008年世界卫生日提出了“应对气候变化，保护人类健康”的主题，提示人们关注和防范气候变暖对人类健康的危害。应加大各国之间的交流合作力度，以建立健全疾病监测、防御和治疗的应急方案，加强气候学与生物学以及全球增暖的流行病学的研究，加强专家之间的通力合作。

由于干旱，沙漠地区将扩大，联合国将2006年6月5日的世界环境日的主题确定为“国际沙漠和荒漠化年”，以提醒人们应对气候增暖带来的干旱危害。

总之，在许许多多由气候变暖引发的灾害面前，人类不可掉以轻心，应当采取积极措施进行预防和适应。①

2. 讨论：如果海平面继续上升会怎样？

这是一个开放式问题，没有唯一正确的答案，需要大家大胆假设。教练员可能会听到很多答案，例如沿海城市被淹没。这时教练员要追问，哪些城市被淹没？被淹没后的城市是什么样的？引导学生用画面描述一个具体的场景。

3. 展示：请同学们把想到的画面画出来。

“如果……会怎样？”是一个假设条件的问句。省略号处需要植入的是假设的条件。这个问句在创新思维训练中有很重要的作用，它能帮助我们改变一成不变的思维模式，寻找更多可能的思维路径。

① 傅逸贤．全球气候增暖与人类圈[J]．阅江学刊，2012，4（02）：45-48.

在刚才的游戏中，我们试图打破我们生活在陆地上的思维定式，逼迫学生思考假如我们的城市被淹没后的场景，这时我们会发现好的创意产生了。下图就是两则关于全球变暖的公益广告，汽车在水下行驶，烟囱在水下冒泡。

我们知道，汽车尾气和工业废气都是导致全球变暖的主要原因。当我们看到工厂的烟囱和汽车的尾气在水下冒出气泡，会有一种身临其境的窒息感，能更深刻认识到海平面上升带来的危害，这就是"如果……会怎样？"激发出来的大胆想象。

"如果……会怎样？"不仅可以破除限制，激发想象，而且也能设定限制，逼迫我们思考限制条件下的多种可能性。下面我们就来看看这个神奇的"如果……会怎样？"是如何产生如此矛盾的效果的。

### 2.3.2 破除限制

我们在思考的时候往往会给自己一些不必要的限制。你发现自己很需要体育锻炼，但在行动之前可能会说，我没时间，可能坚持不了一个星期……结果呢？你有一万个理由说服自己不要去！好吧，现在打破这些限制，对自己说，如果我有时间去锻炼会怎样？我会去跑步训练一下耐力，甚至还有个参加半马的小梦想；我会去学游泳，虽然之前从没学会过；我会去登山，最好是现在就去。

伟大的创新者懂得如何去除这些思想上的限制，通过问一个关键问题"如果…… 会怎样？"史蒂夫·乔布斯在20世纪90年代重返苹果公司后，为了放松限制，提出了"如果钱不成问题的话，你会做什么？"这样的问题激发了新产品和服务的创造。

同样，我们还可以问出以下问题：

如果不用泥土就可以种菜会怎样？

如果妆容可以打印会怎样？

如果衣服可以表达情感会怎样？

如果房子可以生长会怎样？

如果让一条鱼来做 DJ 会怎样？

如果用蜜蜂来检测疾病会怎样？

如果“溜进”某人的眼睛里会怎样？

如果用 3D 打印机打印出你的身体会怎样？

如果手机短信带有香味会怎样？

如果闭着眼睛阅读会怎样？

上面的每一个问题都不可思议吗？但这些都是《创客手册：100 个改变生活的创新发明》里收录的已问世的科技产品。例如，如果让一条鱼来做 DJ 会怎样？这个问题的答案之一就是把 DJ 设备交给一条鱼。

“Dag 是一名 DJ。”但是谁是 Dag？ Dag 是一条鱼。Syndrome 乐队（他们是电子音乐实验的先驱）成员沙勒提・勒埃卢、耶希勒・阿莫和伊尔・济苏决定将 Dag 在鱼缸里的活动转化为声音。这个依靠信息技术的独特项目研究鱼的随意性运动，然后根据鱼的位置和运动（速度、加速和转身等）制作出电子音乐。他们还捕捉鱼运动时引起的光影变化，利用灯光制造出一些视觉效果。结果，DJ Dag 的声光表演让人群扭动了起来。①

在做创新思维训练的时候，大胆想象能帮助我们发现思维的盲点。“如果……会怎样？”就是那盏帮我们照亮思维盲点的灯。下面，我们就来进行一组破除限制的“敏锐白银”训练。

本次训练为 4 个“敏锐白银”任务，完成本次思维训练，将获得一枚“敏锐白银”勋章。

## 2.3.3　“敏锐白银”训练：如果不考虑……会怎样？

1. 如果不考虑生产手机的成本，手机会怎样？至少想出 3 个点子。

（1）______________________________

（2）______________________________

① Soon Soon Soon 团队 . 创客手册：100 个改变生活的创新发明 [M]. 北京：人民邮电出版社，2017：67.

（3）________________________________

2. 如果不考虑现有汽车的外形，汽车会怎样？

（1）________________________________

（2）________________________________

（3）________________________________

3. 如果不考虑书籍的材料，书籍会怎样？

（1）________________________________

（2）________________________________

（3）________________________________

4. 如果全世界语言沟通没有问题，人类会怎样？

（1）________________________________

（2）________________________________

（3）________________________________

完成训练，恭喜你又获得一枚徽章！

敏锐白银

### 2.3.4 设定限制

“如果……会怎样？”还可以用来人为设定限制，逼迫我们思考限制条件下的多种可能性。来自甘肃武威的李东方同学为了能在黑板上画出水平直线，发明了带有重垂线的三角板，但他的指导老师提出了更高的要求——如果能在黑板上画出任意角度的角，三角板会怎样？在这个“如果……会怎样？”的问题的启发下，他发明了小钢球型第四代多功能教学三角板，并以此获得了第三十二届全国青少年科技创新大赛小学组一等奖。

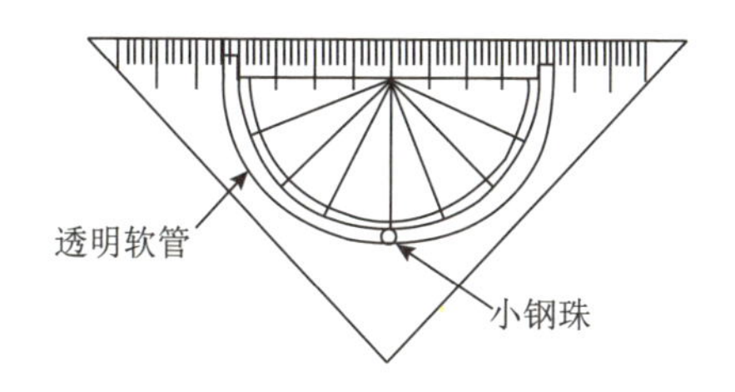


多功能教学三角板①

风扇的扇叶会发出很大的噪声，存在不安全因素，同时还难以清洗。那么，试想一下，如果风扇没有扇叶会怎样？吸尘器的发明人戴森爵士（Sir James Dyson）发明了这种“无扇叶电风扇”，把它冠名为“戴森空气倍增器”。这款无叶电风扇的外形像一只巨大的指环，能产生强有力的凉爽空气，也比传统电扇安全。另外，它清洗起来也比传统电风扇方便得多，使用者不需要为清理扇叶上积满的灰尘发愁了。和传统电风扇一样，它能够 90 度角摆动。它还能通过人为控制发生灯光变化。

使用这种无扇叶风扇明显的好处就是，你不用担心孩子的手会被扇叶伤到，你也不用操心给扇叶做清洗了。

后来，戴森公司还发明了同样没扇叶的吹风机——Dyson Supersonic。

同样的，如果我们给一些日用品人为设定限制，也会逼迫我们思考限制条件下的多种可能性。下面就来进行一组用“如果不……会怎样？”设定限制的“敏锐白银”训练吧！

① 图片来源：中国科协青少年科技中心．第三十二届全国青少年科技创新大赛获奖作品集 [C]. 北京：科学普及出版社，2018：25.

本次训练为3个“敏锐白银”任务，完成本次思维训练，将获得一枚“敏锐白银”勋章。

## 2.3.5 “敏锐白银”训练：如果不……会怎样?

如果书籍不用纸张会怎样？于是，我们有了____________________

如果手机不是全按键的会怎样？于是，我们有了____________________

如果教室里的讲台不在教室前面会怎样？于是，我们有了讲台可以在教室里随意移动的____________________

如果上学不用来学校会怎样？于是，我们有了通过网校进行学习的__________

你会发现，“如果……会怎样？”的提问既可以破除限制，让我们大胆想象，又可以设定限制，让我们在限定条件下激发新的想法。下面就让我们通过更多的训练来试试如何用“如果……会怎样？”发现生活中的问题吧！

## 2.3.6 “敏锐白银”训练：火星生存

训练目的：用“如果……会怎样？”破除限制。

训练内容：如果我们生活在火星会怎样？请“发明”一系列生活用品。

训练准备：教练员准备电影《火星救援》的片段，展示火星的生存环境。

把学生分为6人小组，为每组准备报纸、纸板、纸盒子、超轻软泥土、胶水、透明胶、冰糕棒、乐高、太阳能板、电池、玩具汽车轮子等。

训练步骤：

### 1. 预热

教练员提问：“有谁了解火星的生态环境？人类登陆火星的计划什么时候能够实现？”播放《火星救援》的片段。我们的课堂里不会缺少科幻迷、太空迷，他们的回答会让课堂气氛高涨。

### 2. 讨论

如果我们生活在火星会怎样？请“发明”一系列生活用品。小组讨论，头脑风暴。

### 3. 设计

画出生活用品的设计图。

## 4. 制作

小组一起动手制作模型。

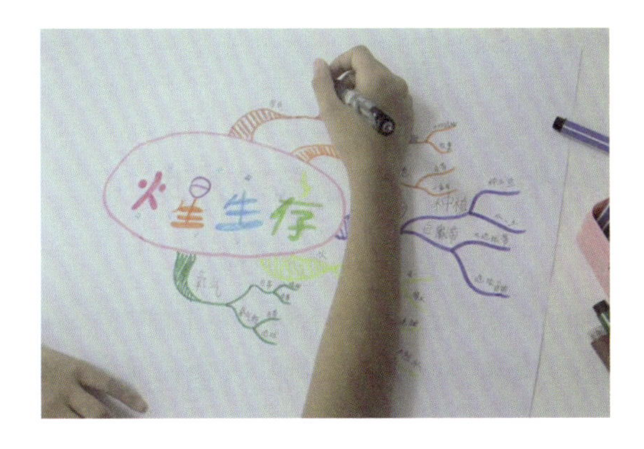


学生用思维导图记录小组讨论的要点[①]

**给教练员的小贴士：**

1. 这是一次动脑与动手结合的训练项目，可能会出现想法难以实现的情况，这是正常的。这个过程会让孩子们看到想法和现实之间是有差距的。

2. 教练员应该鼓励学生做出模型，如果没有做出模型，至少也需要画出设计图。

3. 控制好上课的节奏，为动手环节留够时间。

4. 注意材料使用中的安全问题。

① 图片来源：成都魅客科创中心提供。

5. 这个训练还可以变换成以下题目，反复进行。

① 如果手机可以隐形会怎样？

② 如果汽车没有轮子会怎样？

③ 如果大海消失会怎样？

## 2.3.7 “敏锐白银”训练：荒野求生

训练目的：用“如果……会怎样？”设定限制。

训练内容：如果你只穿着一身校服去荒野生存1周，你的校服会是什么样的？

训练准备：分成3人一组，每组准备一张A3的白纸。

训练步骤：

### 1. 观察

观察自己的校服，有哪些特征？

### 2. 讨论

在荒野中生存1周，服装需要满足哪些条件？当然，这些条件都是现有校服无法满足的，那就设计出一款新的校服，尽量打破目前校服的限制，创造出全新的“求生版”校服。

### 3. 画气泡图

在白纸的中心画出新设计的校服，在四周用“气泡”对校服的设计进行说明。

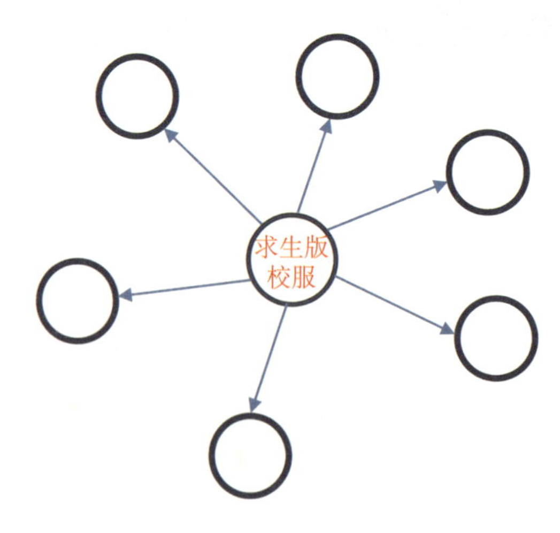

### 4. 服装展示

各组将设计图贴到黑板上，并讲解自己的设计作品。同学们用便利贴投票选出最佳“求生版”校服设计方案。

**给教练员的小贴士：**

1. 打破校服只能是什么样的思维局限，让学生们体会到“如果……会怎样？”在日常用品的设计上发挥的作用。
2. 在训练中加入了气泡图，帮助学生发散和收敛问题。
3. 用“好，很好，还有吗”鼓励大胆的想法。

完成训练，恭喜你又获得一枚徽章！

敏锐白银

## 2.4 3个问题之“为什么？”

最重要、最艰难的工作从来不是找到对的答案，而是问出正确的问题。因为世界上最无用，甚至是最危险的情况，就是虽然答对了，但是一开始问错了。

——彼得·德鲁克（《管理的实践》一书的作者）

### 2.4.1 游戏：为什么井盖是圆的？

游戏目的：让学生学会对身边的事物发问，培养批判思维。

游戏准备：

1. 分组，6～8人一组。
2. 教练员准备圆形井盖的图片，制作成PPT。

游戏步骤：

1. 预热：教练员在 PPT 中展示几张圆形井盖的图片，然后问大家，“这些井盖为什么都是圆形的？”

2. 自由发言（发散思维训练）：学生自由发言，教练员在一张 A3 的纸中间画出圆形井盖的图，然后用气泡图的方式记录学生们的回答。

3. 归纳总结（收敛思维训练）：各组总结气泡图里的答案，合并和归纳相同相似答案，再重新画一张简化后的气泡图。

4. 小组展示：各组向全班展示自己的气泡图，并阐述总结后的理由。

这是一道经典的企业面试题，考察的是我们发散思维的广度和收敛思维的深度。下面我们就列举几个原因。

（1）因为井道大都是圆形的，所以井盖就做成圆形的。那为什么井大都是圆形的呢？因为建筑学和土木工程学中，圆形通道最有利于保持土壤的压力。

（2）因为圆的受力更均匀不容易碎裂和塌陷，所以圆形井盖受力后，会向四周扩散压力，由于扩散均匀，所以不容易碎裂和塌陷。矩形的井盖由于受力不均匀，导致碎裂的概率远大于圆形。

（3）因为圆形井盖从任何方向都不会掉落井下，也方便操作。矩形对角线的长度都大于矩形的长和宽。所以在对角线方向把井盖竖起来就容易掉落井下。另外圆形无方向性，所以无须对准和校对位置，相对来说工人操作更方便点。

（4）因为圆形相对节省生成材料成本。相对于矩形或者正方形，矩形内切圆形的面积最小，生成用的材料也更少。

（5）因为圆形井道非常方便人进出。人的头部和身体更容易通过圆形的通道。

（6）因为圆的好运输和施工。城市标准排水井盖重达几十千克，搬运时起码需要几个成年男子共同协作。

……

除此之外，我们还可以从哪些角度回答这个问题呢？请把我们没列举的原因写在下面。

1. ______________________________

2. ______________________________

3. ______________________________

4. ______________________________

5. ______________________________

### 2.4.2 为什么问“为什么”这么重要？

我旁听了一节小学四年级的数学课。当天课程的内容是“学习身份证上的编码”。老师讲完以后问同学，“你们有什么问题要问吗？”小孩子们纷纷举手，有的问“那个末尾的数字代表什么意思？”“我和我妈的身份证号码的开头数字怎么不一样？”“怎么在编码中表示性别？”老师很开心地对孩子们的问题一一作答，因为这正是教学计划中包含的内容。“还有什么问题吗？”老师又问。这时教室里只剩下了最后一个举手的男孩，他站起来问道：“为什么我们要有身份证？”教室里哄笑起来……

对啊，这还用问吗？身份证就是用来……用来证明身份的啊。但仔细想想，这个男孩似乎问出了最核心的问题：我们为什么要使用身份证？这要从身份证的历史说起。中国最早的身份证是商鞅在公元前 350 年发明的“照身帖”。“照身帖”其实就是一块刻有持有人头像及原籍信息的竹板，这就是我们第二代居民身份证的老祖宗啦。商鞅规定，外出远行者及夜宿旅店者必须出示本凭证，否则关口不可放行，旅店不得留客，违者严惩，这些规定是不是似曾相识？有了“照身帖”，识别一个人的身份就容易多了。你看，这和我们今天的身份证的主要功能是不是一样啊？只是商鞅的“照身帖”没有编号。没有编号会有哪些问题呢？当人数达到一定规模的时候，收集户籍信息的难度会非常大。如果用编码来表示个人信息是不是就简便多了呢？因此，编码的主要目的是为了更方便地处理信息，管理人口数据。这就是编码的意义所在。

为什么问“为什么”这么重要呢？

如果我们认真思考这个小男孩的问题，就会发现，在问一切“是什么”的问题之前，我们更应该问“为什么”。从“为什么”开始，一切问题才有了真正的意义，而在层层剥笋一样的回答中，关于“是什么”的问题也会迎刃而解。

### 2.4.3 为什么我问的“为什么”越来越少？

我们是从什么时候开始忘记问“为什么”的呢？还记得我们每个人小时候都曾是个“问题”小孩吗？我的大儿子已经 10 岁了，在他 5～6 岁的时候，每天都会问我很多“为什么”。而我也很开心与他讨论他的那些问题。我用了一个笔记本专门记录了我（下文中的“妈妈”）和他（下文中的“小胖”）之间的对话：

2014年7月28日（小胖5岁7个月）
花生米为什么有两个瓣，而不是一个瓣，或是三个瓣？
地球为什么有吸引力？
太阳有几岁？
为什么我们去香港的那天下的雨比成都的雨大？

8月21日
狗的祖先都是狼，那为什么有的狗的毛长，有的狗的毛短？
为什么野人（原始人）的脸上要涂上油彩呢？
我用木棍摸你，为什么我的手能感觉得到是手在摸你呢？

9月3日
为什么我们要长皮肤和肉呢？只有骨骼不好吗？

9月8日 中秋节
小胖：为什么月饼是圆的？
妈妈：因为圆代表团圆啊。
小胖：为什么团圆要用圆代表呢？
妈妈：因为团圆就是要“圆满”啊。
小胖：那为什么圆就是圆满呢？
妈妈：如果是方的……呃……
小胖：那方的也可以是圆满的呀！
妈妈：呃……

10月20日
小胖：小乌龟怎么不动了？
妈妈：它冬眠啦。
小胖：为什么人类不冬眠？

11月5日
小胖：我为什么老是问为什么？

11月5日

小胖：我们为什么是汉族？

妈妈：我们古代的时候有个很强大的汉朝，从此我们自称汉族……

小胖：那以前也有秦朝，为什么我们不叫秦族？

妈妈：呃……我要查查汉族的由来……

2015年2月5日（小胖6岁2个月）

小胖每晚都让我给他读《水浒传连环画》。

小胖：为什么叫"水浒"传呢？不是水泊"梁山"吗？

妈妈和爸爸在网上查了半天，没有现成的答案，后来查"浒"字，指"水边，离水稍远的岸上平地"。因此得解。

妈妈反思，为什么我们从来没有思考过这个问题呢？

从这份记录可以看出，五六岁的孩子（可能更早）思考的半径已经扩展到地球（地球为什么有吸引力）、宇宙（太阳有几岁？）、植物（花生米为什么有两瓣？）、生命（为什么人类不冬眠）、人体（为什么要有皮肤和肉？）、气象（为什么我们去香港的那天下的雨比成都的雨大？）、历史（我们为什么是汉族？）、文学（为什么是"水浒"传？）、遗传（狗的祖先都是狼，那为什么有的狗的毛长，有的狗的毛短？）、物理（我用木棍摸你，为什么我的手能感觉得到是手在摸你呢？）等方方面面。作为家长和老师，我们是如何回答这些"为什么"的呢？

遗憾的是，我一直珍视的这份记录，从2016年（儿子上小学）开始就变得越来越少了。

我参加过一次幼儿园组织的幼小衔接课堂，由一名语文老师给小学一年级的学生和即将进入一年级的大班孩子同时上课，课程的内容大致是一只小鸭子回家的故事。老师指着黑板上一只小鸭子问，"它怎么回不了家了？"孩子们纷纷举手，一年级的孩子说因为小鸭子迷路了，或者因为它找不到妈妈了。一名坐在第一排的幼儿园小男孩站起来说，"因为它被水淹死了。"大家都笑了起来，老师也笑着说，"小鸭子会游泳，怎么会被淹死呢？请坐吧"。当老师在请下一位小朋友的时候，她没有听见刚才发言的那名幼儿园男孩一边坐下一边说，"因为它遇到了海啸啊……"

多好的回答啊，如果这位老师能耐心听一下这个男孩的回答，她一定会惊喜地发现创新思维正在他小小的头脑中萌芽。但也许即使她听到了也不会在意，因为她更喜欢一年级孩子的标准答案。

为什么仅仅相差一年时间，充满奇思妙想的小脑袋就会变得如此整齐划一？从幼儿园到一年级，这一年到底发生了什么？美国心理学家托伦斯（1968）发现学生在小学四年级的时候创造力暴跌。4 岁的孩子会不断地问问题并想知道事情是如何运作的，6 岁半的时候他们停止了问问题，因为他们很快发现比起挑衅性的问题，老师更重视正确答案。高中生则很少表现出好奇心。等他们工作的时候，他们的好奇心已经消耗殆尽。① 作为一名老师，我非常痛心，同时也希望下面的这些方法能帮助我们的教练员在思维训练的课堂上让孩子们重拾问出“为什么”的勇气。

## 2.4.4 5+5WHY

### 1. 5WHY

日本丰田公司前任工程师、丰田生产系统的首席工程师大野耐一发明了“五个为什么”发问程序，用于提出“原因是什么”的问题。“五个为什么”分析法，又称 5WHY 分析法，也就是对一个问题点连续以五个“为什么”来自问，以追究其根本原因。

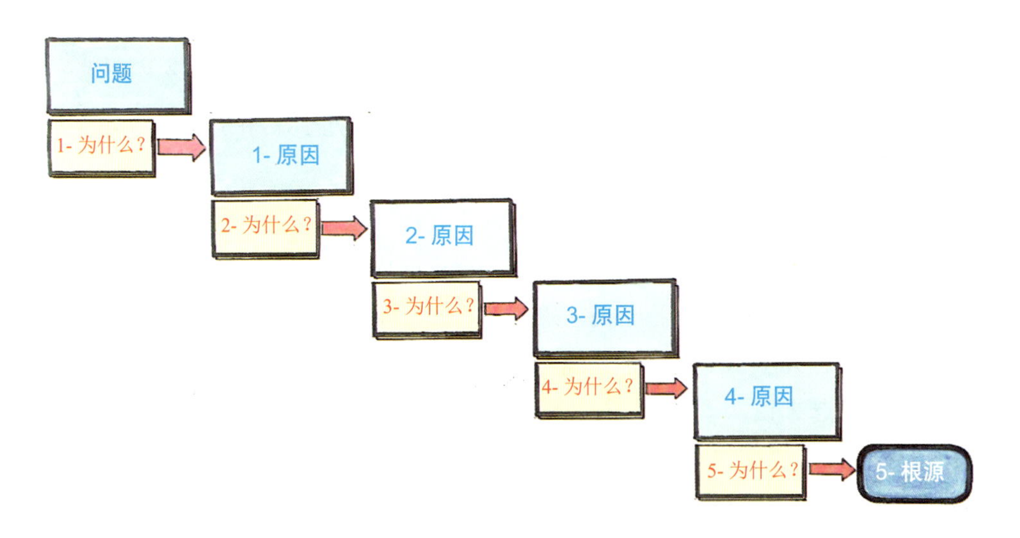


虽为五个为什么，但使用时不限定只做“五次为什么的探讨”，主要是必须找

① 李尚之，汤超颖．创新思维的训练手册：脑体操 [M]．北京：清华大学出版社，2017:36.

到根本原因为止，有时可能只要三次，有时也许要十三次，如古话所言——打破砂锅问到底。

5WHY 法的关键所在，是鼓励我们沿着因果关系链条，顺藤摸瓜，直至找出原有问题的根本原因。

**案例：为什么杰弗逊纪念馆大厦墙壁会受腐蚀？**

美国华盛顿广场的杰弗逊纪念馆大厦年久失修，表面斑驳陈旧，政府非常担心，派专家调查原因。

1）为什么大厦表面斑驳陈旧？

专家发现，冲洗墙壁所用的清洁剂对建筑物有腐蚀作用，该大厦墙壁每年被冲洗的次数大大多于其他建筑，腐蚀自然更加严重。

2）为什么经常清洗呢？

因为大厦被大量的燕粪弄得很脏。

3）为什么会有那么多的燕粪呢？

因为燕子喜欢聚集到这里。

4）为什么燕子喜欢聚集到这里？

是因为建筑物上有它喜欢吃的蜘蛛。

5）为什么会有蜘蛛？

蜘蛛爱在这里安巢，是因为墙上有大量它爱吃的飞虫。

6）为什么墙上飞虫繁殖得这样快？

因为尘埃在从窗外射进来的强光作用下，形成了刺激飞虫生长的温床。

解决问题的结论是：拉上窗帘。

杰弗逊大厦至今完好无损。

5WHY 法提供了一个 5WHY 分析表，帮助我们顺藤摸瓜找出根本原因。

表 2-3 所示是 5WHY 分析表，我们只需要从问题出发，依次填写“为什么”，并通过查阅资料寻找“原因”，找到“即时的解决方案”。

表 2-3　5WHY 分析表

| 次　数 | 为 什 么 | 原　因 | 即时的解决方案 |
| --- | --- | --- | --- |
| 1 | | | |
| 2 | | | |

续表

| 次　数 | 为 什 么 | 原　因 | 即时的解决方案 |
|---|---|---|---|
| 3 | | | |
| 4 | | | |
| 5 | | | |

表 2-4 所示是来自杭州文澜中学胡竞科同学的科创作品“一键式废旧教材循环利用智能化消毒柜”的创新过程，从问题的提出到找到解决方案，我们可以清晰地看到 5WHY 分析法在整个创新过程中的推进作用。

表 2-4　“一键式废旧教材循环利用智能化消毒柜”的 5WHY 分析表

| 次　数 | 为 什 么 | 原　因 | 即时的解决方案 |
|---|---|---|---|
| 1 | 为什么旧教材会被丢弃，造成浪费 | 因为旧教材携带细菌和病毒 | |
| 2 | 为什么旧教材会携带细菌和病毒 | 因为没有消毒 | 消毒 |
| 3 | 为什么没有对旧教材进行消毒 | 因为没有一款用于教材消毒的消毒柜 | 做一个消毒柜 |
| 4 | 为什么没有一款用于教材消毒的消毒柜 | 因为传统的消毒方式操作复杂或不适合书籍的消毒 | 做一个专门消毒教材的消毒柜 |
| 5 | 为什么传统的消毒方式操作复杂或不适合书籍的消毒 | 因为消毒方式不适合书籍 | 用臭氧消毒灭菌的设备简单、操作容易、消毒灭菌效果理想 |

“一键式废旧教材循环利用智能化消毒柜”最终采用了臭氧进行消毒灭菌，用臭氧消毒灭菌的设备简单、操作容易、效果理想，符合环保要求。臭氧消毒灭菌属于生物化学氧化反应，臭氧氧化分解了细菌内部葡萄糖所必需的酶，通过直接与细菌、病毒发生作用，破坏其细胞和核糖核酸，分解大分子聚合物，导致细菌的溶解死亡。[①]

### 2. 5+5WHY

5+5WHY 是我们在 5WHY 分析法基础上提出来的，这里的第一个“5”是指每天至少提出 5 个不同的关于“为什么”的问题，并把这些问题记录在“问号本”

① 中国科协青少年科技中心 . 第三十二届全国青少年科技创新大赛获奖作品集 [C]. 北京：科学普及出版社，2018：156.

（“问号本”的使用会在后面的章节提到）上。为什么要强调数量呢？因为不提问题已经成为我们大多数人的日常习惯，要改变这个习惯就意味着与原有习惯的对抗。如果没有数量的要求，我们的行为会不自觉地回到“不提问”的惯常行为中，只有在一定的数量要求下，坚持一段时间（有一种说法是“21天”）才能有所改变。另外，我们还需要奖励自己，才能使新的习惯维持下去。根据美国作家查尔斯·都希格（Charles Duhigg）的说法，如果我们保持一定的暗示和奖赏，就能植入新的惯常行为。[①] 这时，“问号本”的重要性就体现出来了。如果我们在“问号本”上连续5天都记录了5个以上的“为什么”，那就在本子上做个记号，提醒自己可以得到奖励，例如外出用餐、看一场电影、吃一次火锅或其他任何你觉得很想做却不能经常做的事情。

持续提问，持续奖励自己，直到你发现那个“为什么小孩”又重新在你身上出现，直到你看待这个世界的目光又变得如孩童般充满好奇，直到你又开始拥有柔软而敏感的“赤子之心”……

5+5WHY的第一个“5”强调的是每天保持提问的好习惯，是从提问的广度上提出的要求；第二个“5”强调的是遇到具体问题时，追问到底的好习惯，是从追问的深度上提出的要求。这两个“5”分别从提问的广度和深度上提出了要求，一个都不能少。

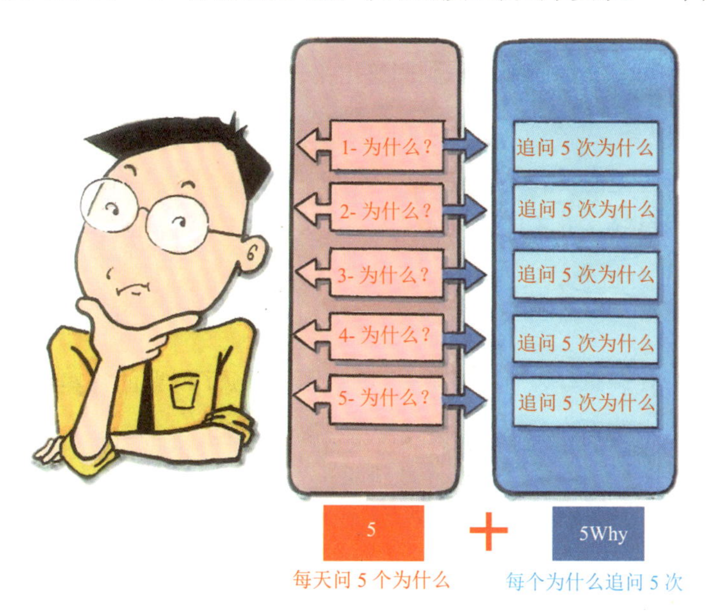


① 都希格．习惯的力量 [M]. 吴奕俊，译．北京：中信出版社，2013：90.

下面的训练为 3 个“敏锐白银”任务，完成本次思维训练，将获得一枚“敏锐白银”勋章。

## 2.4.5 “敏锐白银”训练：“为什么”大挑战

训练目的：重新审视身边事物，重新定义你习以为常的问题。

训练准备：每组准备一张 5WHY 分析表。

训练步骤：

### 1. 准备

把同学分为两个人一组，每位同学准备一个有关“为什么”的问题，这个问题必须具备以下要素。

（1）是日常生活常见却没有思考过的。

（2）是关于一个具体事物的问题，例如“黑板”“足球”。

例如：“为什么足球是由五边形或六边形组成的？”

### 2. 预热

教练员先进行示范，模拟一个同学提问：“为什么足球是由五边形或六边形组成的？”，教练员再模拟另一个同学回答。模拟第一位同学不停追问“为什么？”，第二位同学继续回答，直到回答出第一位同学满意的答案。

### 3. 提问和回答

第一位同学先提问，并不停追问“为什么”，第二位同学回答。

第二位同学提问，并不停追问“为什么”，第一位同学回答。

填写 5WHY 分析表。

### 4. 总结

教练请同学代表总结，你是否在这个过程中发现了问题的答案？这个答案是怎样一步步显现出来的？

## 2.4.6 “敏锐白银”训练：植物杀虫

案例分析：第三十二届全国青少年科技创新大赛获奖作品《紫花鱼灯草粗提取物对三种常见蔬菜害虫的杀灭活性研究》

作者：四川省平昌县实验小学的胡丁丹、袁祯阳、王睿

一次回到乡下姥姥家，胡丁丹同学看到一大片有花的草非常好看，周围的草都有虫咬的痕迹，可这种草没有虫咬，更奇怪的是当地农户散养的牛都不吃这种青绿的草，这是为什么呢？是不是因为这种叫作紫花鱼灯的草有毒呢？可不可以用它来杀死或驱赶蔬菜害虫呢？

通过进一步的实验，他发现紫花鱼灯草粗提取物对小菜蛾、蚜虫、菜青虫有拒食和触杀作用，紫花鱼灯草适宜制作蔬菜生物农药，是制作蔬菜生物农药原料的一个很好选项。

请问，这个案例中胡同学提出了一个什么关键问题？又是如何在问题的引导下一步步找寻答案的？这个案例给我们什么样的启示？请写在下面。

______________________________

______________________________

______________________________

______________________________

## 2.4.7 “敏锐白银”训练：继续问“为什么”

你在生活中还发现了哪些问题？用“为什么”开头，把这些问题写在下面（至少写 10 项）。

1. ______________________________
2. ______________________________
3. ______________________________
4. ______________________________
5. ______________________________
6. ______________________________
7. ______________________________
8. ______________________________
9. ______________________________
10. ______________________________

完成训练，恭喜你又获得一枚徽章！

# 2.5 3个问题之“为什么不……？”

> 创新者是绝佳的发问者。
>
> ——（美）戴尔，（美）克里斯坦森（《创新者的基因》作者）

## 2.5.1 游戏：为什么不……？

你最喜欢做什么事？你的爱好是什么？想象一下，你正在做一件你最喜欢的事，比如阅读。此时，你正沉浸在一本侦探小说里，书中的情节扣人心弦。这时你坐在房间的沙发上，穿着你的校服，你的桌上放着一杯已经凉透的奶茶，奶茶的旁边是一盏台灯。现在请你想象一下，什么样的阅读方式才能让你觉得读一本“侦探小说”更刺激？试着用“为什么不……”对你的阅读环境提问。

我坐在房间的沙发上看书。

我为什么不____在房间的沙发上看书？

我为什么不坐在______的沙发上看书？

我为什么不坐在房间的________上看书？

我穿着校服。

我为什么不穿着______________样的衣服？

我在喝奶茶。

我为什么不喝__________？

我在使用一盏台灯。

我为什么不用一盏____________灯？

也许你从没想过会“不坐”着看书，那么“半躺着”行吗？为什么一定要在沙

发上看书呢，换个可以随着情节“运动”的座椅好吗？为什么一定要在房间里看书呢？为什么不去 4D 电影院呢？为什么要穿着校服呢？为什么不能穿一件超酷的“功能上衣”呢？

好了，现在再次想象一下。你沉浸在一本侦探小书里，书中的情节扣人心弦。主角刚跳上一辆车，全速启动。你坐在“运动”座椅上，顿时感到后背一阵挤压，就像开车加速时后背紧贴着车座一样。然后是一阵晃动，书里写到车正猛然右转，你又感到身体两侧受到挤压。汽车突然刹车，你的上衣后背一下子膨胀起来，使上身向前倾斜。

你穿着“功能上衣”，这是一件在阅读时传递感官体验的上衣。它能跟进阅读进度，通过振动、挤压胸部、膨胀或加热等方式为你带来浸入式阅读体验。这件上衣是你用你的平板电脑在网上购买电子版侦探小说时一起买的。这天晚上，你还可以去电影院看这部侦探小说的电影版，电影的每个场景都配置相应的嗅觉体验。此外，电影主角的智能手表或手机收到信息时，你也能收到同样的信息，你甚至能跟电影里的侦探互动……

不要觉得这样的想象不着边际，目前，智能上衣已经被发明出来，它能跟进我们阅读或看电影的进度，然后根据书本或电影的情节启动膨胀等功能。而这一切，正是未来电影、书籍、音乐和电子游戏的发展方向。随着增强现实技术的发展，我们将不再满足于“看”书和“听”音乐，我们可以借助各类传感器，拥有身临其境的沉浸式体验。我们能靠思维控制，而不是靠肢体协调控制滑板。[①] 这些都是正在发生的改变，而这一切都是源自对现实的破坏性思考。

是的，为什么不呢？

## 2.5.2　“为什么不”的思维本质是破坏性创新

你若不是一个创新者，世界在你眼中是一个句号，你若是一个创新者，世界在你眼中是一个问号，因为创新者总是质疑常识。

在传统胶片相机一统天下的时代，人们觉得这种利用光学成像原理形成影像并使用底片记录影像的设备真是太完美了，它能留下美好的记忆、记录生活的点滴，是每个家庭都期待拥有的珍贵物品。但这种“完美”被一个 3 岁孩子的问题击败

① Soon Soon Soon 团队 . 创客手册：100 个改变生活的创新发明 [M]. 北京：人民邮电出版社，2017：138.

了。这个 3 岁的小女孩在跟随父母度假时，爸爸给她拍了很多照片，她太着急看到照片，于是一直不停地问，“爸爸，我为什么不能马上看到自己的照片呢？”恰好她的爸爸是化学和光学方面的专家——埃德温·兰德（Edwin Herbert Land），女儿的问题让他开始思考有没有可能发明一种“即时”成像的技术。1947 年，兰德发明了世界上第一种即时成像系统，一年后推出了一款革新性的产品——宝丽来相机，当时轰动了整个世界。

“为什么不能马上看到自己的照片呢？”

“如何让胶片相机的成像技术更好？”

“如何让胶片相机的成本降低？”

以上哪个问题更具有破坏性呢？当然是“为什么不”。相对于如何改进传统胶片相机的提问，“为什么不”的提问直接指向了传统胶片相机未曾进入的一个新领域，开拓出了一个全新的市场。

### 2.5.3 用“为什么不”培养逆向思维

逆向思维就是对司空见惯的似乎已成定论的事物或观点反过来思考的一种思维方式，即“反其道而思之”。如何才能用“为什么不”这个思维工具反其道而思呢？下面介绍两个逆向思考的角度：性质的对立和方法的变换。

1. 性质对立

性质的对立是指，在创新的过程中遇到困难的时候，试着把原有的产品特性反转过来，从反面去思考解决的新路径。

1）软与硬——洗衣机的脱水缸

当初设计洗衣机脱水缸时，为了解决脱水缸的颤抖和由此产生的噪声问题，工

程技术人员想了许多办法，先加粗转轴，无效，后加硬转轴，仍然无效。

这时我们的惯常思维是，转轴一定是硬的。

接下来，我们开始从“硬”的反面——“软”进行重新思考，问一下：

“为什么软轴不能是软的？”

设计师弃硬就软，用软轴代替了硬轴，成功地解决了颤抖和噪声两大问题。现在我们看到的洗衣机脱水缸，它的转轴是软的，用手轻轻一推，脱水缸就东倒西歪。可是脱水缸在高速旋转时，却非常平稳，脱水效果很好。

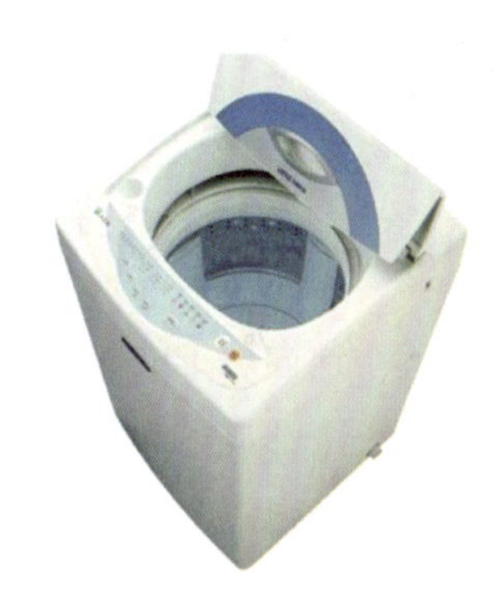

在解决洗衣机脱水缸问题中的逆向思维的过程如下。

第一步：找到惯常思维模式——转轴是硬的。

第二步：走到思维的反面。问问自己“为什么软轴不能是软的？”。

第三步：从思维的反面开始，重新思考问题——用软轴代替了硬轴。

2）多与少——圆珠笔的改进

圆珠笔之所以能够写字，是因为笔头里的钢珠在滚动时，能将速干油墨带出来转写到纸上。据说，圆珠笔芯刚发明出来时里面装的是干油墨，足够可以书写 2 万个字。但是，书写的字数多了以后，钢珠与钢圆管之间的空隙会渐渐变大，这样油墨就会从缝隙中漏出来，常常会玷污衣物等，使人感到不愉快。

为了解决漏油的问题，专家们没有少动脑筋。有的研究油墨配方的改进，有的研究钢珠与钢圆管的硬度。可是都没能收到效果。

正当这项研究毫无进展的时候，日本有一个小企业主，想出了一个绝招：不是因为装的干油墨足够书写 2 万个字吗？不是因为写到那时就会漏油了吗？

“为什么不少装一些干油墨呢？”他问。

让笔芯里的油墨只能书写 1 万多个字就用完了，这样圆珠笔芯漏油的问题不就解决了吗？于是，他就申请了专利，专门生产一种短支的圆珠笔芯和圆珠笔，受到了广大顾客的欢迎，很快他就成了一个大企业家。

我们再次回顾圆珠笔改进过程中逆向思维的如下过程。

第一步：找到惯常思维模式——干油墨多。

第二步：走到思维的反面。问问自己“为什么不少装一些干油墨呢？”

第三步：从思维的反面开始，重新思考问题——发明短支的圆珠笔芯和圆珠笔。

### 2. 方法的变换

方法的变换是指，在创新的过程中遇到困难的时候，试着把原来的方法反转过来，从反面去思考解决的新路径。

1）吹与吸——吸尘器的发明

我们日常生活中被广泛使用的吸尘器已问世整整一百年了。为了有效地清除令人讨厌的灰尘，人类很早就开始了对除尘设备的研究。人们首先想到的是用“吹”的方法，即采用机器把灰尘吹跑。1901 年，在英国伦敦火车站举行了一次公开表演。当“吹尘器”在火车车厢里启动时，灰尘到处飞扬，使人睁不开眼、喘不过气。当时在参观者当中有一个叫布斯的技师，他心想：

吹尘不行，那么为什么不吸呢？

他决定试一试。回家后他用手帕蒙住口鼻，趴在地上用嘴猛烈吸气，结果地上的灰尘都被吸到手帕上来了。实验证明，吸尘的方法比起吹尘来要高明得多。于是利用真空负压原理制成的电动吸尘器就在这一年诞生了。

让我们一起回顾吸尘器发明中的如下逆向思维过程。

第一步：找到惯常思维模式——吹灰。

第二步：走到思维的反面。问问自己“为什么不能吸灰呢？”

第三步：从思维的反面开始，重新思考问题——发明吸尘器。

2）提纯与降纯——晶体管的革命

晶体管的发明曾引起了一场世界电子革命。这其中的逆向思维起了很大的作用。20 世纪 50 年代，世界各国都在研究制造晶体管的原料——锗。其中的关键问题是要将锗提炼得很纯。日本的专家江崎与助手在长期的探索中，不管怎样小心操作，总免不了混入一些杂质。每次测量其参数，都会发现显示不同的数据。

有一次，他想：为什么不能保留一些杂质呢？

经实验，当将锗的纯度降到原来的一半时，一种极为优异的半导体就诞生了。

让我们一起回顾晶体管发明中的如下逆向思维过程。

第一步：找到惯常思维模式——提纯。

第二步：走到思维的反面。问问自己“为什么不能保留一些杂质呢？”

第三步：从思维的反面开始，重新思考问题——革新半导体。

### 2.5.4　用“为什么不”进行颠覆性思考

如果我们需要彻底颠覆垂直思考的路径，从逻辑上推翻并重建，就需要颠覆性思考。用“为什么不”进行的逆向思考就是一种颠覆性思考。在很多广告案例中，我们可以看到这种颠覆性思考的例子。

甲壳虫汽车是德国大众汽车公司（Vokswagen）生产的一款小型车，圆乎乎的外形很像一只甲壳虫。由于它马力小、操作简单、抵挡、形状古怪，在进入美国市场 10 年后依然未能打开局面。当时的美国消费者习惯于购买豪华气派的大型车，他们不喜欢小型车，更不喜欢德国生产的车。[①] 在这种不利的局面下，如何才能打开甲壳虫汽车的销路呢？

1959 年，威廉 • 伯恩巴克（William Bernbach）接下了这项难度系数极高的广告业务。并在推出了以下系列广告之后，让甲壳虫汽车于 1960-1968 年间销售量劲增，且长盛不衰。下面我们就来看看这张拯救甲壳虫的平面广告。

广告文案的译文如下：

Think small.（想想小的好处）

我们的小车并不标新立异。许多从学院出来的家伙并不屑于屈身于它；加油站的小伙子也不会问它的油箱在哪里；没有人注意它，甚至没人看它一眼。其实，驾驶过它的人并不这样认为。

因为它耗油低，无须防冻剂，能够用一套轮胎跑完 40 000 英里的路。这就是为什么你一旦用上我们的产品就对它爱不释手的原因。当你挤进一个狭小的停车场时、当你更换你那笔少量的保险金时、当你支付那一小笔修理账单时，或者当你用

① 钟静 . 经典广告案例新编 [M]. 北京：经济管理出版社，2007： 187.

你的旧大众换得一辆新大众时，请想想小的好处。

正是在众多汽车公司纷纷宣扬大型汽车的优势的时候，甲壳虫另辟蹊径“发现”了小的好处，从而赢得了消费者的青睐。

让我们一起回顾甲壳虫广告中的如下逆向思维。

第一步：找到惯常思维模式——汽车越大越好。

第二步：走到思维的反面。问问自己“为什么不能小一点呢？”

第三步：从思维的反面开始，重新思考问题——想想小的好处。

## 2.5.5 逆向思考的 3 步法

在上文举例的过程中，我们已经反复使用了逆向思考的 3 步法，下面我们再次总结一下用“为什么不？”进行逆向思考的步骤。

第一步：找惯常（找到惯常思维模式）。

第二步：反面想（走到思维的反面，问问自己“为什么不？”）。

第三步：重新做（从思维的反面开始，重新思考问题）。

下面的训练为两个“敏锐白银”任务，完成本次思维训练，将获得一枚“敏锐白银”勋章。

## 2.5.6 “敏锐白银”训练：为什么不是……样的文具？

训练目的：

1. 学习用“为什么不？”提问，打破常规思维。

2. 进行有目的（更方便更有趣）和有目标（适合特殊人群）的设计，为之后“同理心地图”的学习打下基础。

训练内容：我们希望能设计更有趣更方便的文具，或者是适合特殊人群（老人、盲人、唐氏综合征儿童）的文具。请同学们打开自己的书包，随便拿出一件文具，用“为什么不”提问。

训练准备：

1. 每位同学准备一件文具（铅笔、橡皮、钢笔、尺子、圆规、水彩笔、笔记本等）。

2. 每组准备一张 A3 的白纸和一盒水彩笔。

3. 教练员为同学们准备关于特殊人群（例如老人、盲人、唐氏综合征儿童）的介绍资料，用 PPT 或视频的方式展示给大家。

4. 分成 3 人一个小组，其中一位同学负责在白纸上记录本组的提问。

训练步骤：

### 1. 选文具

每组选择要提问的对象——某一件文具

### 2. 定目的

每组选择设计的目的——更方便、更有趣或适合特殊人群。

### 3. 用“为什么不”提问

每组每位同学用“为什么不”对一件文具进行轮流提问，注意要紧扣设计的目的。

### 4. 记录和设计

每组由一位同学负责在白纸上记录本组的提问，并用图形的方式画出本组设计的新文具。

### 5. 展示

每组轮流展示新文具的设计图纸，尽可能图文并茂。

### 6. 总结

教练员总结并点评大家的设计。

**给教练员的小贴士：**

1. 关于“为什么不”的提问很容易偏离主题，有时大家虽然提了很多问题，但因为没有紧扣主题。最后对设计毫无帮助。教练员需在各组巡视，及时发现偏题的现象，并引导大家关注设计的目的（更方便、更有趣或适合特殊人群）。

2. 这是一个开放式的训练，无法预估最终什么样的作品会被设计出来，做好“吃惊”的准备，并鼓励每一个有意义的设计。

3. 为了鼓励大家的设计热情，可以设计一定的奖励措施，例如，为“新设计”举办小型的展览。

## 2.5.7 “敏锐白银”训练：高脚杯为什么不是……样的？

训练目的：用“为什么不”进行破坏性思考，创造出全新的产品。

训练内容：你所看到的高脚杯都大同小异？从现在开始，发现高脚杯的 N+1 种可能性。

训练准备：各种颜色的便利贴。

训练步骤：

### 1. 预热

给每人发一张便利贴，请大家在上面写一个任意的具象名词（就是能表达具体形象的名词，如铅笔、扑克牌，不要写抽象名词，如热情）。

### 2. 示范

教练员提问：“高脚杯是什么样的？请同学们画出来吧。”这时，你会发现，大家画的高脚杯都惊人的相似。

教练员在黑板上写下：“高脚杯为什么不是______那样的？”。

随机抽取一张写了具象名词的便利贴，贴在句子的空格处。假如便利贴上的名词是“扑克牌”，这句话就变成了“高脚杯为什么不是扑克牌那样的”。

从“扑克牌”我们可以想到什么呢？教练员先在黑板中间画一个圆圈，在圆圈中间写上“扑克牌”，然后和同学们一起在“扑克牌”周围写出联想到的词：大小王、红桃黑桃方片梅花、规则、竞争等。

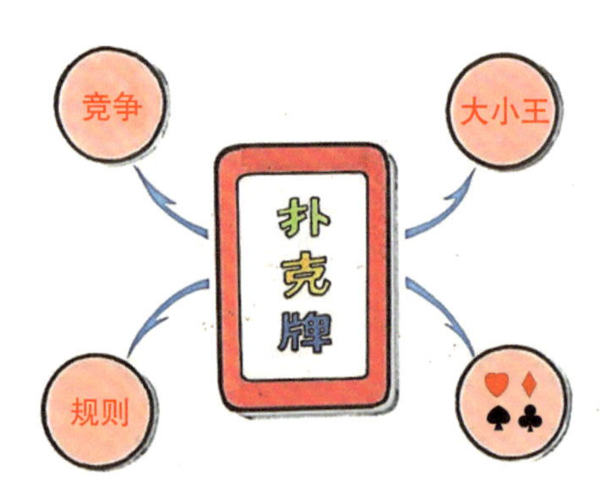


“扑克牌”气泡图

让每一个词和“高脚杯”叠加，会让我们联想到什么呢？

1）有人通过“红桃黑桃方片梅花”想到了一种可以帮我们进行团队分组的高脚杯，每个高脚杯的底座上都印有“红桃”“黑桃”“方片”“梅花”其中的一种图案。聚会开始的时候，我们随机选择一只高脚杯，就可以通过底座的印花找到与自己同组的人。

2）有人通过“大小王”想到了一种可以注入酒水后自动变色的高脚杯，并且可以在杯壁上显出“大小王”的图案。

以上是“扑克牌”带给我们的创意。如果便利贴上的名词是“乐高”，乐高能让我们联想到什么呢？在“气泡”中填上你的联想吧。

“乐高”气泡图

### 3. 随机练习

请一位同学把手中写有任意具象名词的便利贴贴在“高脚杯为什么不是____样的？”的空格处，剩下的同学对便利贴上的名词进行发散思考，产生关于高脚杯的新创意。

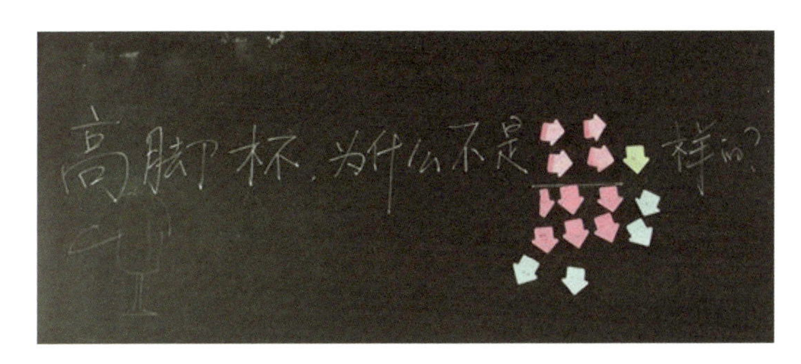


每位同学轮流贴便利贴，直到训练结束。

### 4. 总结

数一数，我们一共想出了多少种高脚杯的创意？“为什么不”可以帮我们打破思维惯性，我们为什么不经常这样用呢？

完成训练，恭喜你又获得一枚徽章！

敏锐白银

## 2.6　8小时贴身洞察

> 每个人都不一样，所谓的典型人群并不存在。即使是像铅笔这样简单的文具，需要对不同场合和不同类型的人进行有差异的设计。[①]
>
> ——（美）唐纳德·A·诺曼（《设计心理学》的作者）

① 诺曼. 设计心理学1：日常的设计[M]. 小柯，译. 北京：中信出版社，2017：250.

## 2.6.1 游戏：为盲人设计

游戏准备：分成 6 ～ 8 人小组，每组准备笔记本。

游戏步骤：

### 1. 预热

你了解盲人的生活吗？如果我们要为盲人朋友做点事情，让他们的生活更方便，我们该怎么做呢？

### 2. 设计

每组设定一个生活场景，例如外出、下棋、做饭、交流等，在具体场景为盲人朋友设计一款产品，满足他们在此场景中的使用需求。

每组组长记录本组的想法。

### 3. 分享

各组轮流分享自己的设计思路。其他组提出反驳意见和改进建议。

很多时候，设计的目的是帮助有特殊障碍的人群，例如上文中提到的盲人。但实际情况是，也许你设计得很好，也可以解决问题，但目标用户拒绝使用。听到这个结论，你是不是有些沮丧？你一定会问：为什么呢？美国心理学家诺曼在谈到这个问题的时候解释说，因为很多人不想四处宣传他们的缺陷，事实上，很多人不想承认自己有缺陷，甚至是在面对自己的时候。① 如果我们只是站在自己的立场上为他人设计，这样的设计有用吗？

在上一节中，我们提到创新的第一步是发现现实生活中的问题（Problem）。就是说要发现生活中不方便的、麻烦的地方，然后用新的方法新的思路去改进这个麻烦，如何才能发现这个麻烦呢？如果是我自己生活中的不方便，我可以通过问“为什么？”“为什么不？”和“如果……会怎样？”去找到问题。但如果是别人生活中的需求和麻烦，我们该如何发现呢？

了解他人生活最好的办法，就是进入他的生活。这就是我们要探索的“8 小时贴身洞察”法。这个方法来源于即时经验追踪（Real-time Experence）。即时经验追踪是一种直接观察用户行为的方法，也就是对用户当下的行为表现做记录，掌握用户的真实偏好。例如产品设计团队邀请被试验者为自己一日三餐的食物拍照，借

① 诺曼．设计心理学 1：日常的设计 [M]．小柯，译．北京：中信出版社，2017：252.

由这些事实资料的积累，洞察当事人没有意识到的行为及心理，提出自己的洞察。和传统调研方法（问卷调查、小组访谈）相比，即时经验追踪获取的资料更接近真实的生活，经过观察—思考—洞察得出来的假设比听对方说、经过表面粗浅加工得来的假设更具有价值。[①]

我们在即时经验追踪基础上提出了“8小时贴身洞察”，既符合即时经验追踪洞察真相的本质，又提出了具体的时间（8小时）、方法（贴身）和目的（洞察）要求。

“8小时贴身洞察”的操作要点包含“洞察”“贴身”和“8小时”3个方面。

## 2.6.2 洞察

什么是洞察？英文的翻译是insight，字面意思就是要“看”（sight）到“里面”（in）去。也就是说，首先是观察，看到表面的行为，然后要看到行为背后的动机，这就是“洞察”了。

### 1. 怎样观察

洞察的前提是细致的观察。观察就是我们利用眼睛、耳朵等感觉器官和其他科学手段及仪器，有目的地对他人进行考察，以取得所需资料的一种方法。

如何观察盲人的生活呢？我们先要找到一位盲人朋友，与他建立良好的关系，取得他的充分信任。在获得他的允许后，在他身边进行观察。可以用相机拍摄他的生活场景，用录音笔记录他和别人的谈话。

1）记录方式

- 人员记录。
- 仪器记录（照相机、录音笔）。

2）观察内容

- 情境：出行、娱乐、交流等特定的情境。
- 现象：出现了什么特殊情况。例如，在观察盲人的时候，有的小组发现他们很少走盲道。
- 人物：他的外貌特征及与他交往的人的外貌特征。

① 张凌燕．设计思维：右脑时代必备的创新思考力[M]．北京：人民邮电出版社，2017：134.

- 行为：他做了什么和说了什么。
- 频率和持续期：他的什么行为会反复出现，持续多长时间。

### 2. 如何洞察

观察只是记录人们所做的事情，而洞察则是回答人们为什么会那样做。只有真正做到了洞察，才能从根本上了解他人行为的动机，才能做出真正满足他人需求的作品。

因此，洞察的关键步骤如下。

1）提问：为什么会有这样的行为？

2）分析：解释行为和偏好背后的根本动机。

例如，一家国外的即食通心粉品牌通过问卷调查发现，家庭主妇在烹饪即食通心粉的时候会加一点新鲜的洋葱，这是为什么呢？是因为她们喜欢洋葱味重的通心粉吗？

不要轻易下结论，因为浅表的解释往往抓不住事物的本质。回想一下我们小时候，如果妈妈因为太忙没时间给我们做晚饭而给我们端上一碗方便面的时候，你会发现什么？碗里不仅有方便面，还有一个鸡蛋或几片菜叶，对吗？妈妈为什么要给自己找麻烦，在煮方便面的时候加鸡蛋和菜叶呢？

是因为内疚感。一个家庭主妇不能为家人做出营养健康食物的时候，她希望通过加入鸡蛋和菜叶消除这种内疚感。同样，家庭主妇在给家人准备即食通心粉的时

候，有一种没有尽到家庭主妇职责的内疚感，为了消除这种内疚感，加入一点自己准备的洋葱，不仅是家庭主妇表达自己对家庭成员关爱的方式，也是对因图方便而产生的心理内疚的一种补偿，与通心粉本身是否自带洋葱味道没有关系。

这才是洞察。

### 2.6.3　贴身

观察分为参与观察与非参与观察两种。参与观察要求观察者作为一个参与者参与到现场的活动之中，身临其境地进行观察。例如，你如果观察的是一位喜欢下象棋的盲人，那你需要和他一起下象棋，体会他是如何下象棋的。

非参与观察中，观察者作为一个旁观者，冷静观察现场所发生的各种情况。例如，同样还是观察一位喜欢下象棋的盲人，进行非参与式观察时，你不需要和他下棋，只需要在一旁观察他和别人下棋的全过程就好了。

但无论是参与还是非参与观察，你都需要“贴近”他的生活，这就是“贴身”洞察的意义。如果你不走进他的生活，你无法发现什么是他生活中真实存在的问题。

说到“贴身”洞察，就不得不提到以田野考察为代表的人类学研究方法。与其他在实验室准控制状态下的研究不同，田野考察是在实地进行，正是这种现场式的、真正深入研究对象的“贴身”调研方法，得来的研究成果才显得格外真实和珍贵。

### 2.6.4　8 小时

为什么一定要观察 8 小时？这是因为我们所观察的行为有以下 3 个特征。

第一，所要搜集的信息必须是可以观察到的，或者是能够从可以观察到的行为中推断出来的。

第二，所要观察的行为必须是重复出现的，有频率的，按某种方式可以预测的。

第三，所要观察的行为，必须是持续时间比较短的。

因此，我们需要持续一段时间，才能观察到行为的重复性和特殊性。就像一个标准的人类学家一样，持续 1 年的考察才能发现某个族群春夏秋冬四季的农耕生活，才能完成一份基本的考察报告。我们贴身洞察的行为，由于持续的时间比较短，又往往每天都在重复，因此至少保证一天 8 小时的贴身洞察才能得出比较完整的结论。

8 小时的含义：

1.8 小时是累计观察的时间的最低总量，我们可以分几天完成，也可以在一天内完成，但累计的观察时间要达到 8 小时。

2.8 小时的观察需要涵盖目标对象的基本生活细节，如工作、社交、学习、外出、消费等，需要根据具体的设计目标设定需要观察的场景。例如，为盲人设计象棋，就需要观察盲人下棋这个具体的场景。

## 2.6.5 为盲人设计

回到刚才的游戏，我们的学生究竟为盲人朋友设计出了哪些好作品呢？下面我们来看 3 个作品。

### 1. 盲人摸象

这是 2017 年中美创客大赛四川分赛区产生的一个作品，名叫“盲人摸象”，顾名思义，就是为盲人设计的一种象棋。盲人下棋靠手摸，平时练习时一般有人陪着，给他念出对方走了什么棋，比赛时双方互报招法。这里就存在一个问题，盲人下棋需要有人在旁边帮忙“读棋”，能不能发明一种可以不需要别人帮忙就可以下的象棋呢？这个作品利用语音播报以及盲文形式使盲人无须他人的帮助就可以下棋，可人机对战、教学对战、网络在线对战等，很好地解决了盲人下棋需要人陪伴这个问题。

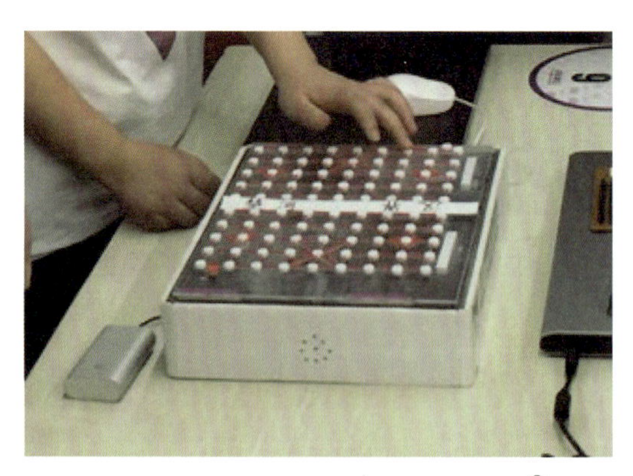

为盲人设计的象棋——“盲人摸象”[1]

① 图片来源：作者摄于 2017 年中美创客大赛四川分赛区比赛现场。

### 2. 基于轨迹识别的室内外导盲系统

这也是 2017 年中美创客大赛四川分赛区的一个作品。团队通过洞察发现，以盲道为代表的无障碍设施遭到了许多的侵占和破坏，盲人出行面临三大障碍——方向难、上下难、避障难。

为了解决这三大难题，团队开发了基于轨迹识别的室内外导盲系统——基于定迹识别的导盲系统（室内），通过在室内公共场所盲道下铺设特定的传感器，监测盲道使用者的行走轨迹，并通过特定方式触发系统播报盲道路况以及盲道各方向的去向，使盲人朋友能够在室内轻松辨别方向，简易出行。另外，还开发了智能导盲犬（室外导盲 + 避障，室内避障），采用 GPS 定位，可进行红外避障，超声避障并配备语言播报装置，盲人朋友可以通过智能导盲犬（手持 / 手杖设备）轻松在室外环境中识别各方位的去向，通过红外超声测距装置，实时扫描路况，播报前方障碍物，保障盲人朋友的正常出行。

基于轨迹识别的室内外导盲系统[①]

本次训练为 1 个“敏锐白银”任务，完成本次思维训练，将获得一枚“敏锐白银”勋章。

## 2.6.6 “敏锐白银”训练：为特别的“他”设计

训练目的：练习“8 小时贴身洞察”法，从洞察中找到设计灵感。

① 图片来源：作者摄于 2017 年中美创客大赛四川分赛区比赛现场。

训练内容：

选择一类特殊人群，为他们设计一件生活用品。

（1）独自在家的老人。

（2）养宠物的人。

（3）没时间锻炼的上班族。

（4）健身达人。

训练步骤：

### 1. 选择目标对象

根据自身的生活经验，选择一类比较容易找到的目标对象，确定1～3位具体观察对象，获得他们的信任和许可。

### 2. 8小时贴身洞察

对目标对象进行连续观察，通过手机拍照、录像、录音，记录他们的日常生活，必要时进行访谈。

### 3. 提问

找到关键行为，并对目标对象提问，“你为什么这样做？”

### 4. 分析和解释

解释行为背后的动机，找到设计灵感。

### 5. 设计

为他们量身定做一件生活日用品，让他们的生活更便捷。

### 6. 回访

带着你的设计方案或原型回访目标对象，请他们为你的设计提出改进建议。

**给教练员的小贴士：**

1. 这是一个很花时间的训练内容，从学生找寻目标对象到实施观察，需要预留一周的时间。

2. 由于需要进入目标对象的生活，所以需要特别提醒学生有关安全的问题。教练员应掌握学生寻访对象的基本情况，并及时指导学生的每一步训练。

3. 这是一个团队训练，不能让学生单独进行观察和访问。每次探访目标对象，至少需要3人配合。

参考案例 1：为独自在家的老人的设计——“随时随递”情感传递仪（大学生物联网创新创业大赛作品）

“随时随递”情感传递仪是一款能够加强远距离亲友间感情交流的新型物联网电子终端产品，其主要功能如下。

环境监测：情感传递仪可感知室内温湿度变化、环境质量、一氧化碳含量，可在其界面上实时显示数据并同步到手机。

情感传递：放在父母家中可将环境信息以设定的时间周期自动发送至子女手机。子女可使发送提醒或问候信息显示在其综合界面上。

远程设置：一条短信即可远程设置内部参数，如目标号码、闹钟、时间、信息发送的周期和区段。

定时提醒：远程设置闹钟并发送提醒信息，可实现定时定点的生活提醒。

紧急呼叫：当父母遇到紧急情况时，按下紧急呼叫按钮可立即重复拨打子女电话，以及时处理紧急情况。

参考案例 2：为养宠物的人设计——宠到家（2016 年“创青春”全国大学生创业大赛银奖）

“宠到家”是移动电子商务 O2O 模式的宠物上门服务平台，致力于通过移动互联网络，为宠物主提供便捷、贴心、专业的各类宠物上门服务，为宠物行业从业个人和商家提供创业和营销推广的平台，开启一个全新的养宠时代。

“您还在为顶着寒风带爱宠出门美容而烦恼吗？

您还在为抽不出时间为爱宠美容而不知所措吗？

这一切烦恼都将成为浮云，您只需在微信下单，宠物美容师会如约而至，使您在家安享温馨的同时即享我们对爱宠专业的贴心呵护！”

参考案例 3：为没时间锻炼的上班族设计——瘦身养生椅

通过对现代生活的观察和社会调查发现，随着生活节奏的加快，工作压力的增大，大多数人几乎没有时间进行健身与养生，从而导致了身体健康状况的下降，并因此引发了各种疾病。我们针对这一系列问题设计出了多功能养生健身椅，此产品用于室内的健身和养生，主要功能为缓解颈椎疲劳、休闲瘦腿、舒适减腹。

参考案例 4：为健身达人设计——iMuscle 智能运动服（第九届国际大学生 iCAN 创新创业大赛特等奖）

iMuscle 智能运动服能够为穿着者提供健身教练一样的精准健身服务，它可以通过嵌入式的表面肌电流传感器，测量运动者的生物电流，再通过生物电的电池差，实时监测肌肉的状态。而且有许多传感器隐藏在衣服中，这些传感器可以直接与用户的手机 App 连接，让用户可以随时掌握全身任何一块肌肉的力度和强度，从而帮助用户达成更卓越的健身效果。

完成训练，恭喜你又获得一枚徽章！

敏锐白银

## 2.7 同理心地图

换位思考是一种心理习惯，能促使我们不再将人看作是实验用的白鼠或标准差。[①]

——（英）布朗（《IDEO，设计改变一切》的作者）

### 2.7.1 游戏：为他 / 她设计水壶

游戏准备：把男生和女生分成两个大组，每个大组再分成 3 人一组的小组。教练员准备便利贴。请每组同学准备水彩笔和图画本。

游戏步骤：

1. 预热

大家天天在一起上课、玩耍，我们对彼此都很了解了吧？比如她经常迟到，他的脾气不太好，他回答问题的时候总能让我们哈哈大笑，她好像有很多朋友……那么今天我们就来玩个小游戏，看看你是不是真的了解他 / 她？

2. 发布任务

男生小组，请为班上的女生设计一个水壶（材料及功能不限），尽量从女生的

① 布朗 . IDEO，设计改变一切 [M]. 侯婷，译 . 沈阳：万卷出版社，2011： 45.

角度出发考虑女生的需求。

女生小组，请为班上的男生设计一个水壶（材料及功能不限），尽量从男生的角度出发考虑男生的需求。

再次强调，你的喜好不重要，重要的是让对方喜欢上你的设计。最后，我们要请大家投票选出最受欢迎的作品。

#### 3. 设计实施

男生 3 人小组和女生 3 人小组开始为对方设计水壶，在图画纸上画出设计图，并配简要的文字说明。

#### 4. 投票评比

把每组的方案贴在黑板上，请男生用便利贴为女生设计的水壶投票，请女生为男生设计的水壶投票。最后评比出得票最多的方案。

#### 5. 分享和总结

教练员请获奖团队分享设计心得，讲讲本组是如何设计出让男生（女生）喜欢的作品的。

教练员总结：我们的人生经历是有限的，我们如何才能发现他人生活中的问题，并为他创造出更好的产品呢？这里我们需要的是同理心。

在上一小节中，我们掌握了发现他人需求的一个好工具——“8 小时贴身洞察”。这个工具能让我们直观体会到他人生活中的真实问题。但 8 小时贴身洞察需要我们付出一定的时间去寻找目标对象，并持续进行观察。如果我们的目标对象不易接近，我们的任务时间又很有限，难道就不能发现他人的需求了吗？当然不是，下面我们就学习一种间接发现他人生活中问题的工具——同理心地图。

### 2.7.2　同理心地图的适用情况

在以下 3 种情况下，我们可以用同理心地图。

1. 目标人群不易接近或不易找寻。

2. 任务时间紧。

3. 非常熟悉目标人群，对他们的生活有一定了解。

上面的游戏就属于第三种情况，男生和女生是互相熟悉的一群人，对彼此的生活有一定的了解。即便朝夕相处，大多数情况下我们仍无法准确了解彼此的心理需求。例如，一个男生为女生设计了一个有 Hello Kitty 盖子的粉红色水壶，因为他们认为“所有”的女生都喜欢粉色，也都喜欢 Hello Kitty。但这个方案并没能被女生评为喜欢的方案，因为女生们认为，“只有小女孩才会喜欢那样的东西”“太没个性了！”

另一组女生为男生设计了一款可以测量脉搏，并通过脉搏快慢调节出水量的水杯，大受男生欢迎。因为在设计的过程中，她们询问了旁边小组的男生，他们课间喝水时会遇到什么问题？男生说，有时剧烈运动后喝水会被呛到。这让女生大受启发，设计了一款可以通过测量脉搏调节水量的水壶，真是个好创意！

还有一组女生为男生设计了带喷雾按钮的人偶水壶，不仅人偶的身体可以根据温度的变化而改变图案（变形金刚或游戏图案）的颜色（水太热，变暖色；水太凉，变冷色），而且人偶的腿还可以榨果汁！

为什么我们靠经验（以为所有女生都喜欢粉色）不能做出他人需要的设计呢？因为我们站在自己的角度思考问题，我们无法知道他们真正关心的是什么。那为什么我们仅仅通过询问（课间喝水时会遇到什么问题）就能设计出让他人满意的作品？因为我们能站在他人的角度思考问题，我们建立了与他们之间的同理心。

## 2.7.3 同理心

所谓同理心，就是暂时进入对方的内心世界，不带任何评价地去感受对方的感受和经验（Rogers 1980）。同理心是一种心理习惯，能帮助我们建立起洞察力的桥梁，能让我们通过别人的眼睛来看世界、通过别人的经历来理解世界、通过别人的情绪来感知世界。

同理心地图是由视觉思考公司 XPLANE 所开发的工具，它可以帮我们深入感知他人的想法和感受，他们所说的话、他们的行为，以及受环境影响所产生的其他信息。

## 2.7.4 同理心地图的操作流程

### 1. 描述

在目标人群中，挑选一名特别突出的代表性人物作为对象，描述他 / 她的性别、年龄、职业、婚姻、收入、教育背景等。

你还可以放一张图片作为用户头像，这样可以让目标用户看起来更加真实。

## 2. 回答

在一张大白纸上画下同理心地图的 6 个板块。站在用户的立场回答以下 6 个问题。

1）他看到了什么？（叙述他在他的环境中看到的事物）

2）他听到了什么？（叙述他的朋友说了什么，他的家人说了什么，周围的人说了什么）

3）他说了什么及做了什么？（想象他可能说的话和可能做的事）

4）他心里真实的想法和感受是什么？（揣摩他内心的想法，他最在乎的是什么，他关注的是什么，他的感受怎样）

5）他的痛点是什么？（所谓痛点，就是他的恐惧、挫折、担忧和阻碍，试着描述它们）

6）他的渴望是什么？（描述他真正的渴望与需求、梦想与愿望）

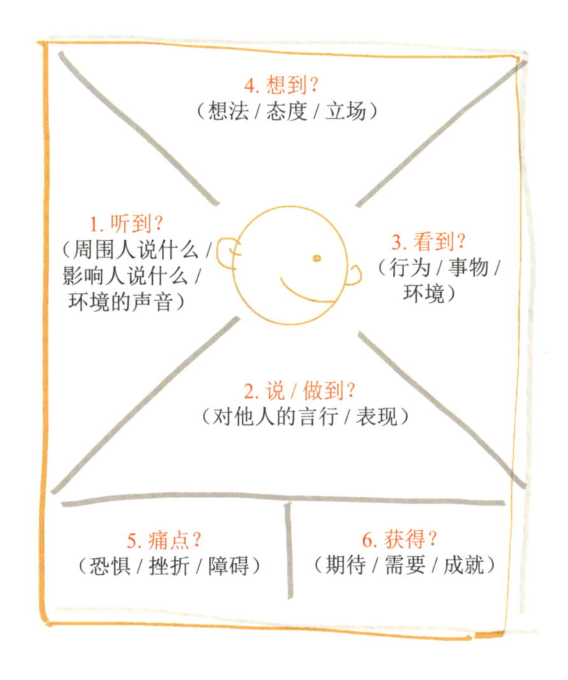


6 格同理心地图

把你的每一个回答写在便利贴上，如果你对同一个问题有好几个答案，就请写几张便利贴。然后，把便利贴贴到同理心地图对应的板块上。

3. 分析与发现

观察你的同理心地图，发现板块上不同便利贴之间的关联性和矛盾点，找到关联性和矛盾点背后隐藏的需要被解决的问题。

学生在绘制同理心地图

## 2.7.5 用同理心地图定义问题

同理心地图的优势如下。

第一，规则比较简单，我们仅仅通过大白纸和便利贴就可以完成，因此这也是一种常用的发现问题的工具。

第二，可以帮助我们全面分析问题，从6个维度全面体会他人所听、所说、所思、所感，能让我们暂时进入他人内心。

第三，避免了主观评价。当我们在使用同理心地图时，一直站在他人角度思考，因此一切来自“我”的主观评价都被挡在了外面。这一点非常重要，例如，“我”觉得这款手机功能太少，很不方便，但老年人也许觉得这正是他们想要的——功能少，易操作。如果要为老年人设计手机，“我”的意见就不需要被采纳，老年人的想法才最重要。

在用同理心地图了解目标人群之后，我们需要用下面的句子明确定义他们的问题：

_______（人物）需要一种方式去_________（动词），因为__________（你的洞察）

这句话的作用很大，我们需要明确为谁而设计、设计的目的是解决什么问题，以及做这一切的理由是什么。用同理心地图定义问题，之后的设计才能真正做到“为他而做”。

现在，用同理心地图再次为男生（女生）设计水杯，你会怎么做呢？让我们再做一次，看看同理心地图的魔力吧。

下面的训练为两个“敏锐白银”任务，完成本次思维训练，将获得一枚“敏锐白银”勋章。

### 2.7.6　“敏锐白银”训练：再次为他 / 她设计水壶

训练目的：学生熟练掌握同理心地图的操作流程。

训练准备：教练员准备多张空白同理心地图和便利贴。

训练步骤：

#### 1. 目标人群画像

教练员引导学生从同理心地图的第一步开始，请男生描述一位女生的习惯、爱好、性格等，并给她画一张画像。同样，请女生描述一位男生的习惯、爱好、性格等，并给他画一张画像。

#### 2. 回答 6 个问题

教练员设定一个情景：课间休息时，同学们拿起水壶去接水。教练员引导学生回答同理心地图 6 个板块的问题。

1）他 / 她看到什么？

2）他 / 她听到什么？

3）他 / 她说了什么及做了什么？

4）他 / 她心里真实的想法和感受是什么？

5）他 / 她的痛苦是什么？

6）他 / 她的渴望是什么？

3. 定义问题

教练员请学生把问题的回答写在便利贴上，贴到本组的大白纸上。

各组分析讨论同理心地图里的内容，从中发现问题，并画出水杯的设计图。

________（人物）需要一种方式去___________（动词），因为_____________（你的洞察）

**给教练员的小贴士：**

1. 同理心地图看似简单，但需要反复训练才能掌握流程。

2. 在面对具体问题时，需要设定一个具体的场景，有助于大家围绕一个主题进行。否则，在回答6个问题的时候，经常会出现偏离主题的现象。

3. 如果能带同学们实地考察后再使用同理心地图，效果会更好。

4. 小学阶段，男孩和女孩的同理心差距明显。教学实践表明，小学阶段男孩的同理心往往低于女孩，教练员需要花费更多时间帮助男生理解“同理心”。

## 2.7.7 “敏锐白银”训练：为妈妈安排假期

训练目的：进一步熟悉同理心地图的流程。

训练步骤：

1. 预热

爸爸妈妈为我们的成长付出了很多心血，假期也总是陪我们旅行或学习。如果爸爸（或妈妈）有一段7天的假期可以自由安排，请你为他/她安排一个假期时间表，一定要是最能让他/她开心的假期安排哦。

2. 同理心地图

独自用同理心地图进行思考，最后画出你为爸爸（或妈妈）安排的7天假期时间表。

3. 反馈

把你的这张假期安排表带回家给爸爸（或妈妈）看看，记录下他们的反馈。下次课，分享他们的反馈和你的思考。

完成训练，恭喜你又获得一枚徽章！

敏锐白银

# 2.8　情景剧

自有戏剧以来，它的目的始终是反映人生，显示善恶的本来面目，给它的时代看看它自己演变发展的模型。

——（英）莎士比亚

##  2.8.1　游戏：都是书包惹的祸

游戏准备：分成3人一组。

游戏步骤：

1. 引入

请大家仔细观察你们的书包——颜色、拉链、背包带、夹层……回想每天使用书包时遇到的麻烦和不方便。

2. 讨论

小组讨论：书包给我带来的麻烦和不方便。小组组长记录大家的发言。

3. 撰写剧本

小组成员仔细阅读关于书包问题的记录，共同编写一个3分钟的短剧剧本。

4. 课堂情景剧

小组轮流表演短剧，剧中人物角色自拟，表演形式可以适当夸张。

同理心地图提供了一种从他人角度出发找寻问题的工具，对于爱玩爱闹爱表演的“00后”们，同理心地图似乎还不够过瘾。下面，我们就介绍一种适合“00

后”“戏精”们使用的问题找寻工具——情景剧。这也是课堂上备受“00后”喜爱的一种工具。

所谓情景剧，是基于要改进一个具体产品的目的，由设计师设定一个目标人物，通过适度夸张的表演展示他在生活中使用该产品时遇到的小麻烦，以及小麻烦带来的“严重”后果，揭示产品中存在的问题以及改进的可能性。情景剧的表现方式有两种：课堂表演和拍摄短片。

### 2.8.2 情景剧的适用情况

在寻找问题时，如果我们并不确定目标群体的生活存在哪些方面的问题，那就需要借助之前学过的“8小时贴身洞察”和“同理心地图”的方法，发掘目标群体生活中面临的真实问题。如果我们是针对目标人群生活中使用的某一件具体产品提出问题，那就需要使用“情景剧”的方法。换句话说，情景剧的适用条件是我们已明确要改造的具体产品。

在刚才的游戏中，我们已经明确了要改进的产品——书包，只是不知道书包对于我们的目标群体——学生而言存在哪些问题，带来了哪些不便，这时我们就可以用“情景剧”这个工具了。

### 2.8.3 “情景剧”中的情景

情景剧中的“情景”就是目标对象在使用某种具体产品时可能出现的情景。这个情景一定是和具体产品相关的。

例如，在游戏中，我们要改造的书包会出现在学生日常生活的哪些情景中呢？上学时背着书包上学、课堂上从书包里拿出课本、课间休息时从书包拿出水杯去接水、回家后从书包找出课本做作业、完成作业后准备第二天的课本、上补习班或兴趣班时更换书包里的教材、偶尔装些小秘密……

找到这些情景中可能出现的问题，并把问题生动形象地展示出来。这样略带夸张的展示能帮助团队成员深刻理解问题可能带来的不便，以及设计什么样的作品才能解决这样的不便。

## 2.8.4 情景剧的操作步骤

### 1. 分析人物特征

是谁在使用产品？他们有什么特征？

在刚才的游戏中，我们首先要分析书包使用者的特征：性别、年龄、性格、样貌等。例如，书包的主要使用者是学生，具体又可细分为科技达人、小书虫、游戏玩家、足球队员等。每种类型的学生的语言和行为不同，对书包的需求也不同，表演者需要认真把握角色的特征。

### 2. 撰写剧本

情景剧的剧本（表 2-5）包括以下三大部分。

表 2-5 “都是书包惹的祸”情景剧剧本

| 镜 头 | 情 景 描 述 | 定 义 问 题 | 发 现 需 求 |
| --- | --- | --- | --- |
| 1 | 喜欢科技的王同学每周要参加两次学校的科创活动，为此，他需要把各种材料装进书包，带到学校，或把完成作品带回家。但他的书包太小，装不下太多材料，而且没有分层，纸模型等装进去很容易被压坏 | 书包太小分层太少 | 更大的容量更多的分层，便于将不同材质的东西分类装入书包 |
| 2 | 玲玲喜欢看书，喜欢带几本课外书到教室去看，但书包本身已经很重了，如果再装几本百科全书，那真是背不动啦。玲玲看到有的同学使用带拉杆的书包，但上下楼梯的时候很不方便，下雨的时候也容易溅上泥水 | 书包太重，拉杆书包不方便上下楼梯 | 更省力不怕水 |
| 3 | 小张是学校足球队的主力，每天放学后都要背着书包到足球场训练，他把书包放在看台上，但没人帮他看包，他总是担心书包里的东西丢失 | 无人看守书包时，担心东西丢失 | 可以自动报警的书包 |
| 4 | …… |  | …… |

第一部分，情景描述。描述与目标产品相关的，发生在不同情景中的小故事。故事可用适度夸张的手法，表现在这个场景中人物使用产品时遇到的问题、麻烦或不便。剧本要尽量用矛盾冲突的方式展现问题。

第二部分，定义问题。找到产品出现问题的原因。

第三部分，发现需求。通过问题的描述，发现使用者的需求，从而产生改进产品的想法。

剧本不必太长，剧情需在 8 分钟以内表演完。

### 3. 表演或拍摄

用课堂表演或拍摄短片的方式把剧本演绎出来，时间在 8 分钟以内。

剧情太长也会稀释观看者的注意力。在 8 分钟以内集中展现产品在使用中的冲突，这种冲突可以用适度夸张的方式表现出来。

## 2.8.5 情景剧的两种类型

### 1. 课堂表演

由团队成员编写剧本，并在课堂上通过短剧表演的形式展示问题带来的种种麻烦。剧中人物可以夸张表现遇到这个问题时的反应，并表达对改进产品的需求。

在表演“都是书包惹的祸”的情景剧时，我们的教练员团队对孩子们惊人的表演能力赞叹不已！有的孩子为了表现“书包太重”，行走过程中“重重地”跌倒在地，我们完全看不出这个假摔和真摔的区别。当然，现场观众的反应也相当给力，掌声和笑声会一直伴随整个课堂。

魏子越、郑之恒等正在表演“书包太重”[1]

① 图片来源：作者摄于西南交大附小“小小创造家”课堂。

胡馨越、孙靖熙、陈鑫洋等正在表演“书包分层太少”[1]

2. 拍摄短片

如果有足够的时间，我们可以请团队成员在剧本的基础上拍摄短片。和课堂表演类似，剧中人物需要充分展示问题带来的后果，可以适当夸张地表达对理想产品的期待。

在做智慧教室项目时，一个小学三年级的团队用手机拍了一个短片。片中同学们扮演成各种角色，有的本色出演（扮演学生）被桌子的尖角撞伤；有的扮演老师，因为要进行课堂讨论不得不费力搬动桌子……短片表现的都是日常生活中同学们的真实情况，只是用略微夸张的方式表演了出来，起到了“引起关注”的作用。

## 2.8.6 情景剧的目的：定义问题，发现需求

情景剧通过表演展示问题，让我们对问题的本质有更深入的洞察，从而帮助我们更好地定义问题。因此，表演本身不是目的，通过表演定义问题，发现需求才是情景剧的目的。

在剧本模板中，最后有两列——“定义问题”和“发现需求”。例如，在改进书包的案例中，情景是“足球场上”，剧情是“小张是学校足球队的主力，每天放

① 图片来源：作者摄于西南交大附小“小小创造家”课堂。

学后都要背着书包到足球场训练，他把书包放在看台上，但没人帮他看包，他总是担心书包里的东西丢失……”，定义的问题是“无人看守书包时，担心东西丢失”，产生的需求是“发明可以自动报警的书包”。前面的情景和剧情都是为定义问题服务的，而定义问题之后自然会产生关于产品需求的创意。

下面的训练为两个“敏锐白银”任务，完成本次思维训练，将获得一枚“敏锐白银”勋章。

### 2.8.7 “敏锐白银”训练：课堂情景剧——我和雨伞

训练目的：用课堂情景剧的方式定义问题，发现用户的需求。

训练内容：小组合作，在课堂上表演 8 分钟的情景剧——我和雨伞，讲述使用雨伞时遇到的小麻烦。

训练步骤：

#### 1. 头脑风暴

讨论日常生活中雨伞引起的小麻烦，脑洞大开，可以适当夸张。

#### 2. 完成剧本（表 2-6）

表 2-6　剧本

| 镜　　头 | 情 景 描 述 | 定 义 问 题 | 发 现 需 求 |
|---|---|---|---|
| 1 | …… | …… | …… |
| 2 | | | |
| 3 | | | |
| 4 | | | |
| 5 | | | |

#### 3. 合作表演

小组成员一起，完成 8 分钟的课堂情景剧表演。

**给教练员的小贴士：**

1. 课堂情景剧的目的是定义问题和寻找需求，不要把注意力放在表演本身。大多数孩子没有受过正规的戏剧训练，但不要担心孩子们天然的表演能力，他们有能力通过自己的方式表达问题。

2. 开放活泼的课堂气氛十分重要。没有预热很难激发孩子们的表演欲，因此

需要教练员在课前通过前置任务或问题铺垫，让孩子们在课前就进入状态。

3. 观察而不评价。孩子们表演的过程就是他们自己定义问题、理解问题的过程。作为教练员，只要观察这一过程就好了，不要过多评价。

### 2.8.8　“敏锐白银”训练：设计厨房和厨具

训练目的：用手机拍摄短片的方式定义问题，发现用户的需求。

训练内容：用手机拍摄一次父母做饭的全过程。

训练步骤：

1. 手机拍摄

在家中拍摄一次父母做饭的全过程，客观记录父母在做饭时使用各种厨具的动作、表情、语言，记录厨具在使用前后的位置和状态。

2. 课堂播放和讨论

在课堂中播放大家拍摄的视频，讨论厨房和厨具有哪些不方便的地方。

3. 定义问题，产生创意

找到需要改进的地方，提出新的解决方案——设计全新的厨房或厨具。

**给教练员的小贴士：**

1. 手机是非常便利的记录工具，孩子们很喜欢尝试用手机做点探索发现的事情。

2. 对视频资料进行分析是人类学的一种研究方法，对孩子们而言有一定难度，需要教练员及时引导并提供帮助。

完成训练，恭喜你又获得一枚徽章！

敏锐白银

# 2.9 问号本和问题漂流瓶

任何倏忽的灵感事实上不能代替长期的功夫。

——罗丹

##  2.9.1 游戏：不让灵感跑掉

如何发现问题（problem）？如果现在再问你这个问题（question），你一定会毫不费力地回答我，“先问 3 个问题：为什么、为什么不、如果……会怎样，再做 8 小时贴身洞察，用同理心地图和情景剧就可以发现问题了啊”，好棒！你手里已经有了几件好用的工具帮你发现问题。但这还不够！问题总是一晃而过，就像灵感一样，很容易跑掉。

记录灵感和发现灵感一样重要，收集问题和发现问题同样重要。你知道在最需要灵感的领域——文学创作和广告创意中，有哪些收集灵感的小妙招吗？请写在下面。

________________________________________

________________________________________

________________________________________

看案例，学方法

案例 1：用诗袋记录诗句

宋代的著名诗人梅尧臣和唐代诗人李贺，都有随身携带锦囊的习惯，看到什么新鲜的事或美丽的风景，有的得句，有的成诗，立即用笔在纸上记下，把它投入袋中。长此以往，积累了大量的创作素材。

案例 2：用抽屉收集创意

在著名广告人李奥・贝纳（Leo Burnett）的办公室左手边的抽屉里，一直放着一个大大的文件夹，这个文件夹从他一开始办公司的时候就伴随着他了。李奥・贝纳把它称作“玉米俗语集”（Corny Language）。一旦在谈话中或者其他地方发现好的语句，如观点表达确切的、充满活力的，又或是突出了某种特色的语句，他就记下来贴在本子里。“我并不是要把那些俚语、插科打诨的土语一成不变地使用，而是那些字、语句和同义词可传达一种非常乡土、平实而亲切的感觉。有时，这些只言片语是在报纸上或谈话中偶然碰到的，我马上就把它们记入资料夹中，这些语言材料可能要到一年以后再出现在一则广告中。”每年，他都会把这些资料拿出来翻个三四遍，没有用的东西就剔除掉。然后，他会找出对公司工作有帮助的资料，整理出一个备忘录来。[①]

从上面两个案例中得到启发了吗？我们该用什么收集问题呢？让我们一起来准

① 魏炬．世界广告巨擘 [M]. 北京：中国人民大学出版社，2006：235.

备两个小本子吧。

## 2.9.2 问号本

为自己准备一个问号本，如同梅尧臣的“诗袋”和李贺的锦囊一样，我们用“问号本”来进行点滴的问题积累。问号本和好词好句本最大的不同是，问号本里只有问题，没有答案；只有问号，没有句号。这里是思考发生的地方，不是思考结束的所在。

你可以在你的问号本上画一个风格独特的封面。第一页是一张年度日历，之后的每一页都和普通的日记本无异。那么如何积累问题？

### 1. 有问题，记下来

每当有问题涌上心头，立刻拿出问题本，写下“某年某月某日星期几”，在第二行写下提问时的场景：“在公交车上”“在床上”“在课堂上”……

然后记下你的问题。

### 2. 问题后，留空白

在问题的下面留下足够的空白，方便记录思考的路径和寻求答案的过程。

### 3. 圈日历，不留白

你每次一记录下问题，就在你的日历上画个圈。这样做有什么目的吗？

看看这张日历，它能如实反映你提问的日期，如实反映出哪段时间你提的问题比较多，那说明这段时间你的创新思维很活跃；如果很长时间里，你的日历上都是一片空白，哇！要提醒自己开始提问啦，你的大脑一直在偷懒，它正在变得越来越没创意，越来越安于记录答案！

每天带着问题本太不方便？你也可以用手机备忘录记录。无论用哪种形式，能够随时随地地记下问题就行。

##  2.9.3　问题漂流瓶

问号本能方便自己积累问题，交流更能促进问题的形成。为了通过同伴交流激发出更多问题，我们尝试使用“问题漂流瓶”。

全班只需要准备一本问题本，挂在教室里固定的地方。每一天这个本子会“漂流”到不同的学生手里，你通过翻看前面同学们提出的问题，激发自己的问题。当然，如果你想为前面的问题提供些线索，写下来。

这个问题漂流瓶对创新最大的帮助是，漂流带来了交流，交流带来思想的碰撞和激发。当你的创新思维受阻时，快去找问题漂流瓶吧，那里总有一个问题会启发你。有的时候，同学们都喜欢把这个“问题漂流瓶”叫作“百宝箱”，对，那就是一个储存问题的百宝箱。

下面的训练为两个“敏锐白银”任务，完成本次思维训练，将获得一枚“敏锐白银”勋章。

## 2.9.4　“敏锐白银”训练：做一本自己的问号本

训练目的：学会随时随地记录问题。

训练内容：现在就动手做一本自己的问号本吧，无论什么形式，只要你觉得方便就行。

训练步骤：

1. 制作问号本

做一本有创意的问号本，提醒自己每天记点什么。

2. 展示问号本

一周或一个月，定期举行问号本展示活动，大家分享各自的问号本，在交流中互相激发。评选出“问题大王”周冠军和月冠军。

**给教练员的小贴士：**

1. 这是一个长期的训练，目的是让孩子们养成随时随地记录问题的习惯。

2. 如果没有教练员的督促和激励，这个问题本很可能被孩子们遗忘。因此，我们需要定期举行问题本交流和展示活动，并且郑重其事地为孩子们颁奖，鼓励他们把提问变成长期习惯。

### 2.9.5 “敏锐白银”训练：做一本班级“问题漂流瓶”

训练目的：用问题漂流瓶营造鼓励提问的班级氛围。

训练步骤：

1. 制作班级“问题漂流瓶”

教练员在班级固定的位置放置一个班级问题本，每一天在不同的学生手中“漂流”。

2. 科创比赛，打开宝箱

参加科创比赛没有灵感时，教练员引导孩子们在“问题漂流瓶”中寻找好问题。

一旦发现“问题漂流瓶”是个灵感宝箱，孩子们自动打开“问题漂流瓶”的次数就多了。

完成训练，恭喜你又获得一枚徽章！

敏锐白银

## 2.10 如何评估问题

不是所有问题都反映了确实需要关注的用户痛点，也不是所有问题和痛点都能构成一个创业机会。[①]

——孙洪义（《创新创业基础》的作者）

### 2.10.1 游戏：锁定问题

游戏准备：问题本和问题漂流瓶。

① 孙洪义 . 创新创业基础 [M]. 北京：机械工业出版社，2017： 51.

游戏步骤：

1. 找问题

每人从问题本和问题漂流瓶里找你最感兴趣的 3 个问题。

2. 锁定问题

组成 3 人小组，列出所有问题的列表，共同讨论决定本组最感兴趣的一个问题。

3. 讨论

如何从 9 个问题中挑选出一个好问题呢？你们用了什么方法？这些方法是有效的吗？有没有更好的方法？

前面我们共同打开了发现问题的工具箱，里面的 5 个工具（3 个问题、8 小时贴身洞察、6 格同理心地图、1 部情景剧、2 本问题本）都是帮助我们用发散思维寻找问题的工具。接下来的问题是，如果我们找了很多问题，那么该优先解决哪个问题呢？由于时间和精力有限，我们一般只能在同一时间内锁定一个问题，那么如何在众多问题中锁定我们要解决的问题呢？这时候，收敛思维要大显神通了！

前面我们提到，收敛思维又称“聚合思维”，思维要始终集中于同一方向，使思维条理化、简明化、逻辑化、规律化。也就是说，我们需要把大家的问题都集中到一起，找一个大家共同关注的问题。收敛问题的过程也就是评估问题的过程，在对每一个问题进行评估后，我们就可以达成关于问题的共识了。关键是，评估的方法是什么呢？是不是和问题的发散过程一样也有可操作的工具箱呢？

当然有啦！打开问题评估的工具箱，里面有 3 个重要的工具：归纳法、票选法和 3D 模型法。

## 2.10.2 归纳法

有时候，小组内每位同学找的问题都很趋同，甚至几个同学都找了相同的问题，这时最好的方法就是归纳小组中相同和相似的问题，并找出重合度最高的问题作为本组要解决的问题。

1. 步骤

1）小组每位成员都在纸上写下自己找的问题。

2）把所有成员的问题清单放在一起，用红笔圈出相同和相似的问题。

3）找出被圈中最多次数的问题，如果有两个问题被圈中的次数相同，需要小组讨论留下哪个问题，有争执时进行投票表决。

### 2. 适用性

当小组面临同一个命题，成员们在这个限定的命题范围内找问题的时候，会出现趋同性强的局面，这时候很适合用归纳法，找到大家共同关注的问题点。例如，如果大家都在“环保”这个领域找问题，那么很多小组成员都会想到“空气污染”这个相同的问题。

如果小组成员不是在同一个命题下找问题，那么找的问题的相似度会很低。例如，如果仅仅是找生活中的问题，那么有的同学可能找的是“空气污染”这样的环境问题，而有的同学可能找的是“手机对学习的影响”这样的社会问题，那么问题的重合度就很低了。这时，就不适合用归纳法。

### 3. 优点

毫无疑问，这个工具能很快找到组内意见的共同点，并促成小组成员达成共识，简单高效。

### 4. 缺点

适用范围有很大局限性。

在课堂上使用归纳法①

## 2.10.3 票选法

顾名思义，票选法就是小组成员投票选出最优先解决的问题。投票的方式可以多样化，最简单的是举手表决，课堂上还可以用便利贴投票的方式，互动性强，很

① 图片来源：作者摄于西南交通大学附小“小小创造家”课堂。

受同学欢迎。

1. 步骤

1）教练员或小组组长把大家提出的问题写在黑板上，或大白纸上。对问题的表述要简单清晰。

2）请提出问题的同学简要阐述一下提出这个问题的理由（每人 1 分钟）。

3）请所有同学用便利贴给问题投票，每人一票，贴在你认为最该优先解决的问题旁边。

4）统计便利贴的数量，票数最多的就是大家要优先解决的问题。

5）如果出现票数相同的情况，则再次投票。

2. 适用性

票选法可以用在几乎所有需要达成共识的领域。

3. 优点

操作性强，票选结果一目了然。

同学们对问题的阐述过程可以帮助我们找到目标问题。

4. 缺点

小组成员依次投票和阐述问题，会用时较长。

有时候大家投票选出来的问题不一定是最好的问题。

## 2.10.4 3D 模型

由于前两种工具都是凭直觉进行评估，虽然能很好地收敛问题，但难免出现锁定的目标问题最后难以执行的尴尬局面。我们如何才能确保选出来的问题是用户最期待解决的呢？为了让评估的过程更加理性，我们借鉴了香港城市大学孙洪义博士开发的 3D 问题评估模型（3D model for assessing problems）（表 2-7）。3D 模型包括 3 个维度：问题持续的时间（Duration of the problem）、带来危害的程度（Degree of pain）、社会的需求性（Demand if any）。

表 2-7　3D 问题评估模型

| 评估的 3 个维度 | 1 | 2 | 3 | 4 | 5 |
|---|---|---|---|---|---|
| 问题持续的时间（1= 短，5= 长） | 1 | 2 | 3 | 4 | 5 |
| 带来的危害的程度（1= 低，5= 高） | 1 | 2 | 3 | 4 | 5 |
| 社会的需求性（1= 不同意，5= 同意） | 1 | 2 | 3 | 4 | 5 |
| 总分 | | | | | |

1. 步骤

1）给每人发一张 3D 问题评估表。

2）请组长把每个人的问题列在一张表中。

3）从问题列表中的第一个问题开始，小组组长请大家从 3 个方面对这个问题进行打分。

4）每位同学依次对每一个问题进行打分。

5）将每位同学对每个问题的打分加起来，比较总分大小，按照从高分到低分的排序，排在最前面的问题就是要优先解决的问题。

2. 适用度

如果问题的解决方案与市场挂钩，例如，某些创新创业项目，问题的提出需要考虑市场需求，就需要用到这个模型。

3. 优点

1）可以避免主观判断带来的经验误差。

2）提出了小组都必须遵守的评判标准，在一个统一的标准下，小组成员个人的评价标准被合理回避了，这使得问题的评估更加科学可靠。

4. 缺点

1）用时较长。

2）过分考虑市场需求，不适用于低年级学生的科创发明。

下面的训练为两个“敏锐白银”任务，完成本次思维训练，将获得一枚“敏锐白银”勋章。

### 2.10.5 “敏锐白银”训练：你最关注哪个“校园问题”？

训练目的：熟练使用归纳的方法收敛问题。

训练步骤：

1. 引入

我们每天生活的校园也存在很多问题，例如……请大家每人写下一个你认为需要解决的问题，请写在便利贴上。

2. 分类

教练员将大家的便利贴分类贴到黑板上，重复度最多的问题被确定为要解决的“校园问题”。

举例：在一次课堂训练中，学生们提出了以下 4 类“校园问题”（表 2-8），由于趋同性很强，最终“共享单车摆放问题”重复度最高，被学生们归纳为急需面对的“校园问题”。

表 2-8　校园问题列表

| 校　园 | 具 体 问 题 |
|---|---|
| 问题 1 | 共享单车摆放问题 |
| 问题 2 | 热水卡不取，即使不用水也持续扣费问题 |
| 问题 3 | 校园路灯设置不当，太阴暗 |
| 问题 4 | 食堂饭菜处理问题 |

**给教练员的小贴士：**

1. 由于限定了找问题的范围——“校园”，又因为大家的校园经历大多相似，因此提出的问题比较好归类。

2. 由于大家对相同问题很有共鸣，因此在后期设计解决方案的时候会有更多投入。

3. 教练员也可以鼓励同学们自己对问题进行归纳，让每一位到黑板贴便利贴的同学自己选择跟前面的哪一个问题贴在一起，或单独贴一个位置。

### 2.10.6 “敏锐白银”训练：“身边问题”大揭秘

训练目的：熟练使用票选的方法收敛问题。

训练步骤：

1. 展示问题

所谓“身边的问题”是从个人生活经验出发，个人认识到的对自己造成困扰的问题。你认为什么问题是最困扰你的“身边问题”呢？

教练员或小组组长把大家提出的问题写在黑板上，或大白纸上。对问题的表述要简单清晰。

2. 阐述

请提出问题的同学简要阐述一下提出这个问题的理由（每人 1 分钟）。

3. 投票

请所有同学用便利贴给问题投票，每人一票，贴在你认为最该优先解决的问题旁边。

4. 统计

统计便利贴的数量，票数最多的就是大家要优先解决的问题。如果出现票数相同的情况，则再次投票。

举例：在一次课堂训练中，学生们提出的身边问题有拖延症、如何和室友相处、在宿舍休息或学习时被其他人打扰、校园信号太差等，如表 2-9 所示。

表 2-9　身边问题列表

| 问　题 | 具 体 问 题 |
| --- | --- |
| 问题 1 | 拖延症问题 |
| 问题 2 | 如何和室友相处 |
| 问题 3 | 在宿舍休息或学习时，被其他人打扰 |
| 问题 4 | 校园信号太差，网络不好 |

通过投票，最终确定“在宿舍休息或学习时，被其他人打扰”问题为最优先解决的问题。

**给教练员的小贴士：**

1. 由于每个人的生活经历不同，因此提出的“身边的问题”有可能千差万别。例如，有的同学可能关注的是拖延症问题，有的同学关注的是生病的老年人独自在家的安全问题。

2. 如果出现得票数相同的情况，请提出问题的同学分别阐述理由，并再次在小组内投票。

完成训练，恭喜你又获得一枚徽章！

敏锐白银

# 第三章
# 如何想出好主意？——发散思维训练

## 3.1 发散思维训练

> 发散思维是创造性思维最重要的构成部分。
>
> ——（美）吉尔福特（心理学家）

### 3.1.1 游戏：回形针的用途

游戏内容：在5分钟内说出尽可能多的回形针的用途。

游戏准备：教练为每位同学准备一枚回形针。

游戏步骤：

1. 热身

上课时，教练发给每位同学一枚回形针，让同学们自由观察和讨论3分钟。

2. 训练

请每位同学在5分钟内写出尽可能多的回形针的用途。

3. 分享

依次说出你发现的回形针用途，如果听到“意想不到”的用途，就为他大声鼓掌吧！

这是一个经典的发散思维训练，同时也是发散思维测试。

发散，就是从一个中心点向四周辐射的过程。我们如何知道自己的发散思维是不是够好呢？首先我们需要知道发散思维有哪些特征。

发散思维有4个特征：流畅性、灵活性、独特性和精致性。因此，好的发散思维就应该是流畅、灵活、独特和精致的思维。那么，什么是流畅的思维？什么是灵活的思维？什么是独特的思维？什么是精致的思维呢？下面，我们就逐一了解一下吧。

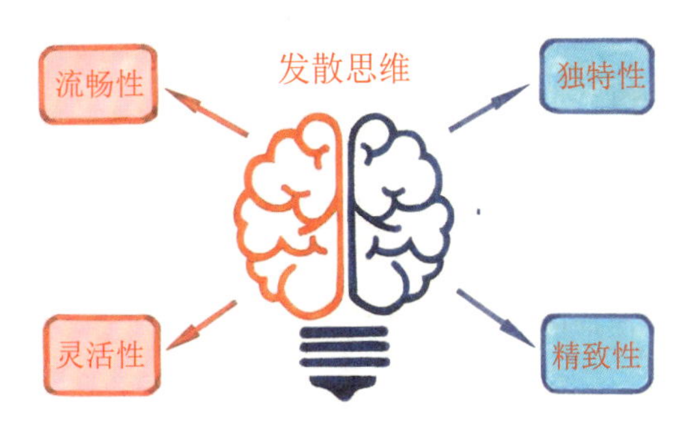


## 3.1.2　流畅性

在回形针用途的训练中，天天可以在纸上一直不停地写，5 分钟内写了 16 个回形针的用途，而小强却只能想想停停，断断续续只写出 5 个用途，你觉得天天和小强相比，谁的思维更流畅呢？请在他的名字后面打钩。

| 天天的答案 | 小强的答案 |
|---|---|
| 夹子．耳环．扣子<br>夹头发．扎手．项链<br>鼻环．拉直了做针用<br>钓鱼．工艺品．钥匙环<br>通下水道．夹了提东西<br>笔芯．穿线．做可以变形的书签 | 夹书<br>夹纸<br>书签<br>摆件<br>针 |
| 天天（　　） | 小强（　　） |

显然，天天的思维流畅性更好。那么，什么是思维的流畅性呢？

流畅性就是指在时间压力下尽可能多地想出点子，思维尽量不停顿，点子源源不断地涌出。在回形针用途的训练中，有的人可以在纸上一直不停地写，5 分钟内写了几十个回形针的用途，而大部分人却只能想想停停，断断续续写出几个用途。这说明人与人之间思维流畅性差异很大。

如何评价发散思维的流畅性呢？其实很简单，就是数数，看相同时间内完成的数量。在集体测试中，完成数量越多的孩子的思维流畅性越好。

## 3.1.3 灵活性

在刚才的回形针练习中，假如天天和玲玲都想出了 3 个用途。天天想的是“夹子”“耳环”“扣子”，玲玲想的是“夹书”“夹作业”“夹信纸”，你猜他们谁的思维灵活性更好？请在他的名字后面打钩。

夹子.耳环.扣子

天天的答案

天天（　　）

夹书
夹作业
夹信纸

玲玲的答案

玲玲（　　）

如果大家完成的数量是一样的，就说明大家的发散思维一样吗？当然不是。仔细看每位同学写出的回形针用途，会发现有很大不同。玲玲写的是“夹书”“夹作业”“夹信纸”，这些用途其实都属于“夹子”这一类。而天天写的是“夹子”“耳环”“扣子”，这些用途分别属于文具、装饰品和衣物 3 类。这就说明两位同学思维的灵活性是不一样的。

由一个中心发散出去的点子所属的种类越多，说明思维的灵活性越好。很显然，两位同学思维的流畅性虽然一样，但天天思维的灵活性优于玲玲。

## 3.1.4 独特性

在天天的用途清单中有一项“拉直了做针用”，在岳岳同学的用途清单中则基本上都是“夹东西”，你觉得谁的思维更独特一些呢？请在他的名字后面打钩。

鼻环.拉直了做针用

天天的答案

天天（　　）

夹东西

岳岳的答案

岳岳（　　）

收齐同学们写的回形针的用途后，教练员会发现，同学们的想法有很多是相同和相似的，例如“用来夹东西”。这说明我们是有思维定式的，大多数人的想法会有趋同性。因此，独特的想法就显得十分难得。例如，“拉直了做针用”就比“夹东西”独特。每位同学产生独特点子的能力是不同的，有的在 10 个点子中只有 1 个是独特的，而有的 10 个点子里有 5 个都是独特的。教练员可以从这个方面评价同学思维的独特性。

## 3.1.5 精致性

辰辰同学的回形针用途清单中有一项是“做书签”，天天同学的用途清单中也有一项类似的——“做一个可以变形的书签”，你觉得谁的思维更具有精致性呢？请在他的名字后面打钩。

笔芯、穿线、做可以变形的书签

天天的答案

天天（　　）

做书签

辰辰的答案

辰辰（　　）

精致性是指描述细节的能力。例如，辰辰写的是“做书签”，而天天写的是“做一个可以变形的书签”，后者对想法的描述比前者更有细节，说明后者思维的精致性更好。

以上就是发散思维的 4 个特点，也是发散思维训练的 4 个教学目标。也就是说，发散思维训练的目的就是要通过训练提高思维的流畅性、灵活性、独特性和精致性。同时这也是发散思维测量的 4 个指标，我们正是通过以上 4 个方面的测量，计算出每项的分值，从而综合评价对象的发散思维水平。

## 3.1.6 发散思维训练的三个要求

发散思维训练可以自己进行，也可以跟随教练进行。无论是自己训练还是跟随教练训练都必须注意以下三个要求。

### 1. 发散思维训练的目标是层层递进的，顺序不可颠倒

前面提到的流畅性、灵活性、独特性和精致性，同时也是我们发散思维训练的

4个目标。这些目标的达成往往是有先后顺序的。发散思维训练的初级目标是思维的流畅性，流畅性是发散思维的核心。也就是说，在思维训练的开始，先不要强调灵活性、独特性和精致性，只需要告诉学生一个原则——多多益善，重量不重质。先让点子的数量明显提升，思维变得更流畅之后，再看点子的质量。

#### 2. 发散思维训练要高频率长期坚持

发散思维对抗的是习惯性思维，要改变常年形成的惯性思维需要训练的强度和时间的长度。如果只是偶尔做了几道脑筋急转弯的题目，看了几篇思维训练的文章，是无法改变一个人的思维习惯的。通过长时间的实践，我们发现，要达到发散思维训练的目的，至少需要一个学期（16周）或半年的时间，每周需进行两次不少于半个小时的训练量。正如体操训练需要通过长期的韧带拉伸来提高身体的柔韧性一样，发散思维训练也需要长期的思维训练才能提高头脑的柔韧性。在具体的工作环境中，从事广告、音乐、影视、文学创作、传媒工作的人，发散思维高于平均水平，就是因为从事这些行业的人有机会经常运用发散思维进行工作和创意，长此以往，发散思维自然就高于平常人了。因此，发散思维训练没有捷径可走，只有在一定的训练时间积累下才会产生思维质量的飞跃。

#### 3. 一定要营造适度压力环境

多年的实践表明，适度压力可以激发学生更好的思维应变能力，同时也能更快达成改造思维模式的目的。发散思维训练的压力包括数量压力、时间压力、竞争压力和奖惩压力。

###  3.1.7 发散思维训练需要的四个压力

#### 1. 数量压力

“这一轮，每人贡献一个点子”“接下来，每人说出两个点子，要和前面的不重复”“再来一次，每人说出三个点子，不能和前面的重复”每当听到我这么说，孩子们总是会大声呼救，“哦不，我再也想不出来啦，一个也没有啦！”这时，教练员需要鼓励学生，启发他们继续思考。因为好的点子不会很快冒出来，它总会在我们感到黔驴技穷的时候才会出现。这是为什么呢？我们一开始想的点子会因为惯性思维有很大的趋同性，也就是说，在第一轮发想时，我们总是不自觉地想到“一起”去。只有在不断的数量的压力下，真正不同的点子才会被激发出来，而此时，

我们感到 surprise（惊喜）的概率要大得多。“多一点，再多一点吧！”我们的教练员总是这么“不满足”，因为他们知道，好质量的想法是建立在数量基础上的。

### 2. 时间压力

时间压力是指，所有发散思维训练都必须在一定时间内完成，教练员必须告知时间限制，并严格计时。为什么必须有时间限制呢？第一，时间压力可以让人的思维高速运转，从而产生更多的想法，训练的效果也要远远好于没有时间压力。在最后一分钟产生的想法的数量往往会让教练员大吃一惊。第二，适度紧张的时间压力可以避免拖延症的发生。如果任由拖延症发生，那么思维训练会变成聊天大会，那对于教练员来说无疑是场灾难。

### 3. 竞争压力

针对团队的发散思维训练效果要好于针对个人训练，这是因为“00 后”更看重同辈评价。因此，适度的竞争压力会激发他们的斗志，提高思维训练的效果。

我经常把学生分成小组，不仅组内需要竞争，组间也有竞争。好胜的“00 后”往往为了小组的胜利拼尽全力，经常出现下课休息时，小组仍在开会“密谋”反击战术的情况。团队的凝聚力也在这样的活动中得到锻炼。需要注意的是，思维训练提倡的竞争压力要适度，教练员需要发现每个团队的优点，不要因为团队的失利就否定他们的努力。

### 4. 奖惩压力

好胜心强的“00 后”们愿意看到比赛结果带来的奖惩。我们的奖惩也需要有些创意，例如，惩罚一般是“真心话大冒险”或“唱首歌”，奖励一般是“想不出来创意时的一次豁免权”或“集体为你点赞”。类似游戏的奖惩环节能让思维训练更有趣和更高效。课堂上，每当有人“掉线”（3 秒内说不出点子），大家就会变得很兴奋，因为每个人都期待着好玩的“奖惩环节”来释放训练的压力。我听到的最好听的歌曲和最蹩脚的笑话都来自我们的奖惩环节。

### 3.1.8 发散思维训练的工具箱

发散，在《新华词典》里的解释是“（光线等）由某一点向四周散开”。因此要做到“发散”需要有两个关键点：一个原点；四周散开。但是怎样才能做到由一个原点到多个点的发散呢？有没有工具可以帮助我们呢？

在接下来的章节里，我们将打开发散思维训练的工具箱，共同学习七种工具——数形发散、随机词法、思维导图、概念提取、头脑风暴、635法、故事版，帮助我们提高发散思维的能力。

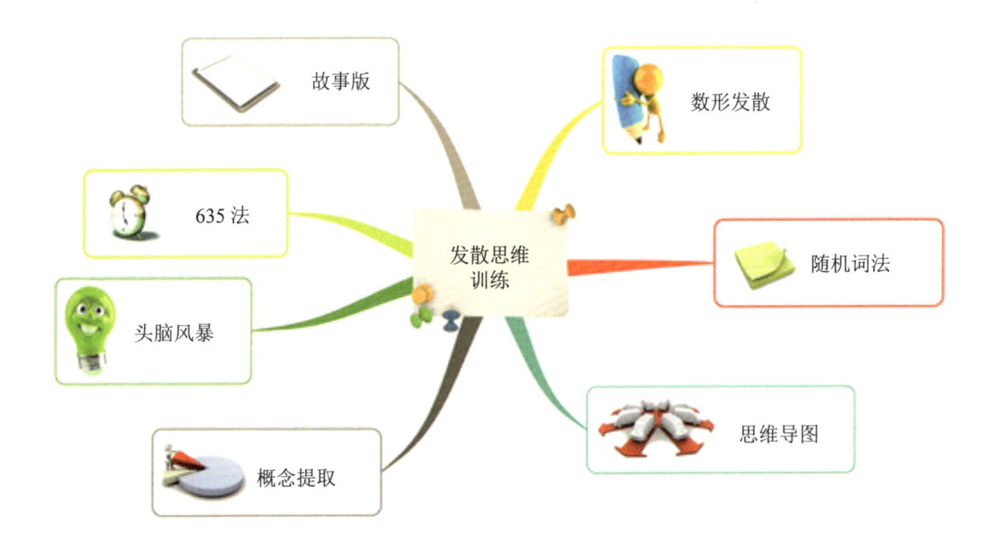


本次训练为3个“荣耀黄金”任务，完成本次思维训练，将获得一枚“荣耀黄金”勋章。

### 3.1.9 “荣耀黄金”训练：笔记本电脑的用途

训练目的：个人的发散思维训练，训练思维的流畅性、灵活性、独特性和精致性。

训练步骤：

1. 看图，每人说出一种笔记本电脑的用途。前面同学说过的用途，后面的同学不能重复。

2. 完成一轮后，请每人说出两种笔记本电脑的用途。前面一轮说过的用途，后面的同学不能重复。

3. 再做一轮，请每人说出三种笔记本电脑的用途。前面两轮说过的用途，后面的同学不能重复。

**给教练员的小贴士：**

1. 提醒游戏规则：（1）前面说过的内容，后面的人不能重复。（2）没有接上的人，接受“真心话大冒险”的“惩罚”。

2. 教练员用手势引导大家按照从左至右，从前往后的 S 型路线进行回答，并跟随回答的路线在同学中走动，及时给予每位同学鼓励和肯定。

3. 掌握节奏，让游戏在快速和紧张的节奏下进行，不可在一个人身上停留太多时间。因为发散思维训练的原则之一是训练思维流畅性，如果节奏太慢，或在一处停留太久（超过 30 秒），都会影响整个思维训练的流畅性。

作者在课堂上进行发散思维训练

## 3.1.10 “荣耀黄金”训练：电话的铃声变一变

训练内容：我们可以对座机电话铃声做出哪些改变？

训练目的：团队的发散思维训练，训练思维的流畅性、灵活性、独特性和精致性。

训练步骤：

1. 将学生分成6～8人的小组，每组轮流说出一种改变电话铃声的方案。

2. 奖惩：每组只要有一人说出改进方案就算通过，10秒内接不下去的小组要接受“集体尬舞”的“惩罚”。奖励优胜团队，获得“想不出来创意时的一次豁免权”。

**给教练员的小贴士：**

1. 提醒游戏规则：（1）前面小组说过的内容，后面的小组不能重复。（2）每说出一种方案，小组获得100分的游戏积分，最终获得积分最多的小组为优胜团队。

2. 鼓励小组成员合作，互相激发。

3. 如果不能讲清楚改造方案，就画图。

## 3.1.11 “荣耀黄金”训练：做奇装异服

训练内容：如果可以不计成本，还可以用哪些材料制作衣服？

训练目的：团队的发散思维训练，训练思维的流畅性、灵活性、独特性和精致性。

训练步骤：

1. 将学生分成6～8人的小组，每组轮流说出一种用新材料制作衣服的方案。

2. 奖惩：每组只要有一人说出改进方案就算通过，10秒内接不下去的小组要接受“集体俯卧撑”的“惩罚”。奖励优胜团队，获得“想不出来创意时的一次豁免权”。

**给教练员的小贴士：**

1. 提醒游戏规则：（1）前面小组说过的内容，后面的小组不能重复。（2）每

说出一种方案，小组获得 100 分的游戏积分，最终获得积分最多的小组为优胜团队。

2. 鼓励小组成员合作，互相激发。

3. 如果不能讲清楚改造方案，就画图。

完成训练，恭喜你又获得一枚徽章！

荣耀黄金

## 3.2　概念提取

新颖不代表一定要运用新知识。

——E・M・罗杰斯（《创新的扩散》的作者）

### 3.2.1　游戏：杯子的用途

游戏步骤：

1. 轮流说出“杯子的用途”，一次说一种用途，后面的同学不能重复前面同学的想法。

2. 每人轮流说出两种“杯子的用途”，一次说两种用途，后面的同学不能重复前面同学的想法。

3. 每人轮流说出三种“杯子的用途”，一次说三种用途，后面的同学不能重复前面同学的想法。

4. 思考：回顾游戏的整个过程，你的点子是如何变多的？你是如何从一个想法找到多个想法的？想法的由少到多经过了哪些过程？

水平思考的发明者爱德华·德·波诺博士为我们提供了一种好用的发散思维工具——概念提取。概念提取法是指从一个最初的想法中提取概念，并将这些概念扩散出更多的想法。

## 3.2.2 概念提取的步骤

概念提取法的操作包含以下三步。

第一步，找到最初的想法（主意）。

第二步，从这个最初的想法（主意）中提取概念。

第三步，扩散出更多想法。

概念提取法可用在功能发散和主体发散两个方面，下面我们就分别了解一下功能发散和主体发散。

## 3.2.3 功能发散

在创新实践中，我们有时需要思考物体的多种功能和用途，甚至开发出新的功能和用途。这时，我们需要在物体的功能和用途上进行发散。

具体的操作步骤如下。

### 1. 确定一个最初的想法

例如，在“杯子的用途”训练中，我们最初想到的是装水、种花、垫桌子这3个想法。

### 2. 从最初的主意里提取概念

以“装水”这个最初的想法为例，就是要从“装水”这个最初的主意里提取概念。第一步，先找关键词。这里的关键词是“装”；第二步，解释这个关键词的概念。“装”的概念就是“把东西放进器物内”。因此，这里要提取的概念就是“把东西放进去”。

### 3. 针对刚才提取的概念找到符合这个概念的想法

我们刚才提取的概念是“把东西放进去”，符合这个概念的想法有：把饭菜放进去，把洗澡的人放进去，把手机放进去，把书本放进去，把首饰放进去，把鸡蛋放进去……这些都是新涌现出来的想法。

### 4. 整理语句

我们把刚才找到的符合概念的想法整理为：杯子还可以用来盛饭菜，当作洗澡盆、当作手机架、当作书架放书、当作首饰盒、放鸡蛋……

你看，从一个最初的想法“装水”，我们最终发散出了6个不同的想法，概念提取这个工具是不是很神奇呢？表3-1所示的第一行示范了从“装水”开始，发散到“盛饭菜、当洗澡盆、当手机架、当书架放书、当首饰盒、放鸡蛋”的过程。第二行和第三行分别从“种花”和“垫桌子”这两个想法出发，你能用该概念发散的方法想出多少种新的点子呢？请参照第一行的示范，填写表格中的第二行和第三行。

表 3-1 “装水”的概念提取

| 1. 最初的主意 | 2. 提取概念、找关键词并解释 | 3. 符合这个概念的主意 | 4. 整理 |
| --- | --- | --- | --- |
| 装水 | 装：把东西放进器物内 | 把饭菜放进去，把洗澡的人放进去，把手机放进去，把书本放进去，把首饰放进去，把鸡蛋放进去…… | 盛饭菜、当作洗澡盆、当作手机架、当作书架放书、当作首饰盒、放鸡蛋…… |
| 种花 | 种： | | |
| 垫桌子 | 垫： | | |

填好了吗？是不是觉得概念提取法很好用？表 3-2 所示是完成后的表，可能和你填的不一样，只要思维的方法一样就可以了。

表 3-2 “装水”的概念提取

| 1. 最初的主意 | 2. 提取概念、找关键词并解释 | 3. 符合这个概念的主意 | 4. 整理 |
| --- | --- | --- | --- |
| 装水 | 装：把东西放进器物内 | 把饭菜放进去，把洗澡的人放进去，把手机放进去，把书本放进去，把首饰放进去，把鸡蛋放进去…… | 盛饭菜、当作洗澡盆、当作手机架、当作书架放书、当作首饰盒、放鸡蛋…… |
| 种花 | 种：种植 | 种植果树、种植水果、种植中药…… | 种瓜、种豆、种树、种菜、种草莓、种中药…… |
| 垫桌子 | 垫：用东西衬或铺，使加高或加厚 | 加高椅子、加厚鞋底、加高门框、加高电脑、加厚床板…… | 垫椅子、当作鞋垫、垫门框、电脑架、床垫…… |

### 3.2.4 主题发散

写一篇题目为“大海”的作文，或者题目为“父亲”“家乡”“根”，这样的作文题目是不是很眼熟？每次遇到类似的题目，你会如何构思？会感到无从下笔吗？现在，就让概念提取来“拯救”你吧！

从“大海”出发，你能想到什么呢？在文学创作和广告创意时，我们需要对某些特定主题进行发散，找到尽可能多的相关主题，并从中发现独特的创意点。这时，我们可以用“概念提取”的方法进行主题发散。

主题发散的操作步骤如下。

1. 确定一个中心主题，如大海。

2. 围绕这个中心，提取与“大海”属性相关的概念，如蓝色、无边、污染、自由……

3. 从每一个概念出发，发散出更多的主题。例如，从“蓝色”出发，我们可以想到天空、纯净、湖泊、宝石、眼睛、星空、忧郁、音乐等；从“无边”出发，我们可以想到宇宙、时间、空气、思想、知识等；从“污染”出发，我们可以想到水、塑料、WWF、温室效应、雾霾、食物、垃圾等；从“自由”出发，我们可以想到自由女神、法国画家欧仁·德拉克洛瓦的名画《自由引导人民》、爱情、书籍、旅行等。

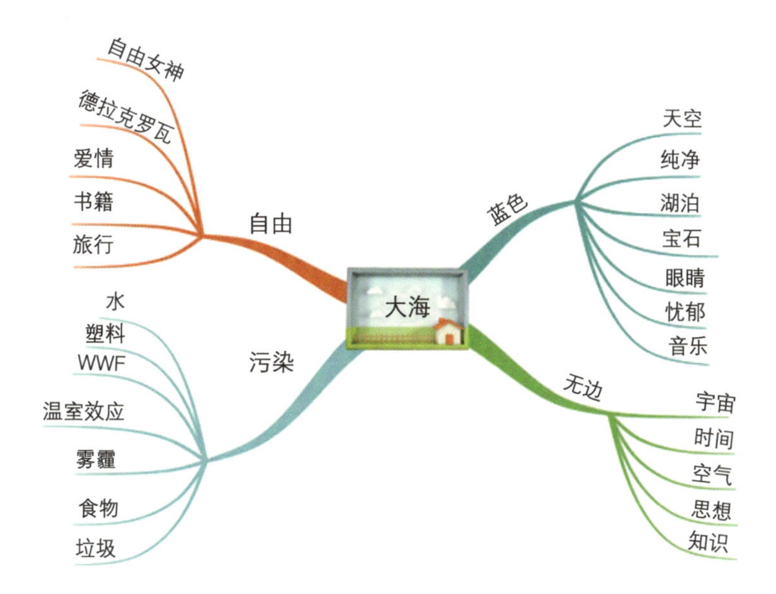


现在再来写一篇题目为“大海”的作文是不是易如反掌了呢？思维导图中的每一个分支都可以继续发散出去，形成新的思路。如果不想和别人写得一样，那就试试“音乐”或者“食物”这两个角度。在众多分支中要找到一个与众不同的，似乎也不难。这就是概念提取法带给我们的便利。

### 3.2.5　概念提取的用途

概念的发散是一种用处很广的工具，几乎可以被用在任何需要进行发散思维的地方，下面就举几个在日常生活中应用概念提取的例子。

## 1. 创意联想

如何策划一场新颖的“中秋”晚会？如何画一幅主题为“鸡蛋”的画？如何写一首主题为“风”的诗歌？我们的日常生活中处处需要创意联想。只要有明确的主题，我们可以用前文提到的“主题发散”的方法进行概念提取。

例如，还是以大海为主题写一篇诗歌，一位同学做了下面的主题发散，对比我们前面做的“大海”的主题发散，是不是也很有意思。这也说明，每个人针对相同主题一定会做出不一样的主题发散，这才会有创意啊。

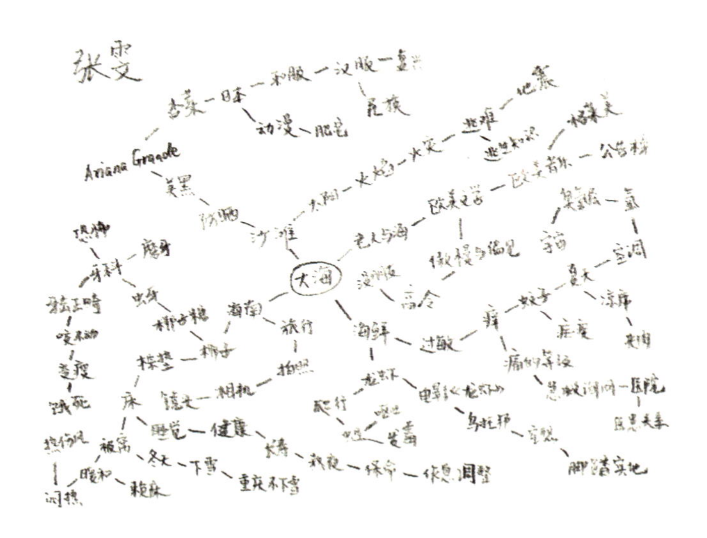


学生张雯的大海主题发散①

## 2. 新产品开发

现在市面上有一种很受欢迎的产品，商家想开发出同样受欢迎的产品，该怎么做呢？让我们用概念提取来试试吧！下图是一款很有新意的中秋月饼，从这张图能提取出什么概念呢？

绿色、树叶、立体……

好，下面我们试试从“绿色”这个最初的概念能想到什么？大树、草地、茶叶、孔雀、气球等；

从“树叶”我们能想到荷叶、梧桐叶、芭蕉叶、针叶、银杏叶等；

① 图片来源：图片由西南交通大学建筑与艺术学院韩效老师拍摄并提供。

从“立体”我们能想到乐高、城堡、大卫雕塑、星球等。

好吧，假如我们要开发一款新产品，现在可能有多少种想法了呢？

口味：绿茶口味的月饼、青草口味的月饼。

形状：孔雀月饼 、气球月饼、荷叶月饼、梧桐叶月饼、芭蕉叶月饼、银杏叶月饼、乐高月饼、城堡月饼、大卫月饼、星球月饼。

……

哇，有那么多新想法！

下面的训练为两个“荣耀黄金”任务，完成本次思维训练，将获得一枚“荣耀黄金”勋章。

### 3.2.6　“荣耀黄金”训练：创意写作

训练内容：以“轮”为题，写一篇很有创意的故事，你会写点什么呢？

训练目的：用概念提取进行主题发散，找到与众不同的创意点。

训练步骤：

1. 引入

我们今天要写的故事题目是“轮”，但每个人对这个题目的理解一定千差万别。今天我们要训练的是“创意写作”，什么叫创意写作呢？与普通写作的最大区别是，创意写作强调想象力。如果我们写的“轮”都是车轮，那多没意思啊，试着用概念提取的方法先对“轮”进行主题发散，从中发现你要写的“轮”吧！

字数：200 字。

时间：15 分钟。

2. 概念发散

从“轮”出发，提取与“轮”属性相关的概念，再发散出更多的主题。

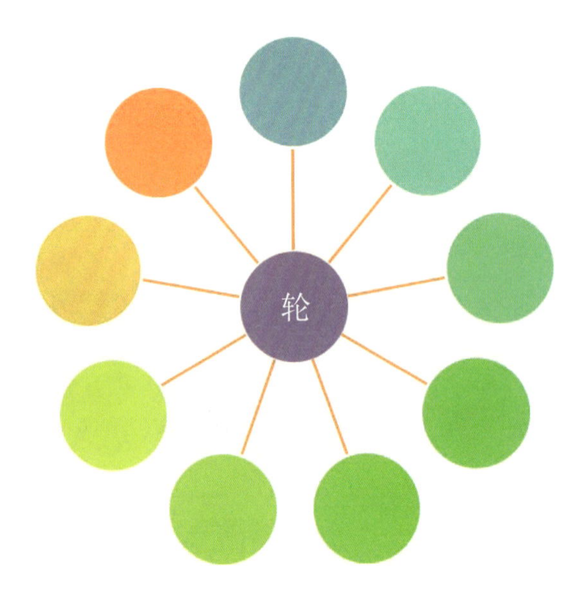


3. 写作

找到写作的线索，写一段 200 字的短文，尽量新颖有趣。

4. 分享

鼓励大家分享创意，把你写的短文读给大家听听。

题目：轮

________________________________________

________________________________________

**给教练员的小贴士：**

1. 这不是一次作文课，写作的目的是鼓励同学们使用概念提取法发现有创意的写作角度。因此，不要用文字通顺、字词正确等标准来评价学生的作品。

2. 只要不违背法律和道德，请不要质疑和批评孩子们的作品，因为此时的批评可能阻碍学生创作的激情。事实上，越出乎意料的文章越是应该被鼓励的。

### 3.2.7 “荣耀黄金”训练：创造新产品

训练目的：用概念提取的方法创造出一种新的产品

训练准备：绘图本和水彩笔

训练步骤：

1. 引入

请同学们看下面这张图，这是什么？书架吗？真是一种有趣的书架！现在，这种书架很受小朋友们欢迎，如果我们要开发出同样受小朋友欢迎的书架，该怎么做呢？

### 2. 概念发散

从上图出发，提取与产品相关的概念，再发散出更多的主题。

| 概念提取： | 新的产品： |
| --- | --- |
| 1. | 1. |
| 2. | 2. |
| 3. | 3. |

### 3. 绘制产品设计图

把你的想法画下来吧，尽量不要使用文字说明。

### 4. 分享

发布你的设计图，和大家分享一下你的独特设计。

**给教练员的小贴士：**

1. 由于是从“图”中提取概念，此训练的难度有所增加。

2. 提取的概念不同，决定了设计的思路不同。每个人都有自己提取概念的理由，所提取的概念只有差异，没有对错。

3. 时间充足的情况下，可以为同学们举办一次小型设计作品展，增强大家的创作自信心。

完成训练，恭喜你又获得一枚徽章！

荣耀黄金

# 3.3　数形的扩散

> 数学发明创造的动力不是推理，而是想象力的发挥。
>
> ——（英）德摩根（19世纪数学家、科学史家）

## 3.3.1　游戏："圆圈"挑战

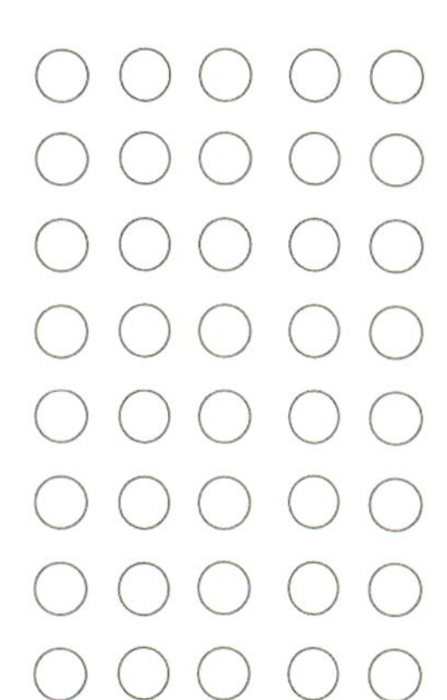

把40个圆圈加工成40个不同的图形，你需要多少时间？

在圆圈上加几笔，让它变成不一样的东西。我们可以做个示范，例如，在圆圈外面画一些发散的光，这个圆圈就变成了太阳；在圆圈的里面画上眼睛和嘴巴，这个圆圈就变成了人的脸；在圆圈的中间画一个十字，再把右上和左下两个部分涂成蓝色，这个圆圈就变成了宝马汽车的标志……好了，现在看你的了，我们需要你画得越多越好，但不能重复。

正在进行圆圈挑战的学生①

这是一个有趣的游戏，每位同学都在绞尽脑汁把那个圆圈变成不同的东西。最终计算数量的时候，差异仍然很大。在相同的时间内，A同学完成了40个，B同学完成了23个，C同学完成了20个，D同学完成了15个，E同学完成了7个。

① 图片来源：作者摄于西南交大附小"小小创造家"课堂。

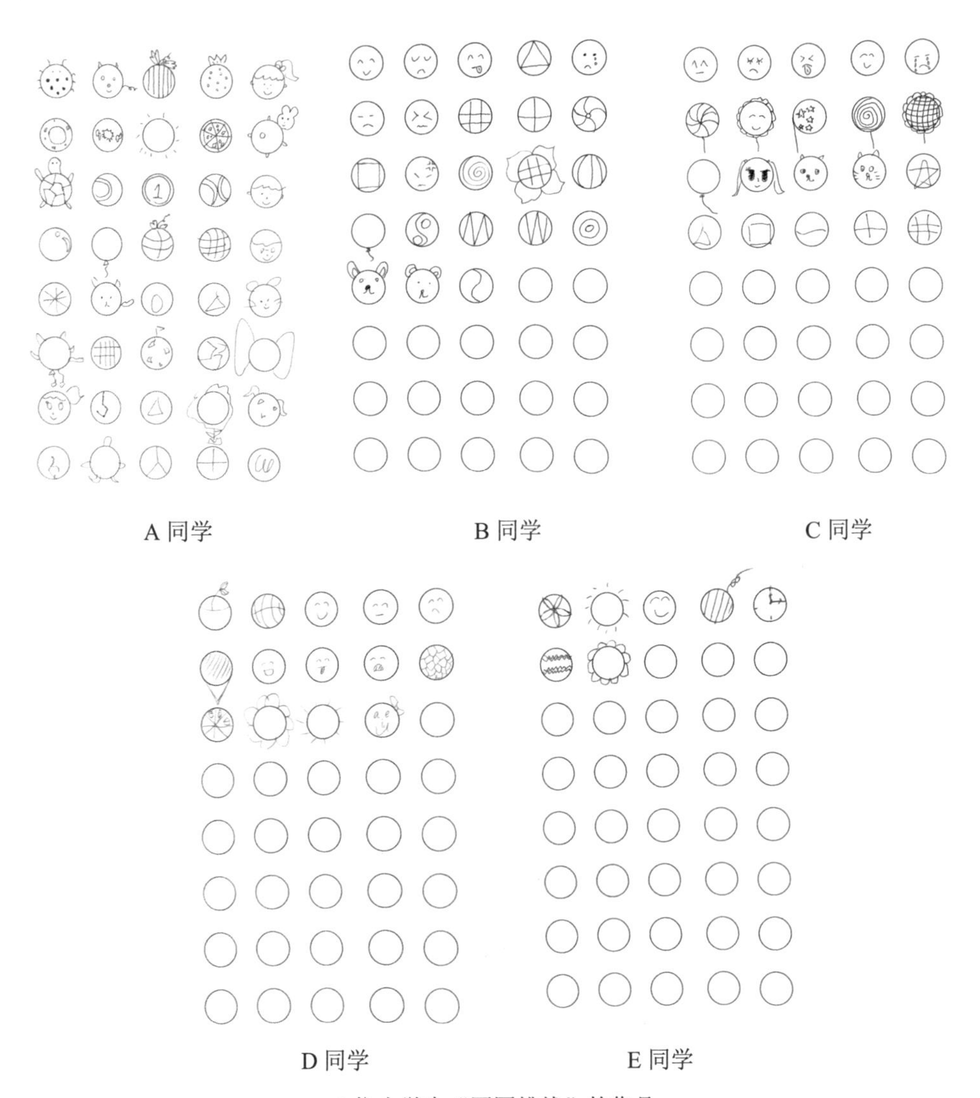


5 位小学生“圆圈挑战”的作品

还记得前面提到的评价发散思维的 4 个指标吗？你会发现，有的人在一直不停地画，直到教练喊停的时候，他们似乎还意犹未尽，而有的人则画一个想很久，这说明什么呢？对，他们的发散思维的流畅性不同。我们提倡流畅的思维，这当然是需要大量训练才能做到的。排除先天的因素，一般在 2 周（每周 3 ～ 4 次）的思维训练后，孩子们思维的流畅性会有很大提升。

你还会发现，虽然 D 同学完成了 15 个，E 同学只完成了 7 个，但 D 同学画的

15个中有7个都是人脸的表情，只能算作一类。D同学的15个圆圈包含7个种类的元素，而E同学的7个圆圈分别属于不同的类别，同样也包含7个种类的元素。因此，虽然D同学的思维流畅性优于E同学，但他们的思维灵活性是一样的。

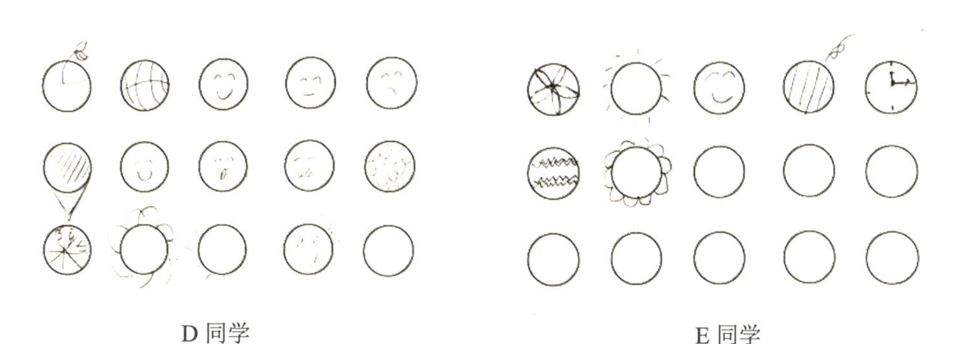


上面的游戏需要我们启动视觉思维，把一个圆圈想象成各种各样的东西。如何做到的呢？我们需要增加一点数行发散的训练。

数形是指数字和图形，相对于文字而言，数字和图形更接近于视觉符号系统。

数形的发散训练其实训练的是视觉思维的能力。这部分训练包括两个部分的内容——图形想象和数字联想。

## 3.3.2　图形想象

在上面的例子中，圆圈的每一次发散都会出现一个新的图形，这个图形在结构上都有圆圈这个共同部分，但在意义上又由于其他符号的加入而生成了新的意义体系。在“苹果”这个图形中，圆圈代表的是“苹果”，但在“笑脸”这个图形中，圆圈代表的是“人脸”。虽然都是圆圈，在不同的图案中，它的意义发生了改变。抽象图形往往能激发我们的无穷想象力。下面，我们就通过一组训练，激发一下大家的图形想象力。

下面的训练为3个“荣耀黄金”任务，完成本次思维训练，将获得一枚“荣耀黄金”勋章。

## 3.3.3　“荣耀黄金”训练：拇指画

训练目的：从单一图形开始想象，提高图形想象力。

训练准备：白色水粉纸，拇指画颜料（或红色印泥），黑色签字笔。

训练步骤：

1. 预热

教练员给每位同学发一张白色水粉纸和一盒拇指画颜料（或红色印泥）。

2. 作画

请同学们用大拇指在白色水粉纸上按出多个拇指印，数量不限。每个指印之间留一定的间距。

请同学们用黑色签字笔在拇指印上加几笔，让每个拇指印都变成不同的图形。

3. 分享

教练员请相邻的 3 位同学互相展示自己的拇指画作品，并简要说明作品的内容。

举例：不同职业的人

有趣的拇指画——不同职业的人①

举例：火柴棍小人

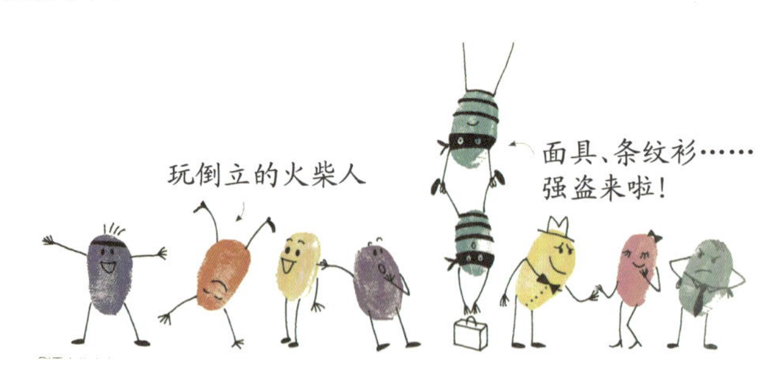


有趣的拇指画——火柴棍小人②

① 伟特 . 365 个艺术创意 [M]. 郑勤砚，译 . 北京：中国城市出版社 . 2012：12-17.
② 伟特 . 365 个艺术创意 [M]. 郑勤砚，译 . 北京：中国城市出版社 . 2012：12-17.

举例：企鹅和雪人

有趣的拇指画——企鹅和雪人[①]

## 3.3.4 “荣耀黄金”训练：墨迹故事

训练目的：通过不规则的墨迹进行联想，提高图形想象能力和讲故事的能力。

训练准备：教练员准备一张 A3 的白纸，一瓶黑色的墨水，一块抹布，一个颜料桶。

训练步骤：

1. 预热

教练员在黑板上贴一张 A3 的白纸，然后将墨水倒入小桶，将抹布放入墨水中完全浸湿。取出抹布，迅速扔向白纸。此时，白纸上留下了一个黑色的不规则墨迹。教练员提问：“你们看见了什么？”

2. 讲故事

请同学们轮流回答他们看见的东西。

再将抹布扔向白纸两次，一共留下 3 个不规则墨迹。

请同学们再次看这 3 个墨迹，教练员提问：“请你们把看到的 3 个图形联系起来，讲一个故事。”

大家轮流讲故事。

① 伟特 . 365 个艺术创意 [M]. 郑勤砚，译 . 北京：中国城市出版社 . 2012：12-17.

3. 总结

为什么同样的墨迹我们看到的图像却不一样呢？你觉得哪个故事最有趣？

完成训练，恭喜你又获得一枚徽章！

荣耀黄金

## 3.3.5 数字联想

“1314”代表什么？千万别说“一生一世”。这4个数字可以代表数量（1314个）、高度（1314米）、海拔（海拔1314米）、门牌号（1栋3楼14号）、时间（13点14分）、年月日（2013年1月4日）、经纬度（北纬13度西经14度，据说位于非洲塞内加尔昆卡内东北部）、容量（1314毫升）……这些都是数字在不同单位中所表达的不同含义。但除此之外呢？

有的人会想到音符，1314表示哆咪哆发，是不是比之前的数字更有趣了？从单一的数量单位进入了音乐的符号体系，就表明我们的思维已经从数学跨越到了音乐。

除此之外呢？

还有人会想到“1314”像是一只海鸥和一艘帆船。这时，我们看待1314，已经不再把它们看成数字符号，而是图形了。这就是我们训练的目的，增强数字的图形思维能力。

延续刚才的思路，1314 还可以是什么呢？

这时，就会有更多有趣的答案出现。可以是一只兔子，一名侦探，一张有着大眼睛的人脸，一位卷发的女人，甚至是一句诗——“轻舟已过万重山”。

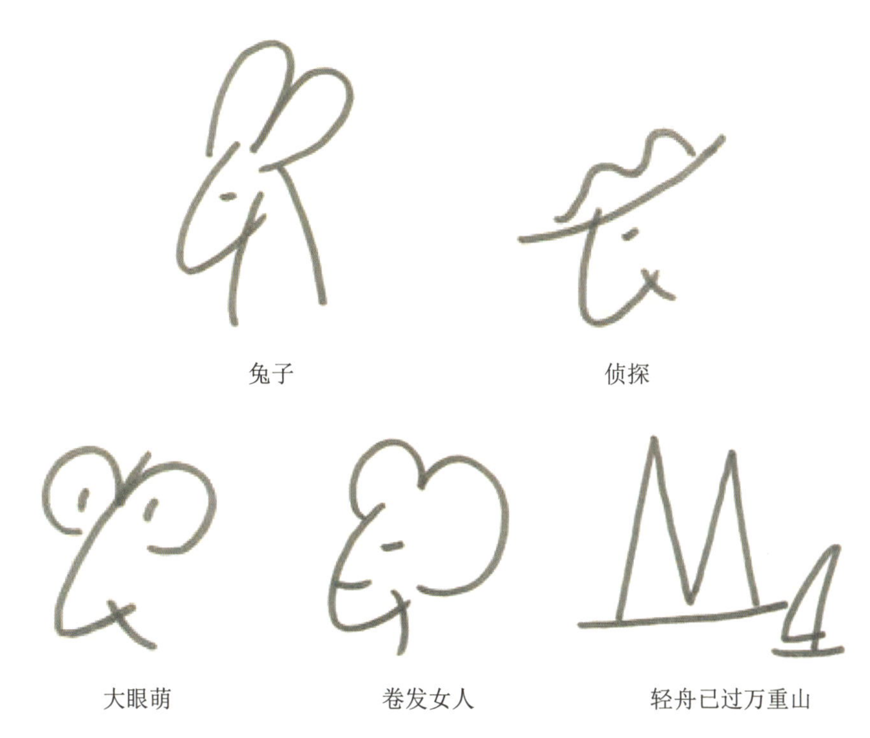

兔子　　侦探

大眼萌　　卷发女人　　轻舟已过万重山

从 1314 来到“海鸥和帆船”，我们的思维经历了从数字到符号、再到图形的发散过程。这也正是数字联想训练的意义，打破数字在我们头脑中的限制，让数字产生丰富多彩的联想。下面，我们再来进行一组数字联想的思维训练吧！

## 3.3.6　“荣耀黄金”训练：11.11 是什么？

训练目的：通过数形发散，训练视觉思维的能力。

训练步骤：

1. 提问

教练员在黑板上写下“11.11”，提问：“同学们，这是什么？”

2. 联想

用数字联想的方式，想象“11.11”的多种可能性。要尽可能多想哦！

3. 联想接龙

用接龙的方式轮流分享我们的创意，要有一定的时间压力和奖惩要求。

**给教练员的小贴士：**

1. 所有的发散思维训练都必须在数量、时间、竞争和奖惩压力下进行，这样可以激发出更多的创意。

2. 团队训练的效果好于个人训练。

3. 记录下有趣的点子，及时反馈给学生，让他们看到每一次训练他们都有进步。

完成训练，恭喜你又获得一枚徽章！

荣耀黄金

## 3.4 随机词

逻辑推演必须要有一个思考的方向，但是不少创意能够形成的关键就在思考过程中并没有受制于某个特定的方向。

——（英）爱德华·德博诺（《水平思考》的作者）

### 3.4.1 游戏：一分再分

下面是一个正方形，我们把它切分成4个小正方形，分别命名为图案①②③④。在图案①中，我们切掉了四分之一个正方形（灰色部分），只剩下蓝色部分。接下来，让我们一起来完成以下4个任务吧！

第一个任务：把图案①的蓝色部分分为两部分，要求面积和形状都相等。

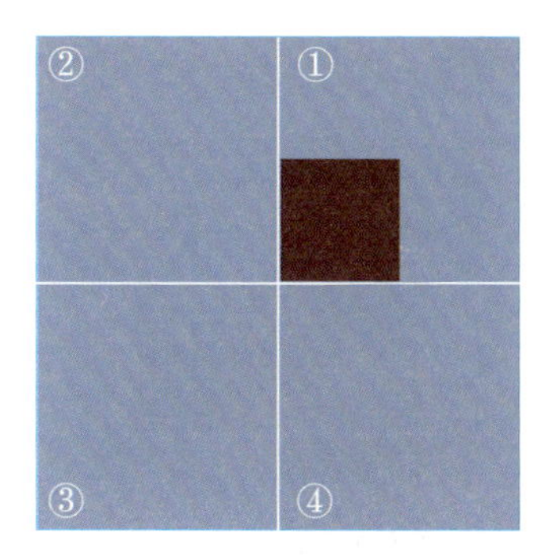


在完成第一个任务（平分）时，我们毫不费力地画了一条对角线，把图形切分成了两个面积和大小都相等的图形。我们的大脑在说，“So easy！再来，再来！”

答案：见最后一页 3 中的①。

第二个任务：把图案②的蓝色部分分为三部分，要求面积和形状都相等。

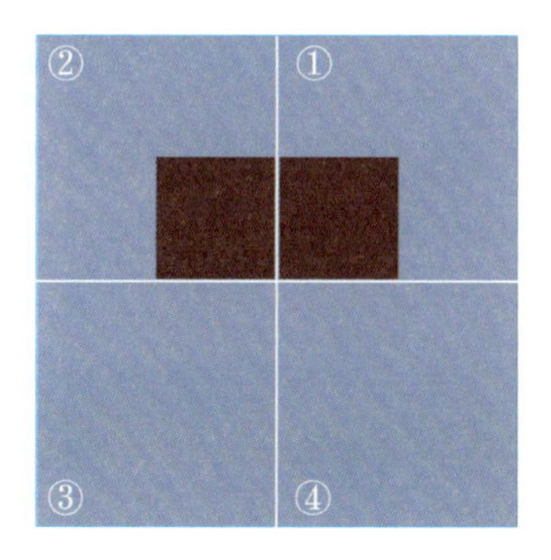


在完成第二个任务（三等分）时，我们把图形切分成了面积和大小都相等的 3 个正方形，我们的大脑在说，“Cheers！我看出了 3 个正方形！”

答案：见最后一页 3 中的②。

第三个任务：把图案③的蓝色部分分为四部分，要求面积和形状都相等。

在完成第三个任务（四等分）时，我们同样想把图形切分成面积和大小都相等的 4 个正方形，但很快发现，做不到！因此，我们开始运用数学的知识，把图形切分成同时满足 3 和 4 倍数的 12 个小正方形，再把连在一起的 3 块组合在一起，这样就组合成了 4 个面积和大小都相等的图形，圆满完成了任务！我们的大脑在说，“Bingo! 看我多聪明，只要切分到足够多的小正方形再组合起来就好啦！”

答案：见最后一页 3 中的③。

第四个任务：把图案④的蓝色部分分为七部分，要求面积和形状都相等。

请把你的切分方法画在下面：

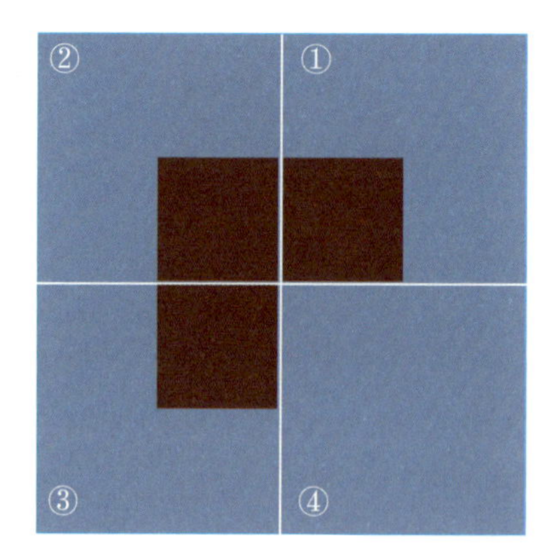


在完成第四个任务（七等分）时，我们的大脑已经决定要按照上一次成功的经验，把图形切分成足够多的小正方形，再连在一起组成 7 个面积和大小都相等的图形！但是，我们恰恰没有注意，这时我们要切分的图形已经变成了一个正方形。要把一个正方形切分成面积和大小都相同的图形该怎么做？一个一年级的小学生都会告诉你，画 6 条竖线，平均分就好啦！

答案：见最后一页 3 中的④。

此时，我们的大脑会恍然大悟，“天呐！我被忽悠啦，这么简单的事我怎么没想到，我怎么会去想着切分成小正方形呢？”

现在我们就来告诉你答案！大脑是一个范式系统，喜欢不断加强已有的范式解决问题。这是什么意思呢？意思就是，我们习惯于从已有的经验中总结成功的套路，然后每次都希望按照套路解决新的问题。对，这就是套路！

## 3.4.2 水平思考

大多数时候，套路可以让我们高效地完成任务，但套路也会让我们看不见新的路。英国的爱德华·德博诺博士正是看到了套路——垂直思维局限性，从而开发出了水平思考的理论和方法。垂直思考，顾名思义就是垂直性的逻辑思考，从问题 A 出发，找到路径 B，再继续追问 C，直到找到最后的答案 D。如同打洞一般，垂直思考指引我们在同一个地方把同一个洞越挖越深，直到找到答案。但有时，把一个洞挖得再深，也找不到答案，那该怎么办呢？换个地方，再挖！太棒了，跳出逻辑思考的固有定势，找到另一条思维路径到达目标，这就是水平思考。水平思考就是

在别的地方（水平）另挖一个洞！①

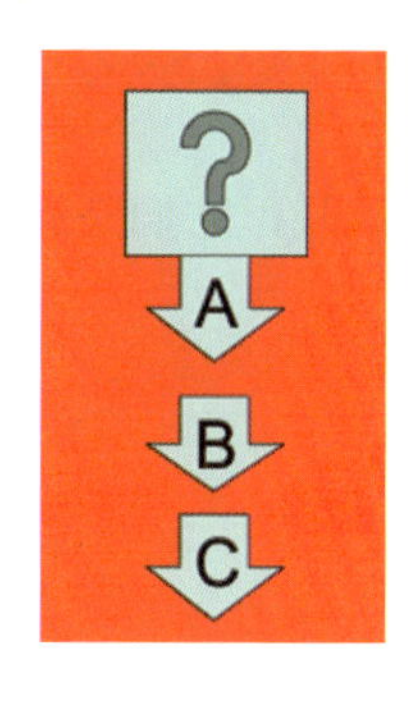


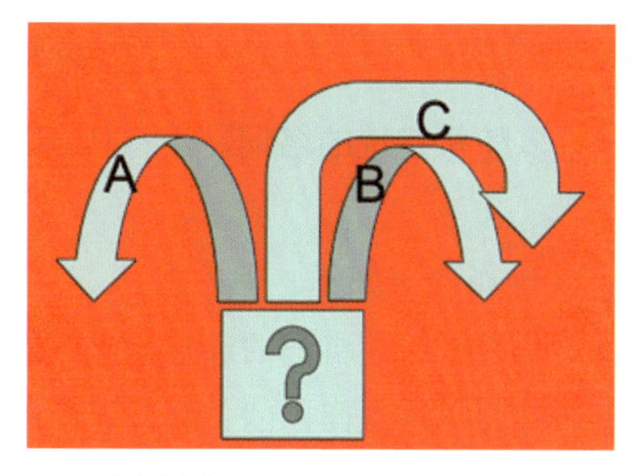


垂直思考

当我们需要创新思维的时候，很显然垂直思考限制了我们思考的维度，让我们只能在同一个地方不停“打洞”，哪怕这个洞下面什么也没有。怎样才能跳出垂直思维的困境，发展水平思维的多维视角呢？德博诺博士认为，首先要摆脱支配性观念的影响，寻找看待事物的不同方式。

在历史上，天花这个疾病凶险异常，曾经夺走了许多人的生命，就连古代的皇帝、法国国王路易十五都难逃天花而丧命。在古代，一旦得了天花就被认定为必死无疑了，会被人隔离等死。为了对抗天花，人们想尽各种方法但都收效甚微。直到18世纪，英国的乡村医生爱德华·琴纳观察到，挤牛奶的女工常与患牛痘的奶牛接触，她们的手上会出现牛痘脓疱，但在天花流行时，却从不感染天花。琴纳把他关注的焦点从怎么治疗天花转移到为什么挤牛奶的女工从不得天花这个问题上来，从而找到了通过接种牛痘来预防天花的方法。而琴纳本人也因研究及推广牛痘疫苗，防止天花而闻名，被称为免疫学之父。

牛痘疫苗的发明告诉我们，按照垂直思维的路径从“如何治疗天花”出发寻找对抗天花病毒的方法，无法让我们找到真相，当我们跳出垂直思考的窠臼，从水平思考的角度出发，换成“为什么挤牛奶的女工从不得天花”这个角度重新思考，才真正找到对抗天花病毒的方法，并沿用至今。

水平思考给了我们看到问题的不同角度，我们需要寻找如何看待事物的不同角度，有没有日常的训练可以帮助我们发展水平思考的能力呢？德博诺博士开发的“随机词”就是一种训练水平思维的有效工具。

---

① 德博诺 . 水平思考 [M]. 卜煜婷，译 . 北京：化学工业出版社，2017:23.

### 3.4.3 随机词的概念

随机词是指许多随机挑选的名词，没有任何逻辑关联，它们是思维训练游戏的基础。[①]

抽取随机词的操作要点如下。

1. 不要以个人喜好进行随机词的选择。

2. 不要考虑随机词与焦点问题的关联。

### 3.4.4 随机词表

随机词法的操作核心是使用随机词表，我们如何建立自己的随机词表呢？有以下 3 种途径。

1. 随机词汇表

《水平思考》一书提供了一套随机词汇表，如表 3-3 所示，包含各个类别的词汇共 1296 个，它们是没有任何联系的词汇。

表 3-3 随机词汇表[②]

| 组号 | 列号 | | |
|---|---|---|---|
| | 1 | 2 | 3 |
| 1 | 车闸<br>降落伞<br>路标<br>微笑<br>白云<br>牙齿 | 鲨鱼<br>井<br>炸弹<br>舌头<br>耳朵<br>无线电 | 蜗牛<br>肥皂<br>浴缸<br>奖杯<br>竞赛<br>能量 |
| 2 | 选票<br>桶<br>跳跃<br>报纸<br>青蛙<br>大海 | 刀<br>汤<br>冰激凌<br>电话<br>呼喊<br>律师 | 脚趾<br>按摩<br>钢笔<br>旗杆<br>沙丁鱼<br>调味料 |

① 德博诺 . 水平思考 [M]. 卜煜婷，译 . 北京：化学工业出版社，2017：149.

② 德博诺 . 水平思考 [M]. 卜煜婷，译 . 北京：化学工业出版社，2017： 232.

### 2. 随机词卡

随机挑选“随机词汇表”中的 100 个词汇，制作成卡片，卡片的正中是图案。

随机词卡

### 3. 随机词程序

德博诺中国区总部开发了在线随机词程序：http://random.debonochina.com，打开该网址，我们可以跟随程序提示，使用随机词。

##  3.4.5 随机词法的操作步骤

### 1. 使用随机词表的操作步骤

1）定义焦点问题。

我们要解决的问题是什么？这就像是靶心，需要我们目标明确。还记得我们之前学过的提出问题的方法吗？无论用什么方法，把你的问题明确地写下来。例如，我们定义的问题是：改造鼠标。

2）获得随机词。

掷四次骰子，获得 4 个数字。

第一个数字代表所有表格中你要使用的那张表；

第二个数字代表在使用的表格中选中哪一列；

第三个数字代表位于这一列中的哪一组；

第四个数字代表这一组中具体用到的词。[①]

例如，我们掷四次骰子获得的4个数字是5、6、1、4。那我们需要找到第5张表（如表3-4所示），选中第6列，找到这一列中的第1组的第4个词，即“艺术家”。[②]

重复使用以上方法，可以确定多个随机词。

**表3-4　第5张表**

| | 1 | 2 | 3 | 4 | 5 | 6 |
|---|---|---|---|---|---|---|
| 1 | 播种<br>纪念品<br>铁锹<br>肋骨<br>火花<br>扳手 | 脚踝<br>角度<br>碗<br>弓<br>时装店<br>牛角面包 | 黏合剂<br>狂欢<br>缰绳<br>芯片<br>黑猩猩<br>排钟 | 名词<br>小说<br>新手<br>门廊<br>公园<br>晚会 | 舰队<br>网络<br>果肉<br>海豚<br>连衣裙<br>奶奶 | 漩涡<br>花园<br>跑步<br>艺术家<br>围裙<br>音乐 |
| 2 | 方形<br>员工<br>舞台<br>理智<br>收据<br>阅读 | 地产<br>论文<br>逃跑<br>草药<br>预兆<br>故乡 | 小巷<br>立方体<br>袖口<br>鸭子<br>学位<br>地球 | 树枝<br>积木<br>饼<br>支柱<br>大头针<br>皮肤 | 呼吸<br>动物<br>微风<br>灌木<br>奶油<br>大炮 | 彩旗<br>燕子<br>大学<br>飓风<br>坦克<br>钻石 |
| 3 | 膝盖<br>果汁<br>废品<br>柔道<br>工厂<br>博览会 | 阶梯<br>打火机<br>灯塔<br>肚脐<br>号码<br>幼儿园 | 发电机<br>弹性<br>自负<br>绿宝石<br>昏倒<br>童话 | 作业本<br>玉米<br>床<br>摇篮<br>蝴蝶<br>勇气 | 树叶<br>柠檬<br>酒精<br>飞盘<br>蜡烛<br>午餐 | 标题<br>地震<br>显微镜<br>医院<br>早晨<br>自行车 |
| 4 | 夜晚<br>邪恶<br>书包<br>海岸<br>玫瑰<br>日历 | 手机<br>手指<br>雪人<br>闪光灯<br>鹅<br>花岗岩 | 冰雕<br>假日<br>包子<br>城墙<br>房客<br>黏土 | 演员<br>战士<br>颜料<br>面包<br>哭泣<br>外壳 | 拳击赛<br>赛车<br>鹦鹉<br>女巫<br>小木屋<br>格子 | 拖把<br>行星<br>沙发<br>唾液<br>变色龙<br>优惠券 |

① 德博诺．水平思考[M]. 卜煜婷，译．北京：化学工业出版社，2017：200.

② 德博诺．水平思考[M]. 卜煜婷，译．北京：化学工业出版社，2017：241.

续表

| | 1 | 2 | 3 | 4 | 5 | 6 |
|---|---|---|---|---|---|---|
| 5 | 鼠标<br>斗笠<br>棉布<br>玻璃<br>菠萝<br>汽笛 | 毕业生<br>打猎<br>白痴<br>偶像<br>旅馆<br>胜利 | 建筑师<br>模型<br>工厂<br>围墙<br>标签<br>空气 | 入口<br>泡沫<br>电梯<br>游泳池<br>秋风<br>明星 | 气球<br>空袭<br>彗星<br>吸管<br>眼睛<br>情书 | 城市<br>传送带<br>游客<br>塔<br>指南针<br>田野 |
| 6 | 饼干<br>香水<br>相片<br>蚂蚁<br>曲线<br>小溪 | 发明<br>快乐<br>儿童<br>权力<br>太空<br>星座 | 笛子<br>砖石<br>女王<br>被子<br>菜谱<br>西湖 | 疲劳<br>摔跤<br>农场<br>湖泊<br>父亲<br>宴会 | 榔头<br>朋友<br>松鼠<br>肌肉<br>美食<br>衣架 | 海龟<br>象牙<br>人工智能<br>木头<br>钉子<br>火柴 |

3）围绕焦点问题，用选中的随机词激发出新的想法。

围绕“改造鼠标”这个焦点问题，我们用“艺术家”这个随机词进行激发。首先，从“艺术家”出发，我们可以发散出“手绘”“音乐”“烟斗”“诗歌”“咖啡”“灵感”“激情”等概念，然后，和“鼠标”结合，可以产生手绘鼠标、激光声控鼠标、点击后像烟斗一样会冒烟的鼠标、可以读诗的鼠标、咖啡豆形状的散发着咖啡香味的鼠标、不停变换色彩能给人灵感的鼠标等，你可以继续下去，发现随机词法的乐趣！

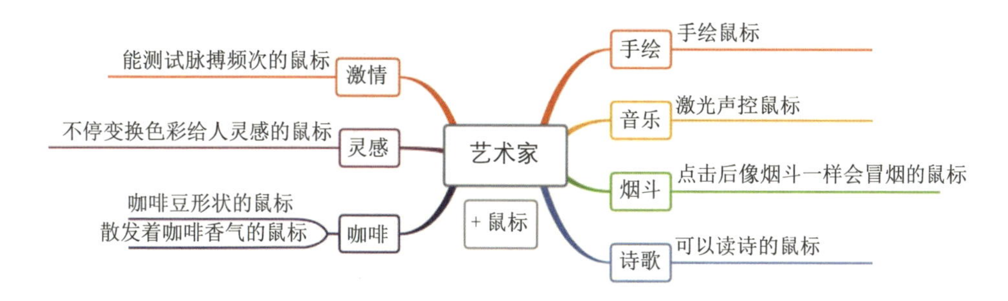


## 2. 使用随机词卡的操作步骤

1）定义焦点问题。例如，焦点问题是设计一款新的笔。

2）每组或每人抽取一张随机词卡。如果是小组抽取一张卡片，则需要小组成员把卡片放在中间，大家尽可能说出想到的点子，有一个人负责记录。

3）先通过随机词卡进行发散联想，例如，由下面这张随机词卡“青蛙”，你可以想到绿色、两栖动物、益虫、跳跃、长舌等。然后通过这些发散出来的点激发你产生关于焦点问题的新想法，把你的新想法填在括号里吧。

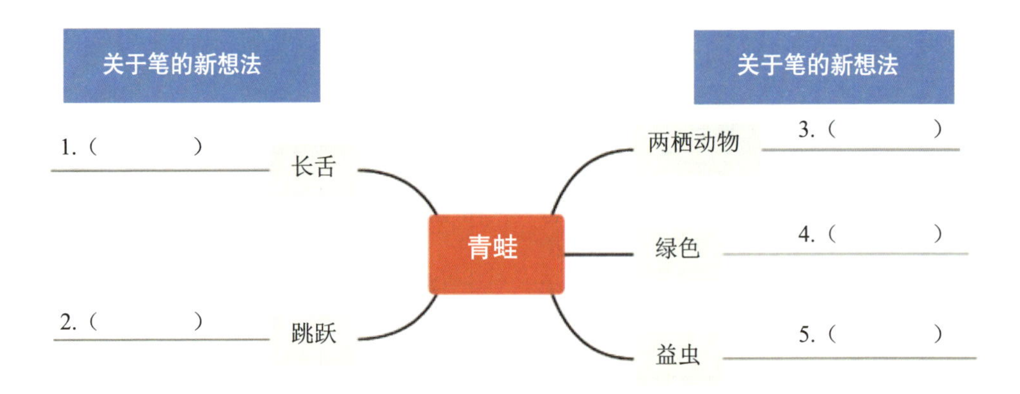


### 3. 使用随机词程序的操作步骤

使用德博诺中国区总部开发的在线随机词程序可以自动抽取随机词，从属性、特征、用途、情景等方面对随机词进行联想，并将联想的点与“焦点问题”组合，从而产生解决焦点问题的各种思路和灵感。大家可以使用这个小程序，在联网的情况下方便有效地进行随机词训练。

第一步，输入你思考的问题。例如，我们输入的是“改进跑步机”。

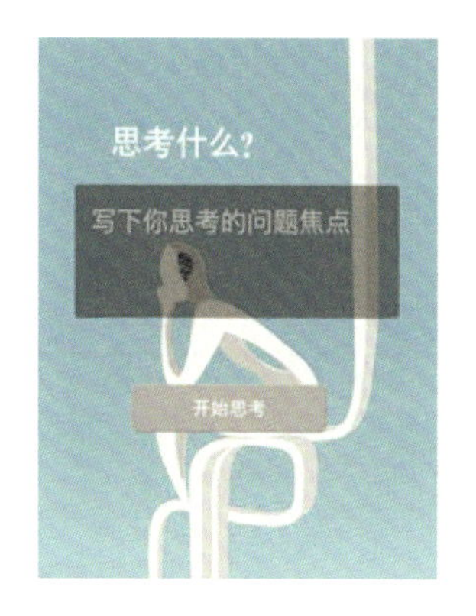


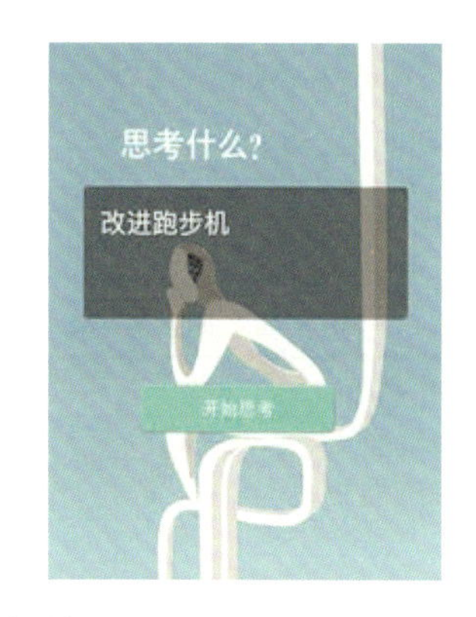


第二步，单击骰子选择随机词。用鼠标单击骰子，页面上会随机出现一个词语及对应的图片，例如，这里出现的是“瓶子”和瓶子的图片。

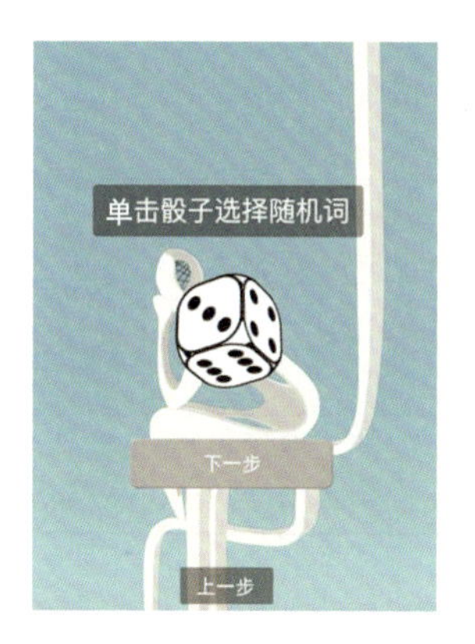


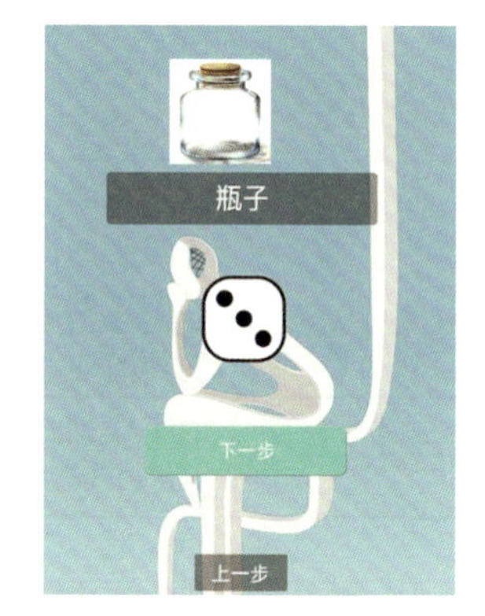


第三步，请暂且忘掉要思考的焦点问题，开始就“瓶子”从属性、特征、用途、情景等方面联想，写下联想的内容。例如，通过“瓶子”开始联想，我们想到了“透明”“装东西”“喝水”“圆形”“冷水和热水”这 5 个方面。

第四步，用联想的点与焦点问题组合，产生新的想法。在这个案例中，我们将“透明”“装东西”“喝水”“圆形”“冷水和热水”这 5 个点分别与焦点问题“改进跑步机”进行组合，产生了以下新的想法（表 3-5）。

**表 3-5 用“瓶子”+“跑步机”产生的新想法**

| 焦点问题：改进跑步机 | | | |
|---|---|---|---|
| 项　　目 | 使用随机词“瓶子”产生的新主意 | 新主意 + 焦点问题产生的联想 | 设 计 说 明 |
| 1 | 透明 | 透明的跑步机，类似苹果计算机的透明机身，可以看见内部构造 | 很有现代感的设计 |
| 2 | 装东西 | 可视化显示器：一边跑步一边看见自己消耗了多少“瓶”卡路里 | 运动的成效实时可见，增强运动的动力 |
| 3 | 喝水 | 跑步的时候拿水杯不方便，可以用声控的机械手臂帮我们递送各类饮品 | 加入智能设计，让喝水更方便 |
| 4 | 圆形 | 设定的路线不是圆形的，而是一个可爱的图案。我可以看到自己的跑步路线就是在绘制一幅预设的图案 | 跑圈太无聊，跑出“图案”会提升运动的成就感，提高坚持的动力 |
| 5 | 冷水和热水 | 为了模拟户外的实景，跑步机可以吹出冷风或热风 | 类似 4D 影院的体验，弥补了室内运动的不足 |

## 3.4.6 随机词法的操作误区

随机词法真的能对任何目标问题都有所帮助吗？通过多年的课堂实践和创新培训，我们发现，随机词法是一种简单高效又易于操作的创新思维方法，几乎对任何目标问题都能有所帮助。前提是，正确使用它。

在具体的操作中，我们需要避免以下几个误区。

1. 不要因为个人的喜好去挑选随机词。随机词法的目的就是用一个“随机”的偶然因素去打破逻辑思维的惯性。如果我们只挑选我们认为好的词，那就不会出现偶然性的创新了。

2. 对每一个随机词都要充分发散，不要只发散一两个点就满足了。记住，你发散得越多，激发创新的点就会越多。

3. 不要对随机词发散出来的点子进行价值判断，也不要对新产生的解决方案进行可行性判断。本着“多就是好”的原则，在数量优先的前提下再考虑点子的质量。

下面的训练为两个“荣耀黄金”任务，完成本次思维训练，将获得一枚“荣耀黄金”勋章。

### 3.4.7　“荣耀黄金”训练：更好玩的游戏

训练目的：使用随机词卡的方法进行团队创意训练。

训练准备：教练员准备随机词卡，把同学分成 6 ～ 8 人一组。准备“游戏王”皇冠 6 ～ 8 顶。

训练步骤：

1. 引入

你喜欢什么样的网络游戏或手机游戏？有没有想过自己发明一种新的游戏？现在，来做一款更好玩的游戏吧！

2. 抽词

每组抽取一张随机词卡，说出你看到这张卡片后联想到了什么？越多越好。组长记录大家的发言。

3. 激发

把刚才记录的想法一个个与“游戏”这个关键问题对应，看看是否能激发出新的想法。组长负责记录本组的新想法。

4. 讨论

小组讨论刚才关于游戏的新想法，发明一款新的游戏，用图解的方式说明你们发明的新游戏。

5. 展示和分享

各组展示自己的新游戏图解，解说游戏的规则和新颖之处。

6. 投票

投票选出最受大家喜欢的新游戏，为获胜小组颁发“游戏王”桂冠。

### 3.4.8 “荣耀黄金”训练：送他／她一份有创意的生日礼物

训练目的：使用随机词程序进行随机词法的个人创意训练。

训练步骤：

1. 引入

你收到过什么有意思的礼物吗？是不是觉得收到或者送朋友一份有创意的生日礼物是很酷的事情？但是送出怎样的礼物才够有新意呢？我们一起来玩随机词小程序吧！

2. 激发

打开网址 http://random.debonochina.com，按照网页的提示完成自己的小创意吧。

3. 分享

看看你能想出多少种新颖有趣的送礼物方式，写在下面和朋友分享吧。

1. ____________________
2. ____________________
3. ____________________
4. ____________________
5. ____________________

完成训练，恭喜你又获得一枚徽章！

荣耀黄金

# 3.5　思维导图

决定智商的既不是大脑的体积，也不是脑细胞的数量，而是脑细胞间相互连接的数量，大脑的物理性交互连接的数量。①

——东尼·博赞（思维导图的发明者）

## 3.5.1　为什么会有思维导图？

我们平时是怎么做笔记的呢？是不是像这样（下图）一行行记录下知识点？

三单元知识整理　彭湘翼

第一课：
三角形具有稳定性，四边具有不稳定性。

第二课：
直角三角形：一个直角，二个锐角。
钝角三角形：一个钝角，二个锐角。
锐角三角形：三个锐角。
等腰三角形：其中任意两条边相等。
等边三角形：三条边都相等。

第三课：
三角形任意内角和等于180°
N边形的内角和=(n-2)×180°
边数=内角和÷180°+2

第四课：
三角形任意两边之和大于第三边。

第五课：
平行四边形：有两组对边分别平行。
梯形：只有一组对边平行。

小学四年级学生的数学笔记——“三角形的知识”②

这是一位小学四年级的同学在数学课上的一次笔记，英国的东尼·博赞小时候也是这样做笔记的。后来，他发现像达芬·奇和达尔文这样的人不是这样做笔记的，他们的手稿中有很多图像、线条和空间感。

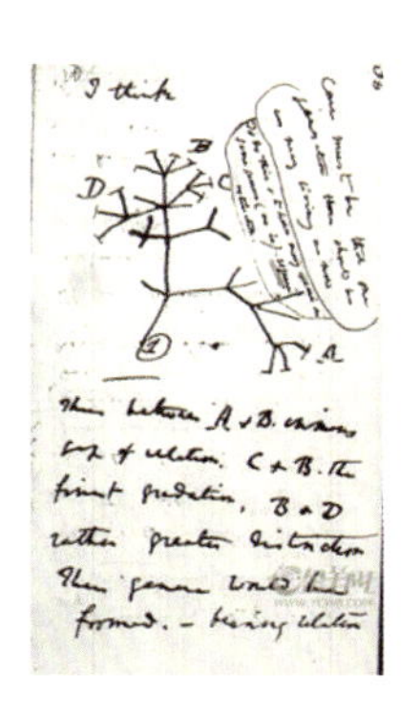


① 博赞．博赞儿童思维导图 [M]. 索析，译．上海：华东师范大学出版社，2016：12.

② 图片来源：西南交大附小四年级数学老师张蕾提供。

于是他用曲线把一些知识连接起来，形成一种由文字、线条、色彩构成的新的记录方式。例如，同样是记录小学四年级的数学知识，就可以这样做笔记了（下图）！一种更有利于思考和记忆的新方法逐渐在东尼·博赞的头脑中成型，这就是思维导图（mind map）。

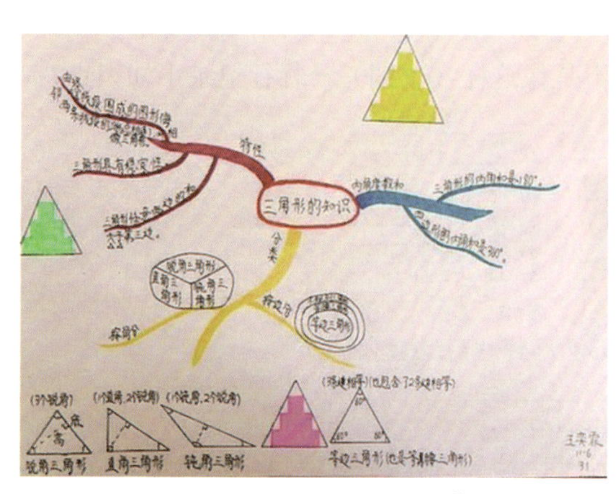


王奕霖同学的思维导图①

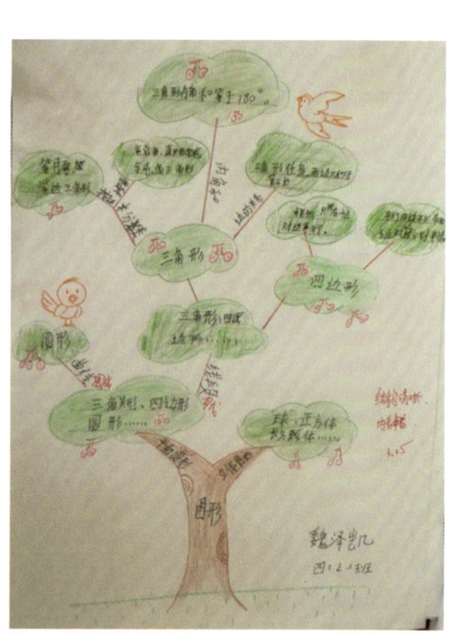


魏泽凯同学的思维导图②

## 3.5.2 大脑与思维导图有什么关系？

除了反复琢磨大师的笔记，东尼·博赞还深入研究了大脑的特点。

我们的大脑里大约有 100 亿个神经元，它们之间产生的电量可以使 15 瓦的电灯泡亮一整天。神经元之间通过电脉冲传导信号，每一链都是我们想法或记忆力的一部分。大脑之所以能学习，就是因为神经元之间的连接是永远存在的，大脑总在更新连接线路，神经元不断长出新的分支，形成新的连接。它们连接的地方叫作神经突触，一种叫作神经递质的化学物质越过间隙，使神经脉冲继续传导，新的连接形成一个模式，一个新的记忆诞生了。我们学习，其实就是脑细胞建立新的连接，并重复加强记忆，连接建立得越牢固，记忆也就越深。

每个神经元胞体内都含有细胞核、树突和轴突，其中树突将神经冲动传递至胞

① 图片来源：西南交大附小四年级数学老师张蕾提供。

② 图片来源：西南交大附小四年级数学老师张蕾提供。

体，轴突将神经冲动传递给相邻的神经元，神经元的轴突被脂质髓鞘包被，使轴突绝缘，进而可使神经冲动以 100m/s 的速度，沿轴突呈“跳跃式”传导。受到刺激时，神经元便会兴奋，它们经历着化学变化，产生了微弱的电流，即神经冲动。将神经元相接处称为突触，突触间有一个小小的间隙，神经冲动沿神经元轴突高速传递，在神经元的末端，轴突末梢与相邻神经元的树突于突触处相遇，神经冲动以化学形式而非电形式进行传递，轴突终端末为突触壶腹，内有含神经递质的小囊泡（红色），神经递质使神经冲动通过突触间隙，当神经冲动到达壶腹，小囊泡释放神经递质分子，进入突触间隙，触发下一个神经元产生神经活动。新产生的神经冲动便沿第二个神经元的轴突继续传递。

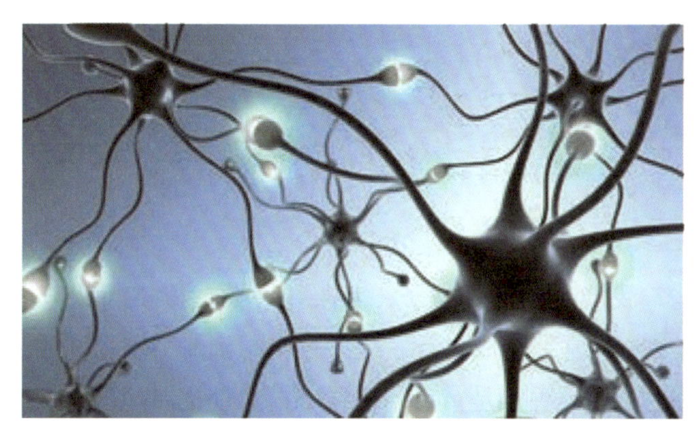

上面一段关于脑科学的内容看上去有些复杂，其实我们只要知道以下 3 点就可以了。

1. 决定智商的既不是大脑的体积，也不是脑细胞的数量，而是脑细胞间相互连接的数量，大脑的物理性交互连接的数量。

2. 进入你大脑的每一条信息——每一种感觉、记忆或思想（包括每一个词汇、数字、代码、食物、香味、线条、色彩、图像、节拍、音符和纹路）——都可以作为一个中心球体表现出来。

3. 你的大脑中已存在的信息条目的数据库，以及因此产生的联想，是由无穷多个数据关联组成。①

东尼 • 博赞正是在研究了大脑的构成和运作特点的基础上，发展出了更适宜人脑接受的思维工具——思维导图。

① 博赞，等 . 思维导图 [M]. 卜煜婷，译 . 北京：化学工业出版社，2017：27.

## 3.5.3 思维导图有什么特点？

先看下面这张“水果”思维导图。

水果有哪些？我能想到的是橘子、苹果、香蕉、樱桃和菠萝。橘子属于柑橘类，富含维生素 C，经常被榨成果汁。苹果让我想到亚当和夏娃的故事，当然，多吃苹果可以让医生走开。香蕉是黄色的，原产自加勒比海地区，富含钾。樱桃开的花很美，种下樱桃核可以长出一个果园噢。菠萝是来自热带的水果，外皮带尖，经常在鸡尾酒里加菠萝。

对比传统的记笔记方式和思维导图的差别，你发现思维导图的两大特点了吗？

对啦！那就是发散和图像。

### 1. 发散

大脑中的每一条信息都可以作为一个中心球体表现出来，同时又和其他的中心球体连接。因此我们也需要用发散的方式记录和表达我们的想法。这也是最容易让我们的大脑接受的方式之一。

### 2. 图像

我们常将人区分为左脑人（科学教）和右脑人（艺术家），但这种区分限制了我们的潜力，我们能够，而且本来就是同时使用两个半脑的。在教育领域，正是长年累月的 3R’S（read/ write/ arithmatic style）训练使我们在左脑的言语和逻辑思维

能力方面不断得到加强，但却难以发展出右脑的创造思维。[①] 思维导图就是要充分发挥左右脑协同工作的优势，提倡用图像和色彩表达抽象的想法。

### 3.5.4　思维导图该怎么画?

从思维导图的两大特点来理解思维导图的操作要点就很容易了。

1. 如何发散

（1）从白纸的中心开始画，周围要留出空白。

（2）连接中心图像和主要分支，然后再连接主要分枝和二级分支，接着连二级分支和三级分支，依此类推。

（3）用美丽的曲线连接，永远不要使用直线连接。

（4）每条线上注明一个关键词。

2. 如何图像化

（1）用一幅图像或图画表达你的中心思想。

（2）绘图时尽可能地使用多种颜色。

（3）自始至终使用图形。

让我们用思维导图的方式来总结一下如何画思维导图吧。

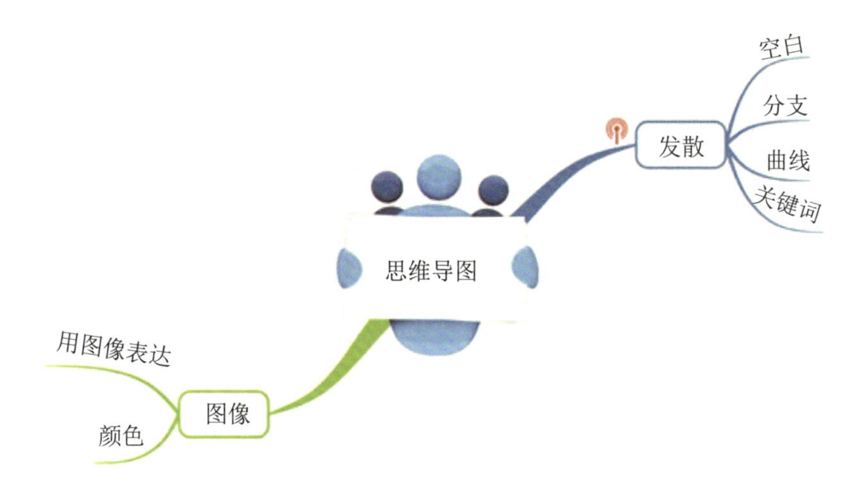


① M • H • 麦金 . 怎样提高发明创造能力——视觉思维训练 [M]. 王玉秋，等，译 . 大连：大连理工大学出版社，1991：13.

### 3.5.5 绘制思维导图的工具

我们要学会如下两种绘制思维导图的工具。

#### 1. 手绘工具

（1）手绘思维导图需准备以下内容。

1）A4 白纸一张；

2）彩色水笔和铅笔；

3）你的大脑；

4）你的想象！

（2）手绘思维导图的入门工具如下。

笔和 A4 纸。

（3）手绘思维导图的升级工具如下。

1）升级包；

2）铅笔、签字笔、针管笔；

3）橡皮；

4）黑色和灰色双头马克笔；

5）水彩笔或彩铅；

6）绘图本。

2. 软件

（1）iMindMap

iMindMap 是思维导图创始人东尼·博赞开发的思维导图软件，线条自由，具有手绘功能。它结合独特的自由形态头脑风暴视图模式和系统的思维导图视图模式，是最符合东尼·博赞思维导图设想的软件。

（2）XMind

XMind 是一款非常实用的思维导图软件，“XMind 文件”可以被导出成 Word、PowerPoint、PDF、TXT、图片格式等，XMind 不仅可以绘制思维导图，还能绘制鱼骨图、二维图、树形图、逻辑图、组织结构图，在日常生活中也是一款常用的软件。

## 3.5.6 思维导图的分类

思维导图在实际应用中分为整理型思维导图和创造型思维导图，整理型思维导图帮助我们把零散的知识整理为有序的知识，把混乱的思想整理为有序的观点，整理的过程就是思维从无序到有序的过程。创造型思维导图帮助我们从一个思维原点出发发散出多个想法，从而创造新的思路。由此可见，整理型思维导图是收敛思维在起主导作用，而创造型思维导图是发散思维在起主导作用。

整理型思维导图的特点是收敛和整理，主要应用于读书笔记、演讲提纲、文章结构、日程安排等方面，应用的方法是分类和合并。

创造型的特点是发散和创造，主要应用于产品创新、广告创意、方案设计等方面，应用的方法是联想开花、联想接龙。

思维导图

- 创造型
  - 特点
    - 发散
    - 创造
  - 应用
    - 产品创新
    - 广告创意
    - 方案设计
  - 方法
    - 联想开花
    - 联想接龙
- 整理型
  - 特点
    - 收敛
    - 整理
  - 应用
    - 读书笔记
    - 演讲提纲
    - 文章结构
    - 日程安排
  - 方法
    - 分类
    - 合并

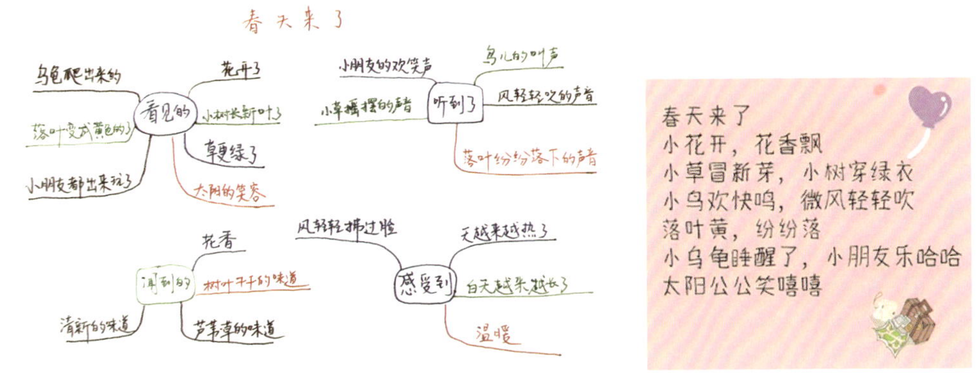


孟祥深小朋友用思维导图（左）整理思路后写出的短文（右）

## 3.5.7 创造型思维导图

创造型思维导图主要用来激发创意，有联想开花和联想接龙两种训练方法。

### 1. 联想开花

先写下关键词，想想从这个词出发，从特征、属性、用途、情景等方面联想，把你想到的词依次写在第一个关键词的周围。好像是头脑里发出了“轰”的一声爆炸，一下子炸出了好多想法的“小火花”，这就是联想开花。

以“家”为原点，我想到的是“家人”“房子”“爱”“春节回家”“爸爸做的菜”“妈妈的唠叨”和“门前的街道”，这是我关于“家”开出的7朵花，你能开出什么不一样的花呢？画在下面吧。

2. 联想接龙

看到题目，写下第一个从你头脑里蹦出来的词，然后再写下这个词让你想到的下一个词，一个词接一个词地写下去，这就是联想接龙。

从“家”出发，我们每个人联想的路径是不同的，我从“家”联想到“妈妈”，最后联想到了“霍金”，从“霍金”开始，你的联想路径是什么样的呢？画在下面吧。

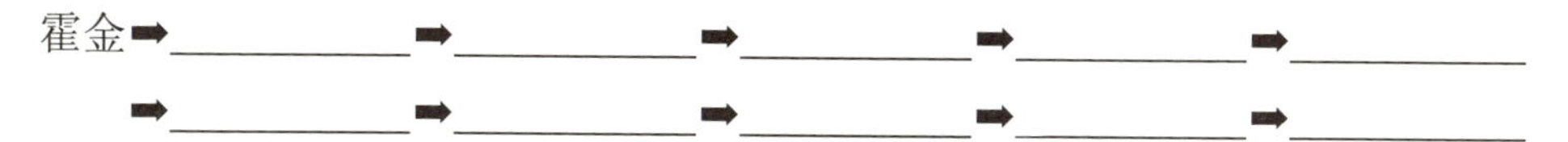


### 3.5.8 气泡图（Bubble Map）

气泡图是思维导图的简化版，适合少年儿童使用。气泡图的基本原则和思维导

图一样，也是由一个中心点向外发散，发散的过程中要考虑层次——主分支和次分支，具体操作步骤如下。

1. 在纸张的中间画一个大圈，在圈内写下你的关键词，或者画一张图片。

2. 在中心圆圈的周围写下主分支的关键词，把它们用一个个的圆圈圈起来，再把它们和中心圆圈用直线连接起来。

3. 在主分支圆圈的周围再写下次分支的关键词，把它们用一个个的圆圈圈起来，再把它们和主分支圆圈用直线连接起来。

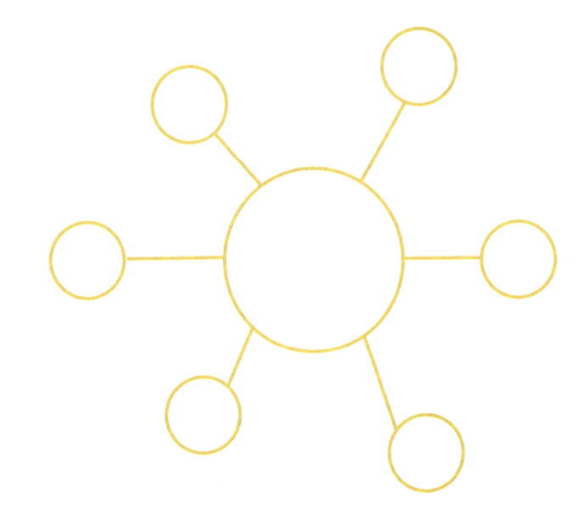

气泡图符合孩子直观的思维表达方式，一个个的小气泡内就是孩子思想的一个个小火花，圈住它，就是圈住了孩子的灵感。

孩子们总是喜欢用彩色装点自己的气泡图，于是，那一个个小气泡就变成了五颜六色的气球，便于孩子们记忆和创造。

三人团队正在画气泡图①

① 图片来源：作者摄于西南交大附小“小小创造家”课堂。

下面的训练为两个“荣耀黄金”任务，完成本次思维训练，将获得一枚“荣耀黄金”勋章。

### 3.5.9　“荣耀黄金”训练：“家具”气泡图

在家里生活，你发现有哪些家具使用时不方便吗？用气泡图表现出来吧！

训练目的：

1. 让孩子们理解发散的概念。

2. 练习使用气泡图进行联想开花的发散。

训练步骤：

1. 引入

好好回想你家的家具吧，从客厅开始，沙发、茶几、椅子……到餐厅的餐桌、餐椅，再到卧室的床、书柜等，哪些家具在使用时有些不便？如何改进？

2. 画气泡图

完善下面这张气泡图，中间的气泡里装的是需要改进的家具，发散的气泡里装的是可能的改进方案。

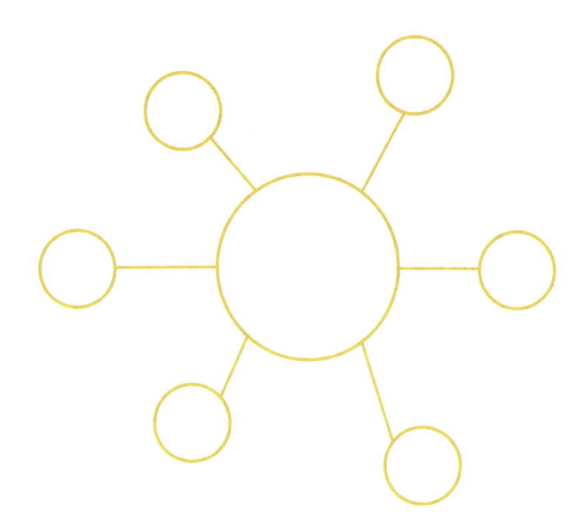

3. 交换和分享

把你的气泡图和其他同学的交换，看看别人的气泡图能不能给你新的启发。

举例：以下是关于“冰箱”“空调”和“锅”的气泡图[①]。

① 图片来源：作者教学班的小学生作品。

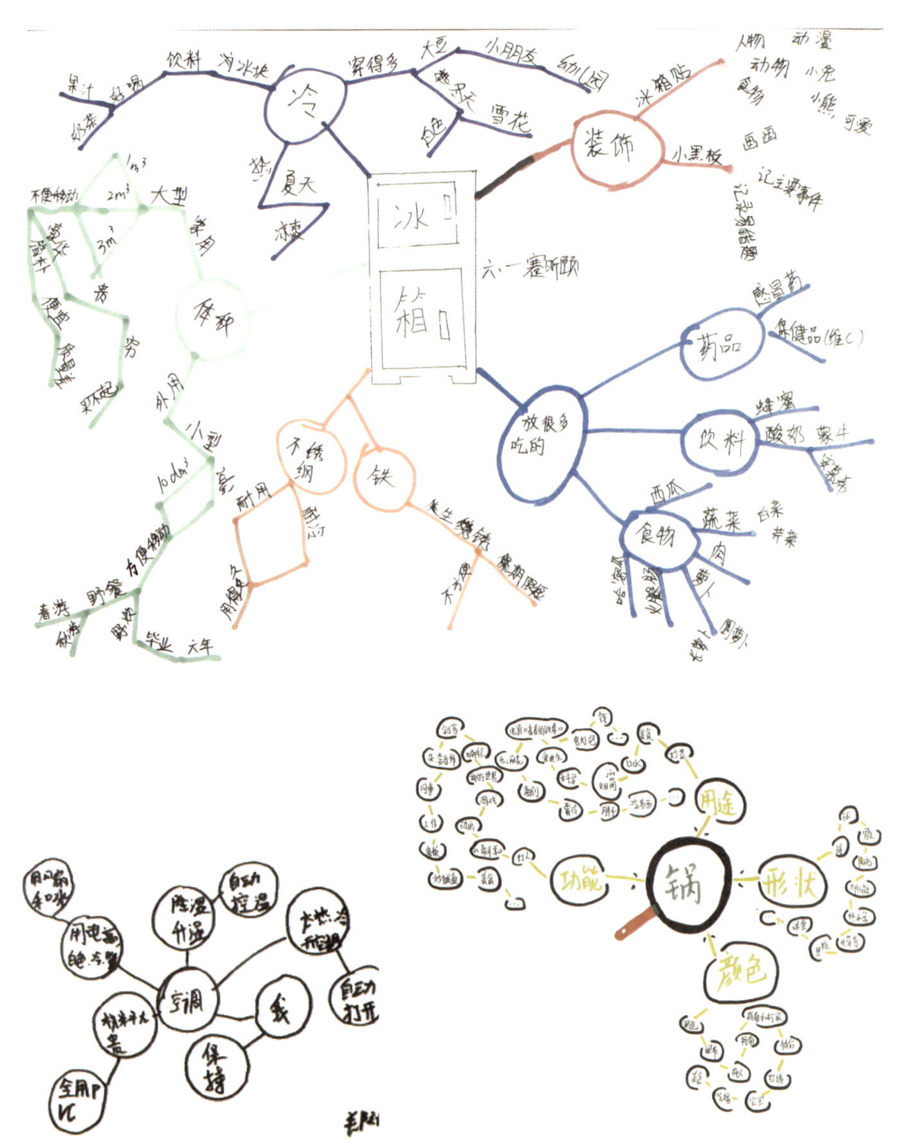


## 3.5.10 “荣耀黄金”训练：“科技”音乐节

在校园科技节上，你的班级要创编一个名为“科技”的音乐剧，你能想到哪些情节呢？写个音乐剧本吧。

训练目的：用联想开花和联想接龙的方法对“科技”进行发散联想，找到可以采用的情景。

训练步骤：

1. 联想开花，说到“科技”，你能想到哪些词语？把这些词写在蓝色的圆圈里。

2. 联想接龙，对每一个蓝色的词进行联想接龙。

3. 找找有意思的点，把这些点串成一个音乐剧本吧。

完成训练，恭喜你又获得一枚徽章！

荣耀黄金

# 3.6　头脑风暴

> 头脑风暴有点像一群人聚在一起制作一件雕塑，每个人都带来一团黏土，并把它放在桌子上。这些黏土堆在一起成为模型，经过不断雕刻、返工、修改等多种变动，直到团队完成最后的作品。①
>
> ——（美）米哈尔科（《Thinkertoys》的作者）

头脑风暴法是鼓励在小组中进行创造性思维的最常用方法，是由美国创造学家A·F·奥斯本于1939年首次提出、1953年正式发表的一种激发性思维的方法。

## 3.6.1　为什么要进行头脑风暴？

头脑风暴，也许你对这个词语并不陌生，因为你会经常听到有人说，“嘿，让我们团队来一次头脑风暴吧，也许能想到很多点子！”老师也经常说，“让我们开始头脑风暴吧！”但其实，大多时候，我们进行的仅仅是小组讨论，不是真正的头脑风暴。那么，头脑风暴究竟是什么呢？我们为什么要进行头脑风暴呢？

① 米哈尔科．米哈尔科商业创意全攻略[M]．曹凯，译．北京：中国人民大学出版社，2010：258.

美国麻省理工学院彼得·圣吉（PeterM. Senge）教授对4000家企业进行调研后发现，许多团队中的个人智商都很高，在120分以上，但团队智商却只有62分，他把这种团队管理中的“智障”归因为以下4种妥协。

第一，为了保护自己，不提没把握的问题；

第二，为了维护团结，不提分歧性意见；

第三，为了不使别人难堪，不提质疑性的问题；

第四，为了使大家接受，只做折中性结论。

这4种情况，我们应该不会陌生吧？在之前的小组讨论中，我们会发现有的小组一团和气，但做出的作品却是所有小组里最差的。有的小组成员在整个讨论中默不作声，甚至埋头做自己的作业，整个讨论似乎和他毫无关系。有的团队里有一两个意见领袖，每次他们的意见都会变成小组方案被执行，但其他队员似乎很有情绪。

小组讨论并没有让我们的效率提高，因此奥斯本才提出了鼓励在小组中进行创造性思维的头脑风暴法。

##  3.6.2 头脑风暴的五项基本原则

头脑风暴有五项基本原则，以此将头脑风暴与小组讨论区分开来。

五项基本原则的目的是激发团队每个人的潜力，那么，怎样才能有效激发出每个人的潜力，为整个团队的目标贡献力量呢？答案是：一切阻碍意见发表的形式都要被喊停，一切有利于意见发表的形式都要被鼓励。首先，我们来看看阻碍和促进意见发表的因素分别有哪些（表3-6）。

**表3-6　阻碍和促进意见发表的因素**

| | 具体行为 | 正确的态度 | | 头脑风暴的五项基本原则 |
|---|---|---|---|---|
| 阻碍意见发表 | 评价他人的相法 | NO（禁止） | → | 禁止评价他人想法的好坏 |
| | 窃窃私语，不公开交流 | NO（禁止） | → | 禁止私下交流，以免打断别人的思维活动 |
| 促进意见发表 | 提出大胆的想法 | YES（鼓励） | → | 最大胆的想法是最受欢迎的 |
| | 多提想法，数量越多越好 | YES（鼓励） | → | 重量不重质，任何一种想法都可以被接纳 |
| | 对他人的想法加以想象、变化、组合，产生新的想法 | YES（鼓励） | → | 鼓励利用他人的想法进行想象、变化、组合，产生新的想法 |

以上五项基本原则也是头脑风暴的基本特征，现在大家知道，不是所有的小组讨论都是头脑风暴了吧。

### 3.6.3 头脑风暴的流程

从准备要讨论的问题开始，头脑风暴包括以下 7 个步骤。

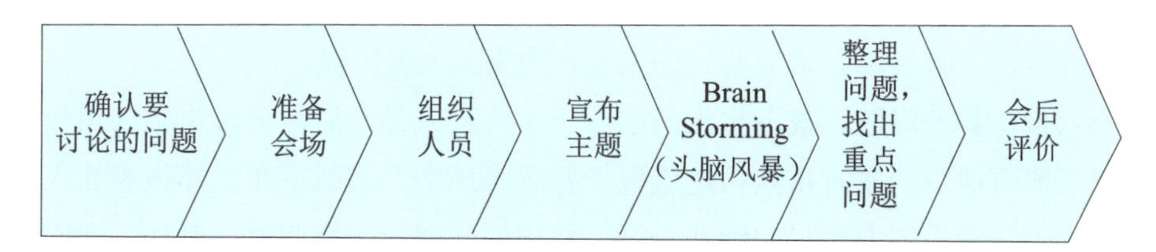


第一步，确认要讨论的问题。每场头脑风暴最好有且只有一个明确的主题，这个主题应该被写在白板的中间，或者印刷成资料提前发放给每一位参加头脑风暴的人。学生们在组织头脑风暴的时候，组织者常常把主题以 QQ 或微信群的方式发给参与讨论的成员，让喜欢线上交流的他们先在线上有一定预热。

第二步，准备会场。准备一个相对封闭和安静的环境，装饰简单，有足够的白板和纸笔。对于学生而言，一间空教室、一段走廊、一个楼梯间都可以成为“会场”。90 后和 00 后不太喜欢过度安静的环境，在一个他们自己感到放松和舒适的房间进行头脑风暴就可以了。

第三步，组织人员。头脑风暴的核心，是激发多种思维的碰撞。因此，成员的选择原则应该是越多元越好，越异质越好。例如，如果进行“如何设计教室中的阅读角”的头脑风暴，参与的同学应该包含爱读书的和不爱读书的，对爱读书的孩子，阅读角如何才能方便使用，他们一定有很多建议；对不爱读书的孩子，什么样的阅读角会吸引他们呢？是不是因为之前没有合适的阅读角，他们才不爱读书呢？还要包含爱读各种书的孩子：爱读小说的孩子是怎么读书的？爱读科学书的孩子是怎么读书的？爱读侦探书的孩子是怎么读书的？他们读书的姿势和习惯不同，可以给我们很多好的建议呢。当然，男孩和女孩的阅读习惯也不一样，应如何布置阅读角，也要同时考虑男孩和女孩的建议。你看，关于阅读角的头脑风暴，我们就应该选择不同性别、不同阅读喜好和不同阅读习惯的同学来参与，才能在头脑风暴中获得更多有效的信息。

想想看，如果我们只找了几个语文成绩好的同学来设计阅读角，会带来哪些问题？

第四步，宣布主题。在大家因某个主题聚集在一起后，由主持人宣布本次头脑风暴的主题。此前成员们已经对主题有了一定认识，现在需要主持人可以对主题进行进一步的阐释，让参与头脑风暴的成员在主题问题上达成共识，不会出现歧义。

第五步，头脑风暴。紧接着，进入正式的头脑风暴阶段。

第六步，整理问题，找出重点问题。一次头脑风暴之后，记录员会在黑板或白板上记录所有成员的发言重点。这就像一张思维地图，网线密布，却很难让人找到重点。这时，我们需要进行归纳和总结，将相同问题或创意归类。例如，在刚才的头脑风暴中，大家提出了很多“设计阅读角”的创意，例如，用颜色区分、使用高低书架、在书架侧面粘贴阅读说明、App 自主借阅、阅读灯光自动调节、布置墙角装饰、地板分区等，我们可以把这些创意归入环境装饰、书架设计、灯光设计、书籍管理几个方面，这样就一目了然，清晰多了。

第七步，会后评价。会后评价是在整理归纳的基础上，通过评估，找到最终要采纳或实施的方案。例如，通过可行性评估，最终我们采纳了墙面用不同颜色区分书籍类别、使用高低书架、利用光控台灯几个设计方案，完成了这次头脑风暴的任务。

## 3.6.4 实施步骤

1. 每人用头脑风暴法独自写下尽可能多的建议。
2. 每人轮流发表一条意见。
3. 在活页纸或黑板上记下每一条意见，所有的意见应随时可见。
4. 在讨论或评价某一条意见时，主持人应提醒他们注意规则。
5. 在继续轮流发言时，若无意见，则说“通过”。轮流发言至人人皆无意见为止。
6. 必要时，主持人应设法激发更多的观点。
7. 若无新的意见产生，如果必要，可要求组员解释、确认先前发表的意见。

### 3.6.5　对主持人的要求

1. 对主题有深刻的理解。
2. 不独断。
3. 有激情。
4. 能控制场面和进度。
5. 有引导能力。
6. 随时记录，不漏。
7. 打断循环，从一点开始讨论。
8. 思维发散，但主题不发散。
9. 鼓励发言。
10. 禁止评论。
11. 限制时间（10～60 分钟）。

### 3.6.6　对场地的要求

1. 较集中的封闭空间（15 平方米）。
2. 装饰简单。
3. 有足够的白板，可以记录。
4. 有水喝。

### 3.6.7　头脑风暴的操作误区

很多课堂都会采用头脑风暴来激发学生们的创意，但错误的操作会让头脑风暴走入误区。

#### 1. 误区一：头脑风暴只发散，不收敛

头脑风暴最常见的操作误区就是只发散，不收敛。头脑风暴是一个很有效的发散思维工具，但如果只发散，不收敛，最终我们只会得到一大堆创意。如何使用这些创意呢？每一个都同样有效吗？事实上，过量的创意会让真正好的创意被埋没。收敛的意义在于，让金子发光，让好的创意浮出水面。

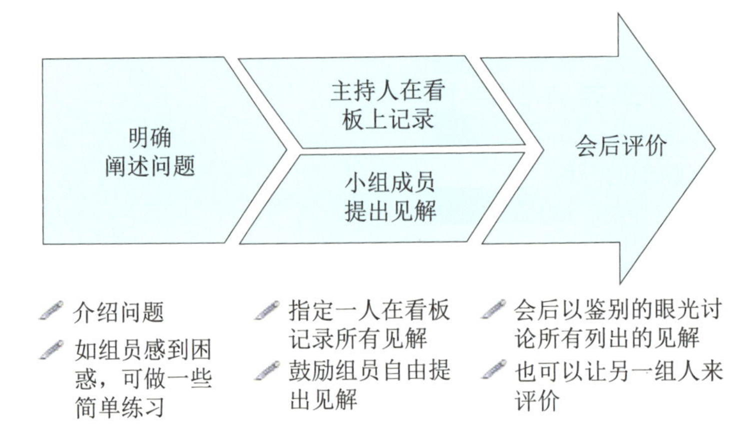


从以上头脑风暴操作步骤我们可以看出，头脑风暴其实主要包括两个阶段。从问题开始到头脑风暴是第一阶段——发散思维；从头脑风暴到会后评价是第二个阶段——收敛思维。两个阶段同样重要，同样必不可少。

## 2. 误区二：没有主持人

大多数小组讨论仅有主题，没有主持人。这样的小组讨论与头脑风暴有巨大的差异。主持人的作用在于激发讨论，控制讨论的范围和进度。在头脑风暴陷入僵局的时候，主持人可以激发大家继续发言；当大家跑题时，主持人可以及时把话题拉回主题；当讨论时间过长，大家感到疲惫时，主持人可以控制每个人的发言时间，及时结束话题。没有主持人的小组讨论，由于组织松散、方向不明确，效果也会大打折扣（表 3-7）。

**表 3-7　有无主持人的区别**

| 出 现 问 题 | 有 主 持 人 | 没有主持人 |
|---|---|---|
| 气氛沉默 | 调动气氛 | 陷入僵局 |
| 跑题 | 拉回主题 | 继续跑题 |
| 超时 | 控制每个人的发言时间 | 无法结束 |

## 3. 误区三：时间太长

在某些创意公司的工作中，经常会出现持续半天或一天的头脑风暴。但对于

中小学生，最好一次头脑风暴不要超过30分钟。时间过短，孩子们还没有进入状态，过长又容易产生思维疲劳。如果一次头脑风暴没有完成讨论任务，建议采用“短时、多次”的办法，效果会更好。

下面的训练为两个“荣耀黄金”任务，完成本次思维训练，将获得一枚“荣耀黄金”勋章。

## 3.6.8　“荣耀黄金”训练：设计班级“荣誉墙”

训练目的：使用头脑风暴法，熟悉头脑风暴的五项基本原则和六个操作步骤。

训练步骤：

### 1. 明确任务

我们的班级需要用一面墙和一个角落来展示班级的荣誉，我们需要做哪些设计才能让“荣誉墙”显得与众不同呢？

### 2. 分组

教练员采用随机分组的方式，把同学分为6人一个小组。每组推选一位主持人，一位记录员。

### 3. 头脑风暴

各组在主持人的带领下自主开展头脑风暴，时间为25分钟。

### 4. 整理和归纳

各组对整理头脑风暴得到的创意进行分类和归纳。

### 5. 评估

各组评估自己的创意，选出可行的3点创意。

### 6. 分享

各组轮流分享自己的创意，听到好的创意，别忘了用力鼓掌。

**给教练员的小贴士：**

1. 随机分组可以打破孩子们因为“个人关系”组成的密友小组，让不同的孩子在一个小组中进行头脑风暴，会带来更好的思维碰撞。

2. 主持人是孩子们推选的，但也需要教练员进行5分钟的培训，主要是教练员示范头脑风暴的五项原则如何操作。

3. 如果有好的创意产生，就帮孩子们实现。没有什么比看到自己的想法变成现实更能鼓励孩子们创新的了。

### 3.6.9 “荣耀黄金”训练：课外头脑风暴

训练目的：在课外使用头脑风暴法，体会在不同场景中使用头脑风暴的差异。

荣耀黄金

训练步骤：

1. 教练员根据教学情况，给出头脑风暴的训练题目，由孩子们在课外自主完成。

2. 分享感受。回到课堂，各组分享在课外进行头脑风暴和在课堂进行的不同，主要差异是什么？哪个效果更好？

完成训练，恭喜你又获得一枚徽章！

## 3.7 635 法

内向者常常不与人谈论自己的所思所想，所以他们不会得到任何的反馈来帮助自己了解自己究竟知道了多少东西。

——（美）Marti Olsen Laney（《内向者优势》的作者）

“635”法又称默写式智力激励法、默写式头脑风暴法，是德国人鲁尔已赫根据德意志民族习惯于沉思的性格提出来。由于数人争着发言易使点子遗漏，鲁尔已赫对头脑风暴法（奥斯本智力激励法）进行了改造。与头脑风暴法原则上相同，其不同点是把设想记在卡上。

### 3.7.1 为什么会有“635”法？

头脑风暴法虽规定严禁评判，自由奔放地提出设想，但有的人对于当众说出见解犹豫不决，有的人不善于口述，有的人见别人已发表与自己的设想相同的意见就不发言了，而“635”法可弥补这种缺点。

### 3.7.2　如何操作“635”？

每次会议有6人参加，坐成一圈，要求每人在5分钟内在各自的卡片上写出3个设想（故名“635”法），然后由左向右传递给相邻的人。每个人接到卡片后，在第二个5分钟再写3个设想，然后再传递出去。如此传递6次，半小时即可进行完毕，可产生108个设想。其操作步骤如下。

1. 与会的6个人围绕环形会议桌坐好，在每人面前放一张画有6行18个小格（每行有3个小格）的纸。

2. 主持人公布会议主题后，要求与会者对主题进行重新表述。

3. 重新表述结束后，开始计时，要求在第一个5分钟内，每人在自己面前的纸上的第一行的3个小格内写出3个设想，设想的表述尽量简明，将每一个设想写在一个小格内。

4. 第一个5分钟结束后，每人把自己面前的纸顺时针（或逆时针）传递给左侧（或右侧）的与会者，在紧接的第二个5分钟内，每人再在下一行的3个小格内写出自己的3个设想。

5. 新提出的3个设想，最好是受纸上已有的设想所激发的，且又不同于纸上的或自己已提出的设想。

6. 按上述方法进行第三至第六个5分钟，共用时30分钟，每张纸上写满了18个设想，6张纸共108个设想。

7. 整理分类归纳这108个设想，找出可行的先进的解题方案。

### 3.7.3　“635”法有什么优缺点?

#### 1.“635”法的优点

（1）能弥补与会者因地位、性格的差别而造成的压抑。

（2）不能说话，思维活动可自由奔放。

（3）由6个人同时进行作业，可产生更高密度的设想。

（4）可以参考他人写在传送到自己面前的卡片上的设想，也可改进或加以利用。

（5）不因参加者地位上的差异，以及懦弱的性格而影响意见的提出。

2. 缺点

因只是自己看和自己想，激励不够充分。

### 3.7.4 635 卡片

在“635”法中使用的卡片，尺寸相当于 A4 纸，有 6 行 3 列，在每行的 3 格中填入 3 个不同的方案，如表 3-8 所示。

表 3-8 635 卡片

| | | |
|---|---|---|
| | | |
| | | |
| | | |
| | | |
| | | |

下面的训练为 1 个“荣耀黄金”任务，完成本次思维训练，将获得一枚“荣耀黄金”勋章。

### 3.7.5 “荣耀黄金”训练：保温杯的多种形式

训练目的：使用“635”法进行创意设计。

训练准备：教练员把学生分为 6 人一个小组，为每位同学准备一张 A4 的 635 空白表格。

训练步骤：

1. 引入

冬天到了，很多同学都会带保温杯来学校，今天让我们试试用“635”法能创造多少种新型的保温杯吧！

2. 635 小组创作

（1）开始计时，要求在第一个 5 分钟内，每人在自己面前的纸上的第一个大格内画出 3 个保温杯的新设想，每一个设想画在一个小格内，对保温杯的材质、功

能、故事等可以用简要的文字说明。

（2）第一个 5 分钟结束后，每人把自己面前的纸顺时针（或逆时针）传递给左侧（或右侧）的与会者，在紧接的第二个 5 分钟内，每人再在下一个大方格内画出自己的 3 个设想。

（3）新提出的 3 个设想，最好是受纸上已有的设想所激发的，且又不同于纸上的或自己已提出的设想。

（4）按上述方法进行第三至第六个 5 分钟，共用时 30 分钟，每张纸上画满了 18 个设想，6 张纸共 108 个设想；下面就是一个 6 人小组在 30 分钟内产生的 6 张满满的新设想，没有一个是重复的，一共有 108 个关于保温杯的新想法。

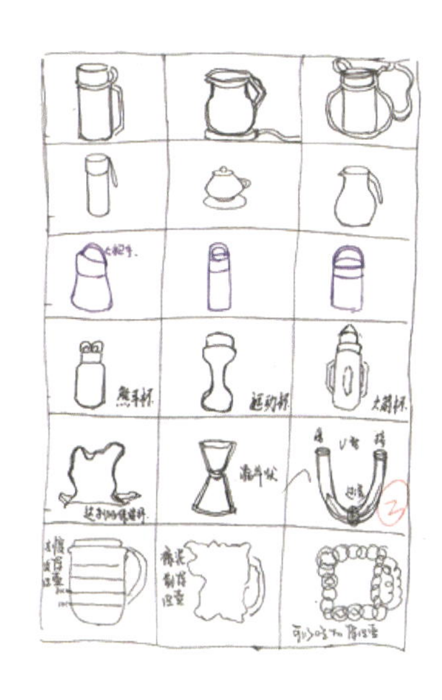

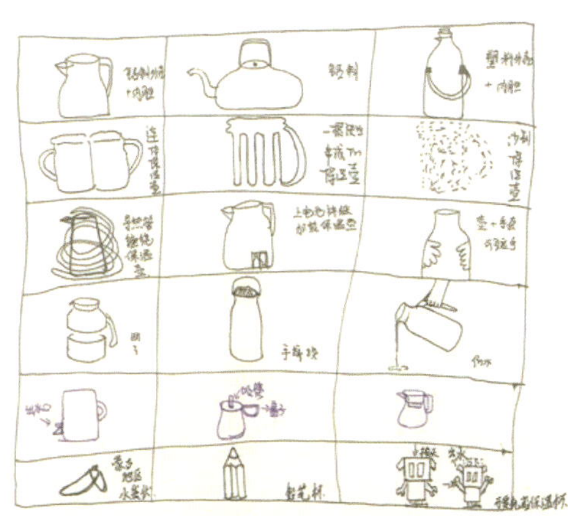

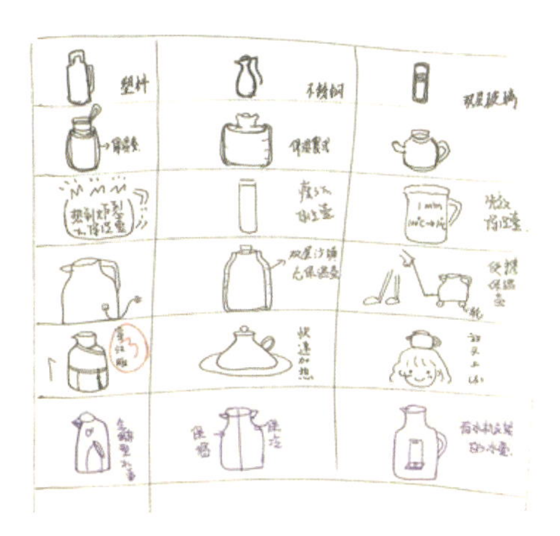

### 3. 讨论和筛选

每人从自己手里的A4纸上的18个方案中挑选一个你认为最有创意的方案，全组把挑选出来的6个方案放在桌子正中，再投票选出本组最有创意的3个作品。

从刚才的6张A4纸中，大家先挑选出了以下6个新设想。

1）一个具有中国风的保温壶，壶身好似一位穿着汉服的人体。

2）一个“狮身人面水壶”，造型灵感来自埃及著名的狮身人面像雕塑。

3）一个形过滤保温杯，从右边接水，经过中间的过滤，从左边出来的水就是过滤过的啦。

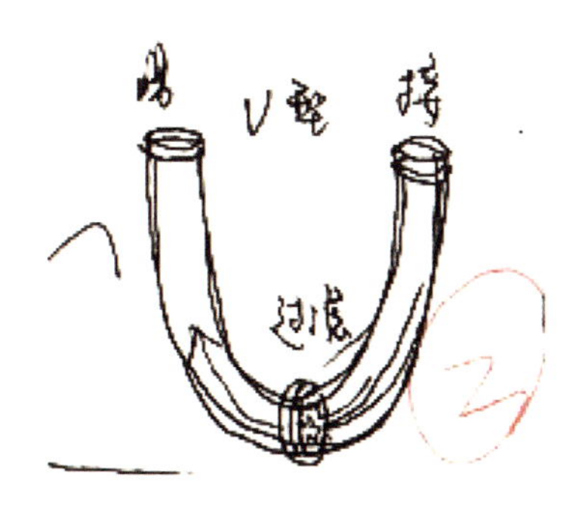


4）一个配了手套的保温杯，抱着水杯的时候可以把手插进手套里，不仅保温还暖手呢。

5）一个名字叫“家的温度”的作品。房屋形状的水壶很像一个家，壶嘴就是房子的烟囱，房门的位置被设计成了温度计，水的温度一目了然。“家的温度”这个名字也取得好温暖啊！

6）一个大容量、可推拉的热水瓶。设计者说，他每次下课都去接水，太浪费

玩的时间，这个水壶真的够大，一次可以接很多水，不用总往水房跑了。

最后，通过小组投票和讨论，“家的温度”、U形过滤保温杯和手套的保温杯成为本组最佳创意作品。

#### 4. 展示和分享

每个小组都把自己选出的3个优秀作品画到黑板上，各个小组共同分享这短短30分钟大家创造的奇迹，我们在啧啧的赞叹中，惊讶地发现，原来我们这么有创意！这多亏了“635”法的帮忙！

雪人水壶（左）、树枝形水壶（中）、“叫你一声，敢答应吗”保温壶（右）

黑板上画的就是各组展示和分享的好创意，最终，右边的“叫你一声，敢答应吗”保温壶成为本场最佳创意。创意的来源是《西游记》里银角大王的宝葫芦！真不知是A4纸上的哪一个小方格启发了他的灵感，创意就是这么有趣的东西。

荣耀黄金

完成训练，恭喜你又获得一枚徽章！

# 3.8　讲故事

故事永远是旧的，也永远是新的。

——（英）罗伯特·勃朗宁（剧作家、诗人）

## 3.8.1　游戏：做个小编剧

你想体验一下做编剧的感觉吗？现在就来和我们一起学习“4W”编故事法，轻松做个编故事能手吧！

游戏准备：

1. 准备 4 种不同颜色（如红黄蓝绿）的便利贴。

2. 把学生分成 4 个小组。

游戏步骤：

### 1. 发放便利贴

分别给四组学生发放不同颜色的便利贴。

### 2. 写便利贴

请大家在便利贴上写出表示时间、地点、人物、事件的词。

（1）请第一组的同学在红色便利贴上写下任意一个表示时间的词，如“唐朝”“500 年以后”“地球末日”“今天早上”等，不要受限制，只要是表示时间就好。

（2）请第二组的同学在黄色便利贴上写下任意一个表示地点的词，如“厕所里”“某明星的客厅”“教学楼”“地铁站”等，不要受限制，只要是表示地点就好。

（3）请第三组的同学在蓝色便利贴上写下任意一个表示人物的词，如“岳飞”“张老师”“李白”“特朗普”等，不要受限制，只要是表示人物就好。

（4）请第四组的同学在绿色便利贴上写下任意一个表示事件的词，事件就是指“做什么”，如“参加演唱会”“哭泣”“迷路”“打游戏”等，不要受限制，只要是表示“做什么”就好。

3. 讲个故事吧

任意抽取不同颜色的 4 张便利贴，把它们贴在黑板上。请大家想想，用这 4 个关键词可以讲出什么样的故事呢？

例如，我抽取的是“500 年后”+“地铁站”+“李白”+“参加演唱会”，这个故事该怎么讲呢？每个人讲的故事都可能不同，看看谁讲的故事更有趣！

这是一个好玩的讲故事游戏，用不同的组合方式，孩子们讲故事也让人惊喜，有的奇幻，有的惊悚，有的悬疑，有的充满童趣……

刚才的游戏使用的是“4W”故事创编法，是一种有效训练发散思维和收敛思维的工具。

### 3.8.2 “4W”故事创编法

“4W”是指时间（when）、地点（where）、人物（who）、事件（what）4 个基本元素。这 4 个元素也是构成故事的 4 个基本元素。如果不知道如何讲故事棘，荆那就从最简单的 4W 开始吧。

“4W”故事创编法是“随机词”法的再一次应用，我们在“时间 + 地点 + 人物 + 事件”这个故事大框架下创编故事，需要在随机的时间（when）、地点（where）、人物（who）、事件（what）之间建立合理的联系，让故事能够进行下去。这就需要我们进行远距离联想啦（我们在后面的章节中会学到）！

来看看“500年后”+“地铁站”+“李白”+“参加演唱会”这个故事的创编结果吧，下文是一位12岁“小编剧”的讲述记录。

500年后，也就是2520年，你知道那时的城市地铁是什么样吗？（停顿）其实那已经不能被称作“地铁”，而是一个地下交通网，嗯，就像科幻小说中的远距离传送一样，那些交通工具，其实不仅仅是汽车，像过山车一样在地下高速穿梭，当然也会有一些站台，我们可以从地面坐地铁到达……

有一天，站台上突然出现了一位穿着白色长衫的人，他就是从唐朝穿越到2520年的李白！（神秘的表情）

当年李白经常喝醉了以后作诗，一次，他喝醉以后不知不觉穿越到了未来的地铁站！当他看见眼前穿梭不停的“神秘飞行物”，正在疑惑不解，就被人流挤进了其中一辆通往演唱会的地铁。

来到演唱会现场，李白以为大家正在举行“诗词大会”，于是登台献唱，“与君歌一曲，请君为我倾耳听”，古风古调，立刻被众人圈粉。

酒醒后，李白穿越回到唐朝，提笔写下了“钟鼓馔玉不足贵，但愿长醉不愿醒”的名句。

看似毫无逻辑的4个随机词“500年后”“地铁站”“李白”“参加演唱会”，在这位“小编剧”创编的故事中显得如此合乎逻辑，又充满创意！

这就是“4W”故事创编法的魅力。经常进行训练，可以让我们发散思维和收敛思维都得到提高。

你也来试试吧！

下面的训练为6个“荣耀黄金”任务，完成本次思维训练，将获得一枚“荣耀黄金”勋章。

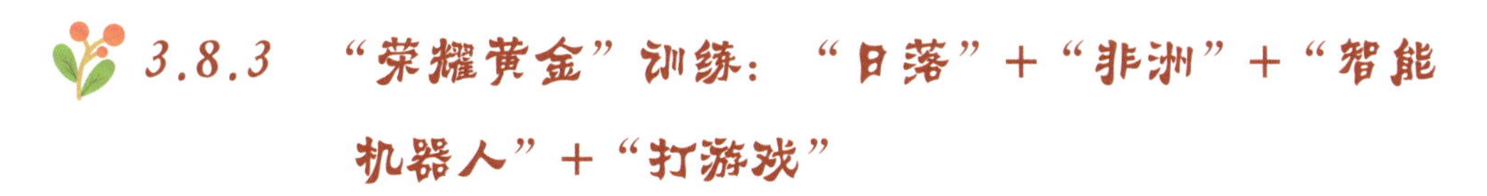

### 3.8.3　“荣耀黄金”训练：“日落”+“非洲”+“智能机器人”+“打游戏”

创编小故事：

______________________________

______________________________

______________________________

### 3.8.4 “荣耀黄金”训练：“盘古开天地时期”+“太空舱”+“老师”+“迷路了”

创编小故事：

### 3.8.5 “荣耀黄金”训练：和爸爸妈妈一起玩“4W 故事创编”吧！

训练步骤：

1. 每人写 4 张表示“时间”“地点”“人物”“事件”的卡片。
2. 把“时间”卡、“地点”卡、“人物”卡和“事件”卡分类放在一起。
3. 抽卡片，讲故事啦！

和爸爸妈妈比一比，看谁讲的故事更有趣！

4. 用手机录像，给其他人看看你们的讲故事视频，看看大家觉得谁讲得更好？

**给教练员的小贴士：**

1. 这是一个亲子互动小游戏，适合家长和孩子一起玩。别忘了，家长就是孩子最好的创新训练教练啊！

2. 用手机录视频的目的，其实是观察孩子讲故事的讲述逻辑和表情动作，这是为后面的“如何讲出好创意”所做的准备。

## 3.8.6　随机词故事法

还记得随机词卡片吗？现在，我们要用它们来讲故事啦！随机抽取 5 张随机词卡片，当然，它们之间是没有任何关联的，你也不能根据自己的喜好去挑选卡片。把这 5 张卡片摆在一起，用它们讲一个故事。

注意，你讲的故事里必须出现这 5 个元素，但它们出现的顺序可以任意调换。

例如，我们抽出以下 5 个随机词。请用这 5 个关键词讲一个故事吧！

牙膏

灯泡

猫

羽毛球

芯片

## 3.8.7　“荣耀黄金”训练：讲个童话故事

用以下关键词讲一个童话故事吧，故事中必须出现这几个关键词，但顺序可以变动。

鼠标

蛋糕

日历

铁轨

太极

### 3.8.8 “荣耀黄金”训练：讲个惊悚故事

还是用以上 5 个关键词，讲一个惊悚故事吧！

________________________________________

________________________________________

________________________________________

________________________________________

________________________________________

________________________________________

### 3.8.9 故事接龙法

由一个人给出故事的开头，其他参与者依次接龙，把故事接下去，要求如下。

1. 故事的连接要自然，不违背逻辑。

2. 每个讲故事的人都只能讲 3 句话，第一句连接前一段故事，第三句话设计一个有悬疑的结尾。

举例如下。

给出的故事开头：

一天，张军走在大街上，突然看见一个人，只觉得眼熟，这让他想起了十年前发生的一件事……

故事接龙 1：

（第一句）十年前，他和儿子开车去云南的一个村庄看望自己的父亲。（连接前面的故事）

（第二句）就快要到村子的时候，汽车出现了事故，一位叫阿朗的好心人帮他们脱离了险境。

（第三句）后来听说，阿朗因病过世了，但他今天怎么会出现在这里呢？（悬疑的结尾）

故事接龙 2：

（第一句）“阿朗？”张军试探着喊了一声……（连接前面的故事）

（第二句）那个人停住了，疑惑地问："你……你认识我的父亲吗？"

（第三句）张军正要回答，那个人却像突然想起了什么，迅速跑开了……（悬疑的结尾）

好玩吗？试着把故事接下去吧！

故事接龙 3：

（第一句）

（第二句）

（第三句）

故事接龙 4：

（第一句）

（第二句）

（第三句）

##  3.8.10　"荣耀黄金"训练：故事接龙

自己给出故事的开头：

______________________________

______________________________

______________________________

______________________________

和同伴们一起玩故事接龙吧！接不下去的小伙伴就请为大家讲一整天的故事吧！

荣耀黄金

完成训练，恭喜你又获得一枚徽章！

# 第四章
# 如何想出好主意？——收敛思维训练

## 4.1 收敛思维训练

数年来，我们一直认为创造力和推理能力没有任何关系，而属于直觉效应；神经系统科学家的最新研究成果给人们的这一认识以致命一击。神经系统科学家证明，仅仅靠直觉行事，人们很容易掉入陷阱或遇到障碍。

——（法）马蒂欧·卡索迪

在前面的章节中，我们提到，创新思维是发散思维和收敛思维的统一。也就是说，发散与收敛是创新思维必不可少的两面，他们共同构成创新思维的整体系统。1991 年，吉尔福特提出了发散思维与收敛思维的结合是创新思维的基本运动形式。2007 年，沃建中等人就在对中学生创造性思维的研究中提出创新不仅要发散，同时也需要概括性和逻辑性等聚合思维的参与。①

发散思维的特征是流畅性、灵活性、独特性和精致性。收敛思维的特征有哪些呢？这要从收敛思维的定义说起。

### 4.1.1 什么是收敛思维？

收敛思维又称“聚合思维”， 思维始终集中于同一方向，使思维条理化、简明化、逻辑化、规律化。

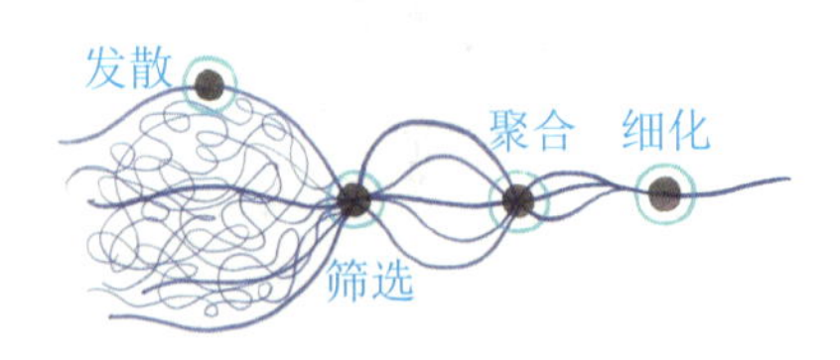


① 沃建中，王福兴，林崇德．不同学业成就中学生创造性思维的差异研究 [J]. 心理发展与教育，2007, V23（2）：29-35.

## 4.1.2 收敛思维的特征

### 1. 方向性

收敛思维是有特定方向性的。与发散思维相反，收敛思维不是向四周放射，而是从四周向一个目的地聚焦和收拢。例如，我们要找出一群学生的共同特征，无论他们之间的差异性有多大，共同特征就是我们要思考的方向。

### 2. 逻辑性

逻辑性是指思维的路径是有一定顺序的。在垂直思考中，我们往往从一个思考原点 A 出发，推理到 B，再从 B 推理到 C，再以此类推，直到找到答案，这就是思维的逻辑性。这样的思考就像在打洞，但这个洞要打得足够深。虽然与水平思考的方向刚好相反，但垂直思考也非常重要，它是一种高可能性的思考，帮助我们的大脑建立范式，简化处理问题的程序。没有这种高可能性思考，我们的日常生活将不可能进行下去。这体现了水平思考和垂直思考的区别——在运用垂直思考时，逻辑控制着整个思维；而在运用水平思考时，逻辑只是处于待命状态。①

### 3. 概括性

收敛思维的一大特征是概括性。概括性就是对一类事物共同本质的属性及其内在规律的反映，其形式是“凡这样必那样”，例如，“水往低处流”“凡木材都能燃烧”“凡水就可以灭火”等。② 具体包括两层意思：第一，把不同事物的共同的、本质的特征抽取出来。例如，找出书籍、沙发、森林三者的共同点。看上去很不相关是吗？但它们都是可以被点燃的，因此，可燃就是它们的共同点；第二，将多次感知到的事物之间的联系总结出规律，例如，人们通过观察天空出现朝霞就会下雨，出现晚霞就会放晴，从而得出“朝霞不出门，晚霞行千里”的结论。因此，思维的概括性，其关键点在于“总结”，如果强调的是总结出了什么规律、结论，那么体现的就是概括性。

### 4. 抽象性

抽象就是从许多事物中，舍弃个别的、非本质的属性，抽出共同的、本质的属性的过程，是形成概念的必要手段。如苹果、香蕉、生梨、葡萄、桃子等，它们共

① 德博诺．水平思考 [M]. 卜煜婷，译．北京：化学工业出版社，2017：11.

② 张履祥，葛明贵．普通心理学 [M]. 合肥：安徽大学出版社，2002：46.

同的特性就是水果。得出水果概念的过程，就是一个抽象的过程。要抽象，就必须进行比较，没有比较就无法找到在本质上共同的部分。共同特征是指那些能把一类事物与他类事物区分开来的特征，这些具有区分作用的特征又称本质特征。因此抽取事物的共同特征就是抽取事物的本质特征，舍弃非本质的特征。所以抽象的过程也是一个裁剪的过程。在抽象时，同与不同，决定于从什么角度来抽象。抽象的角度取决于分析问题的目的。

5. 简明性

从小学三年级，我们就开始被要求用一句话概括总结段落的中心思想。把一段文字简化为一句话，把一篇文章简化成一张思维导图，把一个程序简化为一个流程图，这都是简化的过程，体现收敛思维的简明性特征。我们常常说，一图抵万言，意思就是思维可视化之后，可以简明地表达复杂的思想。

### 4.1.3 收敛思维的测试

为了测试人类的创新思维能力，心理学家们尝试了很多方法。前面提到的“两分钟内你能说出多少种回形针的用途”就是典型的一种。这一测试是美国心理学家吉尔福特（J.P.Guilford）在 1967 年发明的，方法很简单，选择一件日常生活中随处可见的常用物品，如椅子、咖啡杯、砖头，在两分钟时间内，尽可能多地说出这一物件的用途，越多越好。这个测试主要用来测试发散思维的能力，有流畅性、灵活性、独特性和精致性 4 个维度。那么，对于创新思维的另一大构成因素——收敛思维又该如何测试呢？

萨乐诺夫·梅德尼克（Sarnof Mednick）在 1960 年前后提出了远距离联想理论（Theory of Associative Creativity），他认为创造性思考是将联想得来的元素重新整合的过程。新结合的元素之间联想的距离越远，这个思维的过程或问题的解决就越有创造力。他认为有创造力的人的联想不同于一般人。有创造力的人有广泛的联想，一个元素可以与许多其他元素连接；而一般人的元素连接则比较少。[①] 为此，梅德尼克（1962）发明了远距离联想测试（remote associates test, RET）。远距离联想测试通常有 3 个看上去不是很相关的词，如“彩云—咖啡—键盘”，要求被测者拿出第 4 个词，连接所有 3 个词。

① 王烨，等 . 创造性研究的有效工具——远距离联想测验 (RAT) [J]. 心理科学进展，2005，13（6）：734-738.

如何把距离较远的元素联系起来，这个思维的过程就是找到元素之间的共同之处，需要思维向着一个方向进行概括和抽象，主要体现的是收敛思维的过程。因此，远距离联想测试常被用在创新思维（主要是收敛思维）的测试上。

我们需要借助哪些有效的思维工具帮助我们进行收敛思维训练呢？

## 4.1.4　收敛思维训练的工具箱

关于发散思维训练，我们有概念抽取、随机词、头脑风暴、635、思维导图、数形发散等工具，那么关于收敛思维我们又有哪些工具呢？

接下来，就让我们一起打开收敛思维训练的工具箱吧，这里面有双气泡、桥图、拼图游戏、找不同 4 种工具。

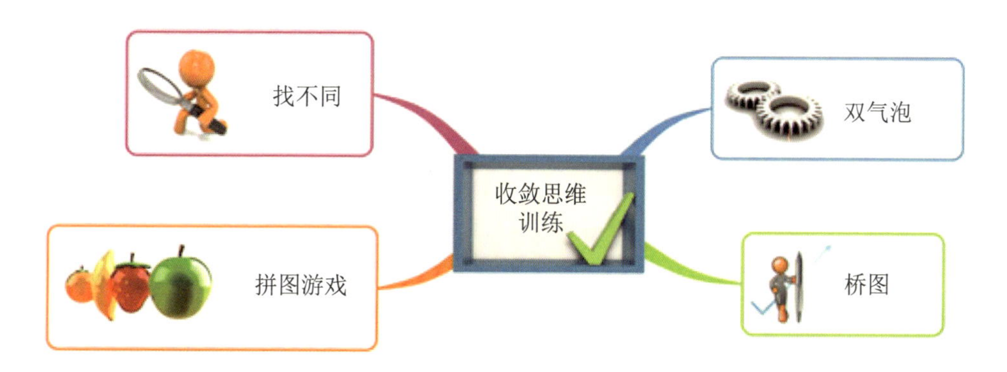


下面的训练为 3 个“梦想铂金”任务，完成本次思维训练，将获得一枚“梦想铂金”勋章。

## 4.1.5　“梦想铂金”训练：足球、薯片

这是两个随机词，我们要通过一些共同的、两者都适用的概念或某些相似之处来建立联系。你能找到几种共同点呢？

例如，足球是圆形的，薯片也是圆形的，“圆形”就是两者的共同点。足球可以带来快乐，吃薯片也可以带来快乐，“快乐”也是两者的共同点。

除此之外，你还能找到哪些共同点呢？请写在下面。

共同点 1：________________________________

共同点 2：________________________________

共同点 3：________________

共同点 4：________________

共同点 5：________________

### 4.1.6 “梦想铂金”训练：脊椎、暖气片、裁判

这是 3 个随机词，我们要通过一些共同的、三者都适用的概念或某些相似之处来建立联系。你能找到几种共同点呢？请写在下面。

共同点 1：________________

共同点 2：________________

共同点 3：________________

共同点 4：________________

共同点 5：________________

### 4.1.7 “梦想铂金”训练：看图找词

请观察以下 3 幅图，在 1 分钟内凝练出抽象的词汇，越多越好。

抽象词 1：________________

抽象词 2：________________

抽象词 3：________________

抽象词 4：________________

抽象词 5：________________

梦想铂金

完成训练，恭喜你又获得一枚徽章！

## 4.2　双气泡

> 思维是地球上最美丽的花朵。
>
> ——恩格斯

收敛思维的特质之一是概括，就是把不同事物的共同的、本质的特征抽取出来。如何概括呢？我们一起来学习一种思维工具——双气泡图。

### 4.2.1　双气泡图

双气泡图是气泡图的升级，顾名思义，是由两幅气泡图结合而成的，用于找到两种事物的相同之处。我们先分别从两个事物的特征、属性、用途、情景等方面展开联系，形成两幅气泡图，然后找出其中相同的点，将两幅气泡图合并成一幅气泡图。

### 4.2.2　操作步骤

1. 第一个关键词发散

先写下第一个关键词，从这个词出发，从特征、属性、用途、情景等方面联想，把你想到的词依次写在第一个关键词的周围的气泡里。例如，我们想要找到汽车和钢琴的共同之处。先在第一个圆圈里写下“汽车”，然后从特征、属性、用途、情景方面依次进行发散，形成了第一幅气泡图。

汽车的特征：有轮子、是长方形的、有车灯、里面可以坐人、有机械装置、利用汽油做燃料、金属、速度、声音。

汽车的属性：交通工具、娱乐设施。

汽车的用途：运输、越野、装货、道具、救护、教课、消防、工程。

使用汽车的情景：汽车人、变形金刚、超音速、车祸、聚会、生产线、广告。

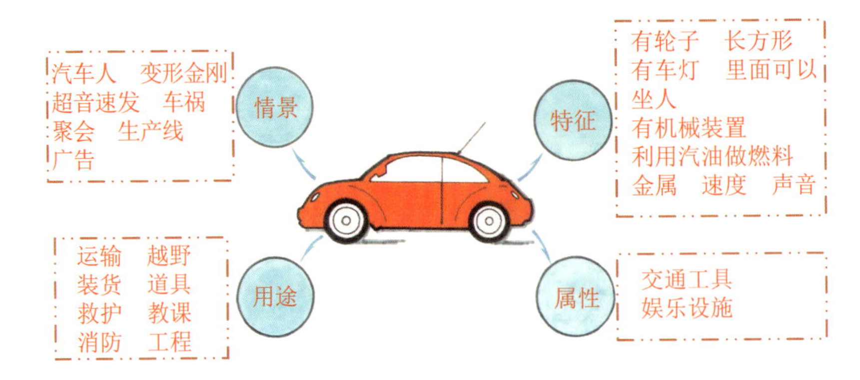


## 2. 第二个关键词发散

再写下第二个关键词，从这个词出发，从特征、属性、用途、情景等方面联想，把你想到的词依次写在第二个关键词周围的气泡里。

接着，我们在第二个圆圈里写下“钢琴”，然后从特征、属性、用途、情景方面依次进行发散，形成了第二幅气泡图。

钢琴的特征：键盘、黑白、方形、机械装置、声音。

钢琴的属性：乐器、娱乐设施、装饰品。

钢琴的用途：娱乐、演奏、道具、教课。

使用钢琴的情景：音乐会、聚会、广告、郎朗。

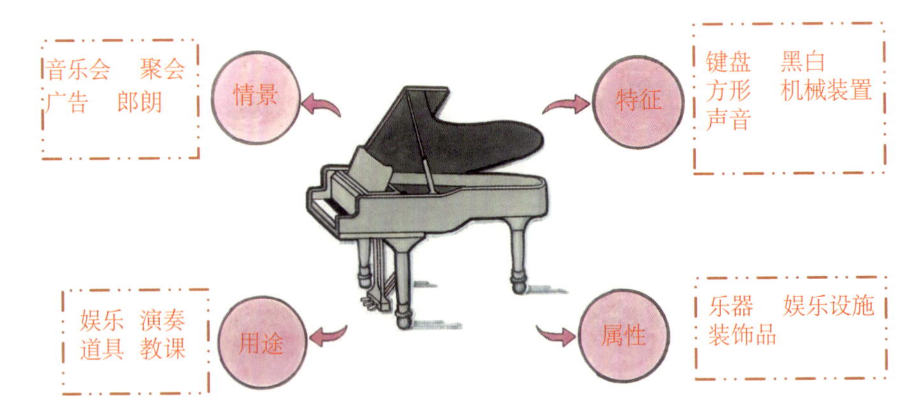

3. 找相同

找到两幅气泡图中相同、相似或相关的点，用笔圈出来。

通过对比，我们找到了“汽车”和“钢琴”的几个相交的点：机械装置、声音、娱乐设施、教课、道具、广告。

画双气泡图。把相同的点放在中间，让两幅气泡图连成一幅。

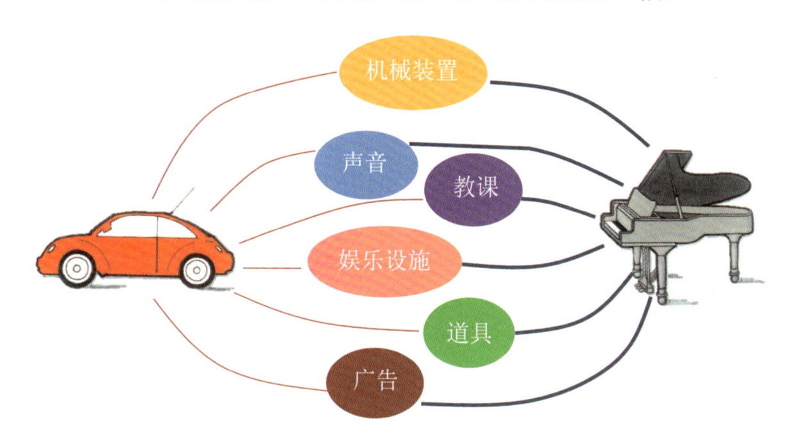


## 4.2.3 操作要点

1. 发散的词越多越好

两个关键词的发散一定要充分，尽可能多地写下联想到的词语，越多越好。因为只有我们把这两个关键词充分展开的时候，它们之间的共同点才容易暴露出来。

2. 按照“特征、属性、用途、情景”的顺序进行发散

对于第一个关键词，按照“特征、属性、用途、情景”一步步进行发散，不要打乱顺序，同样，对于第二个关键词，也按照“属性、特征、用途、情景”一步步进行发散，不要打乱顺序。

3. 一边发散一边联系

在做第二个关键词发散的同时，一边发散一边找和第一个关键词发散的共同点。如果在表述上略有不同，那么在语言上尽量使用同一个词语。

例如，在对“钢琴”的用途进行发散的时候，我们想到了“音乐会”。接着我们开始启动联系思维，发现“汽车”的用途发散里有“聚会”。“音乐会”其实也是“聚会”的一种形式，为了表述的一致性，我们把“钢琴”联想到的“音乐会”

改成了“聚会”。让两者在“聚会”这一点上建立了联系。

下面的训练为两个“梦想铂金”任务，完成本次思维训练，将获得一枚“梦想铂金”勋章。

### 4.2.4 “梦想铂金”训练：找联系

请找到以下两个词语的联系，你能找到的点越多越好。

训练目的：熟练使用双气泡图，找到两个事物之间的联系点。

婴儿、钥匙

（请把双气泡图画在下面）

码头、拳击

（请把双气泡图画在下面）

唾液、塔

（请把双气泡图画在下面）

海龟、面包

（请把双气泡图画在下面）

被子、大头针

（请把双气泡图画在下面）

蔬菜、诗句

（请把双气泡图画在下面）

古董、理发师

（请把双气泡图画在下面）

镜头、磨坊

（请把双气泡图画在下面）

别墅、收据

（请把双气泡图画在下面）

黏土、霓虹灯

（请把双气泡图画在下面）

### 4.2.5 “梦想铂金”训练：三气泡图

请找到以下 3 个词语的联系，你能找到的点越多越好。

训练目的：创造性使用多气泡图，找到多个事物之间的联系点。

葡萄、蠕虫、咳嗽药

（请把气泡图画在下面）

纸胶带、公交车站、连衣裙

（请把气泡图画在下面）

变色龙、笔尖、手推车

（请把气泡图画在下面）

网球、窗户、巧克力

（请把气泡图画在下面）

喇叭、雏菊、肥皂

（请把气泡图画在下面）

细菌、咖啡、骰子

（请把气泡图画在下面）

手机、岛屿、栅栏

（请把气泡图画在下面）

糖、拐杖、法院

（请把气泡图画在下面）

梦想铂金

完成训练，恭喜你又获得一枚徽章！

# 4.3　桥图

> 一桥飞架南北，天堑变通途。
>
> ——毛泽东（《水调歌头》）

收敛思维是有特定方向性的，是从四周向一个目的地聚焦和收拢。例如，我们要找出不同事物之间的共同特征，那么，无论他们之间的差异性有多大，共同特征就是我们要思考的方向。

如何找出不同事物的共同特征呢？在修辞中，我们使用比喻。比喻，表示两种不同程度的事物，彼此之间有相似点，使用一事物来比方另一事物。这正如毛泽东在《水调歌头》中所写的“一桥飞架南北，天堑变通途”，两个不同事物之间的意义鸿沟——“天堑”，因为一个恰当的比喻——“桥”而彼此连接，成为“通途”。

在这里，我们介绍一种可视化的思维工具——桥图（Bridge Map）。

## 4.3.1　什么是桥图？

桥图是一种主要用来进行类比的视觉工具。桥相当于一个比喻词“就好比”。桥的左边横线上是比喻的“本体”，桥的右边横线上是比喻“喻体”。本体和喻体是本质不同的事物。如果仅仅是这样，桥图只是展示了两种事物而已，要让两种事物联系起来，就需要在桥下面的横线上写下“相关因素”，这才是桥图成立的关键。

相关因素：________________________________

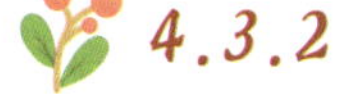

## 4.3.2　如何使用桥图？

### 1. 搭桥

在桥图的左右两边分别写上本质不同的两个名词。

在什么情况下需要搭桥呢？桥图的使用场景有以下两种。

1）收敛思维训练

由教练员在随机词卡中随机抽取词汇，放在桥图的左右两边，让学生填写桥下的“相关因素”。

2）产品开发

如果要用某种已有技术启发新技术的发明，也可以用桥图。这是本田公司青睐的一种方式，是用具体的比喻来指导新的设计。本田公司在设计一种新的发动机时，把自己的新发动机比喻成“穿职业装的橄榄球选手”，这两者的相关因素是“运动的威力与优雅的职业礼貌之间保持平衡”。它甚至还将这一概念具体深化为一个涵盖若干关键阶段的过程，以把握一辆车应该具备什么样的独特优点。全球著名创新设计咨询公司 IDEO 也在各种产品上运用比喻，这些产品包括从办公室椅子到苏打水杯在内的许多物品。维克特卡特椅子很容易叠放在一起，“叠放”这一创意来自于超市的手推车的启发，[①] 我们可以把这个创意还原成以下桥图。

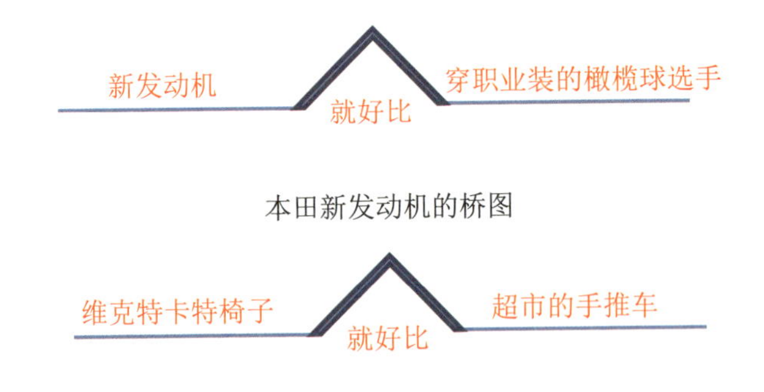


本田新发动机的桥图



维克特卡特椅子的桥图

## 2. 过桥

在桥下写出“相关因素”，并且逻辑合理，才算是“过桥”。其实搭桥有点像提出问题，而过桥才是解决问题的过程。因此，顺利“过桥”是收敛思维训练的目的。最终我们要完成一个比喻句，句式结构如下。

A 就好比 B，因为____________（解释相关性）

例如，本田的发动机就好比穿职业装的橄榄球选手，因为它既有运动的威力又有优雅的职业礼貌。

① 凯利，利特曼 . 创新的艺术 [M]. 李煜萍，等，译 . 北京：中信出版社，2017：250.

相关因素：运动的威力与优雅的职业礼貌之间保持平衡

又例如，维克特卡特椅子就好比超市的手推车，因为它们都可以叠放。

相关因素：可叠放

## 4.3.3 如何评价“桥图”？

如何评价一个桥图的好坏呢？这需要逻辑合理、迅速和提供多种可能性。

### 1. 逻辑合理

写下的“相关因素”必须在逻辑上与桥两边的元素都相关。试着在以下几个桥图中写出“相关因素”，让它和另外两个元素都相关。

降落伞　浴缸

就好比

相关因素：

电梯　圣诞节

就好比

相关因素：

可乐 吉他

就好比

相关因素：

### 2. 迅速

尽可能快地写出“相关因素”，越快越好。思维的速度体现了收敛思维的流畅程度。刚开始的时候，你可能要花 3 分钟才能写出来，之后 2 分钟，1 分钟，甚至 15 秒，10 秒……通过反复的训练，我们的收敛思维的流畅度会越来越好。

### 3. 多种可能性

当我们能够快速写出一个“相关因素”的时候，不要对自己说“够了”，接下来写出第二个、第三个相关因素，一直到你再也想不出来为止。

下面还是刚才那 3 个桥图，试着在下面写出 3 个相关因素吧。

降落伞　浴缸

就好比

相关因素 1：________________

相关因素 2：________________

相关因素 3：________________

电梯　圣诞节

就好比

相关因素 1：________________

相关因素 2：________________

相关因素 3：________________

可乐　吉他

就好比

相关因素 1：________________

相关因素 2：________________

相关因素 3：________________

### 4.3.4 如何找到“相关因素”？

桥图的关键是找到“相关因素”，但我们要如何才能找到“相关因素”呢？有没有思维工具可以使用呢？当然有。

#### 1.“特属用情”法

还记得上一节学过的双气泡图吗？聪明的你可能已经发现了，桥图的底层逻辑其实就是双气泡图。

如果我们要对比的两个元素是具体的某种事物，那么我们就可以使用双气泡图的方法，按照从特征到属性到用途再到情景的顺序，依次展开两个元素，然后找出两者的共同点。为了方便记忆，我们把这个工具简化为“特属用情”法。

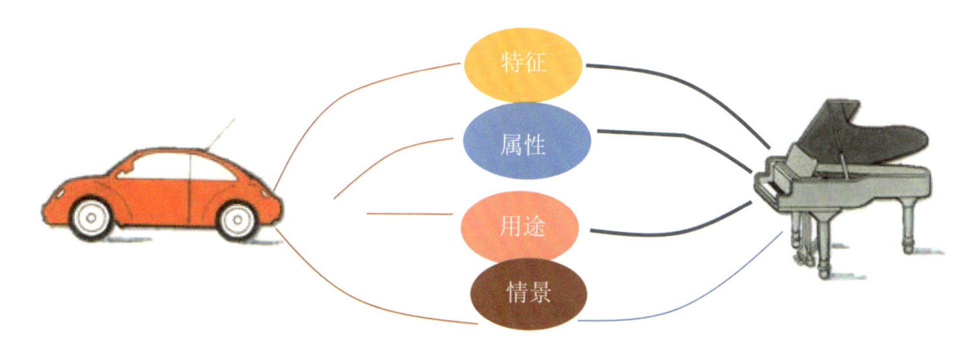


#### 2. 5W3H 法

如果我们要对比的两个元素是具体事件，那么除了在特征、属性、用途、情景 4 个维度进行对比外，还要加入 5W3H 的对比维度。

| 5W3H 联想 | | | | |
|---|---|---|---|---|
| Who 人 | What 事 | When 时 | Where 地 | Why 为何 |
| | How 方式 | How many 数量 | How much 多少钱 | |

5W3H 法就是从人物（Who）、事件（What）、时间（When）、地点（Where）、原因（Why）、方式（How）、数量（How many）、多少钱（How much）这几个维度去找相关性。

例如，奥斯卡和奥运会是两个具体事件，如何找到它们之间的关联呢？下面，我们用 5W3H 表格去找关联，如表 4-1 所示。

表 4-1 “奥斯卡”和“奥运会”的共同点列表

| 5W3H | 共同点 |
| --- | --- |
| 人物（Who） | 优秀的演员 优秀的运动员 |
| 事件（What） | 盛会 颁奖典礼 荣誉 全球瞩目 |
| 时间（When） | 间隔举行（一年一次或四年一次） |
| 地点（Where） | 城市 |
| 原因（Why） | 表彰优秀 评选最佳 |
| 方式（How） | 聚会 团体 国家 男女分组 评委 |
| 数量（How many） | 获奖率低 含金量高 |
| 多少钱（How much） | 无价 |

通过这个例子，我们在两个事件上找到它们的“勾连”之处。此外，我们还可以在人与事，物与事等方面尝试“特属用情”法与 5W3H 的组合使用。

下面的训练为 4 个“梦想铂金”任务，完成本次思维训练，将获得一枚“梦想铂金”勋章。

## 4.3.5 “梦想铂金”训练：就好比

请在横线处写下桥图左右两边元素的相关因素，并按照以下句式完成句子。

A 就好比 B，因为______________（解释相关性）

1. 选票 2. 唇膏

______ 就好比 ______

相关因素：________________________________

A 就好比 B，因为______________（解释相关性）

______ 就好比 ______

1. 桌子　2. 潜水员

就好比

相关因素：________________________________________

A 就好比 B，因为________________（解释相关性）

1. 广场舞　2. 香烟

就好比

相关因素：________________________________________

A 就好比 B，因为 ________________（解释相关性）

1. 沙漠　2. 影子

就好比

相关因素：________________________________________

A 就好比 B，因为________________（解释相关性）

1. 轮椅　2. 冰激凌

就好比

相关因素：________________________________________

A 就好比 B，因为________________（解释相关性）

1. 学校　2. 大象

就好比

相关因素：________________________________________

A 就好比 B，因为 ________________（解释相关性）

1. 银行　2. 肥皂

就好比

相关因素：________________________________________

A 就好比 B，因为 ______________（解释相关性）

1. 老师　2. 蘑菇

就好比

相关因素：________________________________________

A 就好比 B，因为 ______________（解释相关性）

1. 作家　2. 旋转木马

就好比

相关因素：________________________________________

A 就好比 B，因为______________（解释相关性）

1. 建筑师　2. 苹果

就好比

相关因素：________________________________________

A 就好比 B，因为________________（解释相关性）

1. 电冰箱　2. 墨镜

就好比

相关因素：________________________________________

A 就好比 B，因为________________（解释相关性）

1. 扫地机器人　2. 孔雀

就好比

相关因素：________________________________________

A 就好比 B，因为______________（解释相关性）

1. 人机对话　2. 气泡

就好比

相关因素：________________________________________

A 就好比 B，因为______________（解释相关性）

### 4.3.6　“梦想铂金”训练：完成句子

请完成以下句子，要求逻辑合理，语句通顺。

自动扶梯就好比玉米，________________________________

电子游戏就好比蝴蝶，________________________________

上课就好比美洲豹，________________________________

新闻就好比泰迪熊，________________________________

发明就好比冰山，________________________________

我的快乐就好比纪念品，________________________________

我的悲伤就好比化妆品，________________________________

我的爱情就好比地球，________________________________

数学就好比出租车，________________________________

语文就好比雨伞，________________________________

### 4.3.7　“梦想铂金”训练：连线

阅读下面两列词汇，将存在比喻关系的词汇用线连起来，越多越好。

| | |
|---|---|
| 做饭 | 白酒 |
| 考试 | 激光 |
| 团队合作 | 闪电 |
| 朋友 | 金手指 |
| | |
| 挤地铁 | 打蚊子 |
| 发表演讲 | 放下包袱 |
| 包饺子 | 跳舞 |
| 开车 | 打靶 |
| | |
| 友情 | 火车 |
| 顾客 | 毕加索的画 |
| 摇滚 | 巧克力 |
| 哲学 | 雨伞 |
| | |
| 打游戏 | 磨刀 |
| 跑步 | 赶飞机 |
| 主持节目 | 击鼓传花 |
| 起床 | 看星星 |
| | |
| 朗诵 | 撑竿跳 |
| 竞选 | 微笑 |
| 爬山 | 冥想 |
| 点赞 | 结婚 |
| | |
| 粉丝 | 做白日梦 |
| 网络综艺 | 函数 |
| 电视剧 | 红酒 |
| 电影 | 面条 |

### 4.3.8　“梦想铂金”训练：填空

在括号里填写一些内容，让比喻句成立。

阅读让人（　　），就像种子破土而出。

心情太（　　），就如同坐电梯一样。

夜晚太（　　），就像蚂蚁爬过手心一样。

父爱太（　　），就像夜晚的流行一样。

婚姻太（　　），就如同去月球旅行一样。

房间太（　　），就如同音乐会的舞台一样。

旅行太（　　），就如同雨滴划过窗玻璃一样。

晚餐太（　　），就如同被困电梯一样。

梦想铂金

完成训练，恭喜你又获得一枚徽章！

## 4.4　拼图游戏

> 数学的本质是在从模式化的个体作抽象化的过程中对模式进行研究。
>
> ——怀特海

收敛思维特征之一是抽象化，就是从纷繁复杂的现象中抽取本质要素的能力。抽象是去除非核心的要素，提炼本质特征的一个过程。抽象让人们挣脱了具体细节的束缚，领悟到思考对象的根本特征。

### 4.4.1　抽象思维

数学抽象思维方法的本质就是将具体的事物进行弃异求同、去表求里的特殊思维处理过程。数学抽象思维方法就是对事物进行抽象简化的思维方法。例如，著名的哥尼斯堡“七桥问题”，18 世纪的哥尼斯堡（今俄罗斯加里宁格勒州首府加里宁格勒）是德国的一个美丽城市，布勒尔河穿城而过，它有两个支流，在哥尼斯堡城中心汇成大河，河中间有一个小岛，河上有七座桥，岛上有一所古老的大学，一座教堂，还有哲学家康德的墓地和塑像。当地的居民，特别是大学生们常常到七桥附近散步。渐渐地大家热衷于一个问题：一个人如何能不重复地一次走遍这七座桥而返回出发点？很多人做过尝试，但都未能实现，这便产生了数学史上著名的“七桥问题”。1735 年，一群大学生写信给著名的数学家欧拉（Leonhard Euler），希望欧拉能够解决这个问题。欧拉首先从千百人次的失败中猜想，也许根本不可能不重复地一次走遍这七座桥，但如何来证明它呢？

欧拉想，既然岛与岛无非是桥的连接地点，两岸陆地也是通过桥通往的地点，那么就不妨把这四处地点抽象成四个点，并把七座桥抽象成七条线，这样既不改变问题的实质，问题也就成了一个关于几何图形的问题，即人们步行走过这些地方和七座桥时，就相当于用笔画出此图。于是问题转化为：能否不重复地一笔画出此图。接着欧拉探讨了这个一笔画问题的结构特征。一笔画有一个起点和一个终点，他们重合时称为封闭图形，否则称为开放图形。除起点和终点外，一笔画中间可能出现一些曲线的交点，在这些交点处曲线一进一出，通过的曲线总是偶数条，这些交点就称为“偶点”；而只有起点和终点通过的曲线可能是奇数条，将这些起点和终点称为“奇点”，特别地，当起点和终点重合时，便成为一个偶点，不再是奇点。

通过上面的探究，欧拉断言：任何一个一笔画问题，要么没有奇点，要么有两个“奇点”，而在“七桥问题”所对应的图形中，四个点都是“奇点”，因此，它不能一笔画成，从而人们不可能不重复地一次走过所有哥尼斯堡的七座桥。在“七桥问题”之后，欧拉又继续深入研究，终于用严密的数学语言证明了一个可鉴别任何一个图形能否一笔画的“一笔画定理”：一个网络（任意一个由有限条弧线构成的图形，且每条弧线都具有两个相异的端点）是一笔画，当且仅当该网络是连通的，并且奇顶点的个数是 0 与 2。欧拉解决这个问题所用的思维方法就是抽象方法，即由感性认识到理性抽象，再由理性抽象上升到理性认识，这也是人们认识事物常用的一种抽象思维方法。“七桥问题”有力地说明了数学抽象将实际关系中许多无关紧要的东西（如桥的大小、形状，岛的大小、形状等）舍掉，而紧紧抓住其

中带有本质特征的东西，从而构造出一些在逻辑上无矛盾的“纯粹的”数学关系。

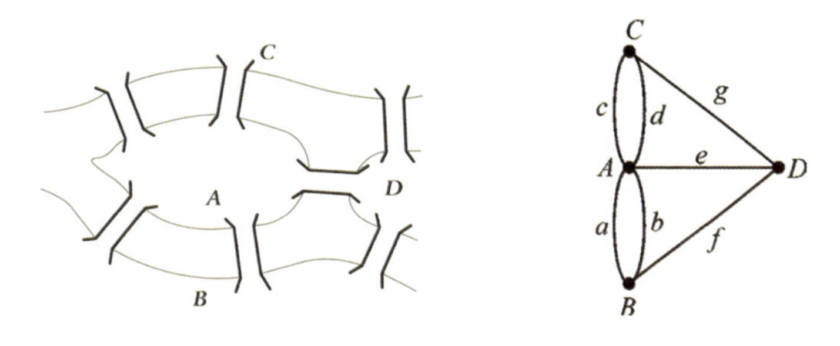


欧拉的七桥问题

那么在日常生活中如何训练我们的抽象思维呢？这里，我们一起来玩一种有趣的拼图游戏！

## 4.4.2　什么是拼图游戏？

我们提供内容不同的三幅图，要求参与训练的人快速从三幅图中凝练出共同的抽象词汇，越多越好。这里的“拼”不是指具体图像的拼合，而是指在抽象意义上合拢为一个概念。

## 4.4.3　拼图游戏的步骤

### 1. 抽图

从随机词卡中随机抽取三张卡片，无论你是否喜欢，都不可更换。假如我们抽取的三张卡片分别是太阳、足球和猫。

2. 二拼图

从任意两张开始，尽量用抽象词来描述其中的图像。例如，把“太阳”和“足球”拼在一起，会让我们联想到“流汗”和“热情”。晒太阳会让我们流汗，踢足球也会让我们流汗，那么“流汗”是不是我们要找的抽象词呢？当然不是。流汗是具体的情形，不是抽象的。太阳会产生热量，热会让我们联想到热情；足球也是需要热情的，“热情”才是我们凝练出来的抽象词汇。

接着把“太阳”和“猫”拼在一起，凝练出来的抽象词汇可能是“懒”“迷人”“温暖”。

把“猫”和“足球”拼在一起，凝练出来的抽象词汇可能是“快乐”“热爱”。

3. 三拼图

把二拼图得到的抽象词带入第三张图，看是否能描述第三张图？如果可以，那么我们就完成了这个拼图游戏。大多数情况下，我们需要多试几次。

把“太阳”“猫”和“足球”三拼后，我们发现符合逻辑的抽象词汇是“快乐”“热情”“热爱”。

## 4.4.4 升级拼图游戏

我们常说，一图抵万言。也就是说，一张图往往可以传达很多意思。在刚才的案例中，我们给的图中仅有一个单一元素（太阳、猫、足球），三张图的拼合过程其实就是找寻三个元素的统一抽象词的过程。如果我们给的是下面这张图，图中包含多种元素，可以表达多种意义，那么我们拼合的方式就更复杂一些。例如，从下面这张图中，我们可以发散的抽象词汇就有“学习”“思考”“安静”“汇聚”等。

如果有三张这样的图拼在一起，我们就需要借助思维导图——三气泡图，来玩转升级版的拼图游戏了。具体方法请回顾“气泡图”一节。

下面的训练为1个“梦想铂金”任务，完成本次思维训练，将获得一枚“梦想铂金”勋章。

## 4.4.5　“梦想铂金”训练：拼图游戏

请观察下面三幅图，借助思维导图工具，在1分钟内凝练出抽象的词汇，越多越好。

（注：以下词全部用图片表达）

 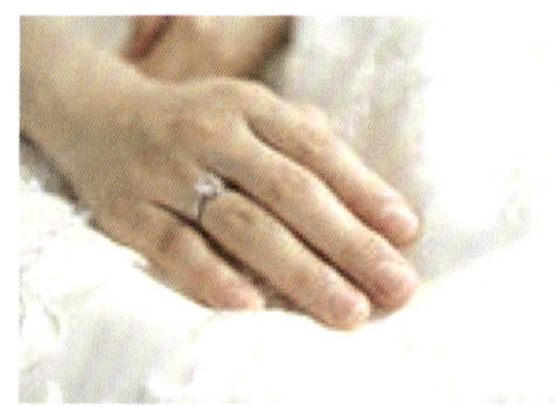 

抽象词1：________________

抽象词2：________________

抽象词3：________________

抽象词1：________________

抽象词2：________________

抽象词3：________________

抽象词 1：______

抽象词 2：______

抽象词 3：______

梦想铂金

完成训练，恭喜你又获得一枚徽章！

## 4.5 找不同

> 独创性是思维、观察、理解和判断的一种独特的方式。
>
> ——（法）莫泊桑

还记得我们小时候玩的找不同游戏吗？仔细看这两幅图，找出不一样的地方。

这个游戏需要我们找出两张图片的不同之处，训练通过对比在具象图形中寻找差异的能力，现在我们要玩的是通过抽象思维的对比找不同，训练的是我们的抽象思维能力。

### 4.5.1 什么是“找不同”？

“找不同”法又叫“异类排除”法，是 20 世纪 70 年代初，水平思维的发明者

德博诺博士在为儿童设计的一套“脑图笔记”系列卡片的基础上演变而来的。

### 4.5.2 “找不同”的步骤

1. 选中 4 个随机词汇。
2. 在上述词汇中找出“异类”，需要一定的依据。
3. 定义这种依据。

注意，尽量不要用过于明显的理由将某个词汇排除，比如字数不同，或发音、部首不同。最好避免把写法、读法等因素作为排除因素。①

范例如下。

随机词分别是书、菠菜、可乐、美人鱼。

你会立刻想到，“美人鱼”是这 4 个词中唯一有生命的。“美人鱼”可以被排除。

换个角度再想一想：

“书”“菠菜”“可乐”都是人类的食粮（物质的或精神的），但“美人鱼”不是。还是把“美人鱼”排除了。

还有呢？

“书”“美人鱼”“可乐”都是被人类创造出来的，但“菠菜”不是。这回，我们把“菠菜”排除了。

### 4.5.3 鼓励多种可能性

如果说在图案中找不同是有唯一标准答案的话，那么利用抽象思维在两个随机词中“找不同”，可能会产生千差万别的答案。这就提醒我们的教练员，不要着急否定一个孩子的答案，而要问问为什么，“为什么你认为这个和其他的不同呢？”耐心倾听孩子们的答案，你会发现孩子们的创新思维远远超过我们的想象。这也就说明为什么有的智力测试不一定准确的原因。

我们给一个 10 岁的男孩做智商测试，其中一题是给出四张图片，每张图都注上图形的名字，第一张是太阳，第二张是月亮，第三张是地球，第四张是柠檬。要求小男孩选出与其他格格不入的一个。

---

① 德博诺 . 水平思考 [M]. 卜煜婷，译 . 北京：化学工业出版社，2017：156.

在智力测试中，正确的答案是第四个“柠檬”。但小男孩选择了第三个“地球”。

小男孩的智商被标注为比较低。因为对这个问题，以及很多其他问题，他都没有给出显而易见的“逻辑性”答案。事实上，他的回答中有很多都和这个问题的答案一样，令人费解，以至于测试者已经开始怀疑，小男孩是不是存在某方面的智力缺陷。

结果，他们把小男孩带去诊所，将他的答案逐一过了一遍，并请他解释为什么会这样选择。小男孩的回答令人吃惊，也令在场的很多心理学家都自惭形秽。被问到之前的那个问题时，他们问他为什么选“地球”而不选“柠檬”，小男孩用诧异的目光看着他们，回答的声调中带有对他们如此缺乏观念而感到的同情：“因为只有地球是蓝色的啊！”①

收敛，只要具有方向性就可以了，至于是什么方向则不用强调，那正是孩子们创新思维的独到之处。

因此，我们要鼓励答案的多种可能性，只要孩子们言之有理就是好的答案，甚至越是少有人提到的答案和解释的角度，才越要被鼓励。

下面的训练为两个“梦想铂金”任务，完成本次思维训练，将获得一枚“梦想铂金”勋章。

### 4.5.4 “梦想铂金”训练：找不同

阅读每组的 4 个词汇，找出与众不同的一个，并说明理由。

猴子　火柴　汽车　宝宝

不同的是：________________________________

因为：________________________________

________________________________

① 博赞 . 博赞儿童思维导图 [M]. 索析，译 . 上海：华东师范大学出版社，2016：42.

天使　地图　警察　钥匙

不同的是：________________________________________

因为：________________________________________

老鼠　房子　饼干　彗星

不同的是：________________________________________

因为：________________________________________

雨滴　公主　翅膀　足迹

不同的是：________________________________________

因为：________________________________________

手机　渔船　秋裤　玻璃

不同的是：________________________________________

因为：________________________________________

可乐　英国　球迷　雏菊

不同的是：________________________________________

因为：________________________________________

笑容　夏季　微博　泪水

不同的是：________________________________________

因为：________________________________________

书籍　唇膏　小狗　墙壁

不同的是：________________________________________

因为：________________________________________

乌龟　港币　马路　放大镜

不同的是：________________________________________

因为：________________________________________

体重仪　大巴　茶几　西瓜

不同的是：________________________________________

因为：________________________________________

商场　车牌　饼干　钻石

不同的是：______

因为：______

铁路局　小麦　袜子　头发

不同的是：______

因为：______

##  4.5.5　“梦想铂金”训练：看图找不同

请从下列四张图中找一张不同类别的，并说明理由。

不同的是：______

因为：______

不同的是：______

因为：______

不同的是：________________________________________

因为：________________________________________

不同的是：________________________________________

因为：________________________________________

不同的是：________________________________________

因为：________________________________________

不同的是：________________________________________

因为：________________________________________

不同的是：________________________________________

因为：________________________________________

梦想铂金

完成训练，恭喜你又获得一枚徽章！

# 第五章 如何找到好方案？

## 5.1 从创想到创造

创新就是创造性地破坏。

——（奥地利）约瑟夫·熊彼特（政治经济学家）

前面的“如何找到好想法”让我们在创新思维的两大维度——发散思维和收敛思维方面进行了充分的训练。接下来，如何才能找到好的解决方案呢？在这一部分中，我们需要从方案入手，把想法落地。

### 5.1.1 从创想到创造的两个阶段

从创想到创造有如下两个阶段。

第一步，找到解决方案。

第二步，进行原型制作。

我们会介绍创造力研究先驱亚历克斯·奥斯本提出的6M法则帮助大家找到解决方案，再介绍原型制作的方法帮助大家把想法落地。从现在起，我们将正式开始从“创想”到“创造”的过渡，实现从“动脑”到“动手”的飞跃！

还记得最初我们的约定吗？做个属于未来的X型人！X型人有四大特征：发问、创新、行动和表达。前面我们一起充分练习了如何发问（发现问题）和如何创新（创新思维训练——发散思维和收敛思维训练），现在到了行动的时刻了！

Just do it!

### 5.1.2 “如何找到好方案”的工具箱

在“如何找到好方案”的工具箱里有四件实用的工具：旧元素新组合、创新检核表、SCAMPER 法和原型制作。

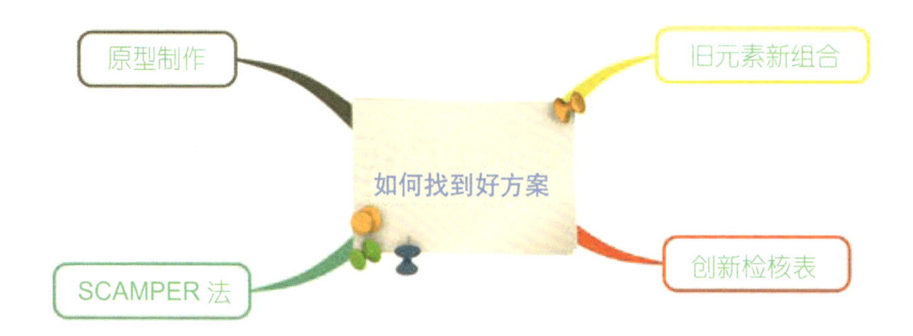


下面的训练为两个“创新钻石”任务，完成本次思维训练，将获得一枚“创新钻石”勋章。

### 5.1.3 “创新钻石”训练：不碎的鸡蛋

训练准备：每人准备一枚生鸡蛋。

训练目的：创造性地寻找解决方案。

训练内容：给你一天的时间对一只生鸡蛋进行包装设计，一天后我们会从 3 楼把鸡蛋扔到楼下，请满足以下几个条件。

（1）鸡蛋落地时不能碎。

（2）包装的材料不限，但需能够从包装外面直观看到里面的鸡蛋。

（3）鸡蛋下落的速度必须快。

训练步骤：

#### 1. 明确任务

教练员在课堂上发布本次任务，明确任务要求。由同学们回家后单独进行准备。

#### 2. 设计方案

同学们在家中进行方案设计，根据 3 个要求，自行选择包装材料，要考虑材料的韧性（抗摔）、重量（下落速度）等问题。

### 3. 原型制作

由同学们根据自己设计的方案对一枚生鸡蛋进行包装，要注意，不可用材料将整个鸡蛋完全包裹起来，这样不符合“从外面可以直观看到鸡蛋”的要求。

### 4. 摔鸡蛋比赛

每位同学拿着包装好的鸡蛋到课堂，由教练员统一带领大家到教学楼三楼的鸡蛋投放点，从三楼往一楼平地扔鸡蛋。由教练员记录鸡蛋着陆的时间，最终，最快下落并完好无损的鸡蛋获胜！

### 5. 总结

回到教室，从设计方案和原型制作两个方面，各自总结自己的鸡蛋破碎与否的原因。

### 6. 颁奖典礼

在碎了一地的蛋黄、蛋清中能幸存下来的鸡蛋极其不易，值得为获胜鸡蛋及其制作者举行一次别开生面的颁奖礼，至于形式嘛，当然越有创意越好！

**给教练员的小贴士：**

1. 这是孩子们第一次完成从设计方案到原型制作，最后到原型检验的全过程。通过一次小任务，让孩子们体会从“创想”到“创造”的巨大差距。虽然大多数人获得的是失败的经历，但也恰好提醒孩子们，方案合理和原型制作的重要性。

2. 安全提示：由于需要带领整个班级实施扔鸡蛋的过程，请教练员安排一位同学在三楼扔鸡蛋，其余同学在一楼等待自己的鸡蛋降落。另外，要提醒一楼的孩子注意躲避从天而降的鸡蛋。

3. 环境提示：在完成鸡蛋投放后，请教练员安排孩子们清理留在一楼地面的破碎鸡蛋，这个工作可没有扔鸡蛋那么有趣。

## 5.1.4　“创新钻石”训练：乐高搭建——未来房屋

训练准备：分组，5 人一组，每人准备乐高积木若干。

训练目的：团队训练——创造性地寻找解决方案。

训练内容：人类未来的生活环境会是什么样的？请各组用乐高积木搭建一个未

来房屋，满足未来人类的居住和生活要求。

训练步骤：

1. 明确任务

教练员发布任务，请各组用乐高积木搭建一间未来房屋。

2. 讨论设计构想

各组讨论设计构想，由组长以思维导图的方式记录本组每个构想。

3. 绘制设计图

根据讨论结果，绘制未来房屋的图纸，需要细化到每个建筑结构。

4. 搭建未来房屋

根据图纸搭建未来房屋，由全组合作完成。

5. 展示分享

现在，一个颇具规模的未来房屋已经呈现在我们面前，我们已经迫不及待想知道每一个模型的神秘用途了！现在，是最棒的展示和分享的时刻。

**给教练员的小贴士：**

1. 从讨论、设计到搭建，这是一个完整的从动脑到动手的创新过程。为了让孩子们体会团队创新的乐趣，请给此次任务预留充足的时间（至少 60 分钟）。

2. 跟训练 1 不同的是，本次训练体现的是团队创新的过程，需要团队共同努力完成整个原型的制作。

3. 展示分享之后，还可以为这些作品举办一个更长期的展览，或拍成图片留给孩子们做纪念。

创新钻石

完成训练，恭喜你又获得一枚徽章！

# 5.2　旧元素新组合

新事物很多时候就是在旧事物基础上进行扩展或是改进而得来的。[①]

——（美）迈克尔·米哈尔科（《Thinkertoys》的作者）

## 5.2.1　游戏：杯子＋袜子

游戏步骤：

1. 预热

从随机词卡中抽出两张卡片：“杯子”和“袜子”，请问把这两个词放在一起，你能产生多少个创意？例如，圣诞节杯子上画着圣诞节袜子；袜子的底部像玻璃杯子一样滑，可以穿着这样的袜子去滑冰；把杯子做成袜子形状，用来恶作剧……好吧，现在看你们的啦！

2. 创意接力赛

按照从第一排开始的原则，每人说一种新的创意，依次接力下去。唯一的要求是，前面的人说过的想法后面的人不能重复。

如何才能产生更多的创意呢？如果要改进一个物品，有没有工具可以帮我们找到更多设计方案呢？当然有啦，这就是奥斯本的6M法则。

## 5.2.2　奥斯本的6M法则

创造力研究先驱亚历克斯·奥斯本提出了6M法则，通过发问6个May（可以），来找到解决方案，这6个M分别如下。

可以改变吗？能否改变功能、形状、颜色、气味等？是否还有其他改变的可能性？

可以增加吗？能否增加尺寸、增加使用时间、增加强度、增加新的特征等？

可以减少吗？能否省去、减轻、减薄、减短、减少？

可以替代吗？能否用其他材料、零部件、能源、色彩来取代？

① 米哈尔科．米哈尔科商业创意全攻略[M]．曹凯，译．北京：中国人民大学出版社，2010：69.

可以颠倒吗？能否上下、左右、正反、里外、前后颠倒？目标和手段颠倒？

可以重新组合吗？零部件、材料、方案、财务等能否重新组合？能否叠加、复合、化合、混合、综合？

在 6M 法则中，最常用的是组合法，刚才的游戏，就是利用重组原则进行创新的例子。下面我们就具体了解一下组合创新的具体方法。

### 5.2.3 新的构想来自旧元素的新组合

组合，就是把之前没有关联的想法、事物等组合起来，创造出新的事物。广告创意大师詹姆斯 • 韦伯 • 扬（James Webb Young）在《产生创意的方法》一书中把这种组合明确定义为“旧元素新组合”，新的构想常常出自两个旧想法的再组合，这种组合是以前从未想到的。即两个相当普遍的概念、想法、情况甚至两种事物，把它们放在一起，会神奇般地获得某种突破性的新组合。

“老师，你怎么会把‘杯子’和‘袜子’放在一起呢？妈妈会骂的喔。”没错，日常生活中，这两种东西的确很少同时出现，但当我们把它们两个放在一起的时候，是不是出现了很多全新的创意呢？这刚好说明，所谓新的构想常常出自两个旧元素的新组合。

### 5.2.4 组合的历史

其实人类的大多数创新都源于各种旧元素的新组合。

让我们先看看生命的起源，这个星球最伟大的创新是如何产生的。

地球已形成了46亿多年，经过10多亿年无生命的演化阶段，到了34亿年前，单细胞的生命才开始诞生。在以后的这54亿年里，生物形成由单细胞组合成为单细胞群体，由单细胞群体组合成多细胞，再通过多细胞生命的演化发展，组合形成组织、器官、系统，进化成今天活跃在世界上的各种各样的微生物、植物、动物以及人类。

生命的进化史，就是生命体从简单的单细胞开始，不断组合发展，最终完成从无生命到有生命的演化过程。

生命本身，就是一次次组合创新。

再看看人类历史上流派众多的艺术作品，无论风格如何多变，流派如何发展，最终都是由品红、黄、青三原色组成的，色彩中三原色的混合色为黑色，而三原色作为光基材料时，由于光的特殊属性，使其混合色为白色。把三原色和光影进行组合，就形成了印象派，把三原色用点状的形态进行排列，就形成了点彩派……

印象派代表作《日出印象》（莫奈）

点彩派代表作《大碗岛星期天的下午》（修拉）

在农业发展中，杂交水稻（hybrid rice）的出现大大提高了农作物的产量。杂交水稻就是选用两个在遗传上有一定差异，同时它们的优良性状又能互补的水稻品种进行杂交。这种杂交也是通过品种组合，创造新品种。除此之外，植物的人工繁殖方法之一——通过把一种植物的枝或芽，嫁接到另一种植物的茎或根上，用重新组合的方式培育出一个完整的植株。

再来看看手机的发展史。1973年4月3日，摩托罗拉发明了第一款移动电话。这部电话重约1.13千克，总共可以通话十分钟，它是世界上第一款商用手机——摩托罗拉DynaTAC 8000x的原型。毫无疑问，这个手机只能打电话。接下来，手机不停地做加法，将各种设备的功能组合到自己身上。

1998 年，诺基亚推出变色龙 6110，第一次把通话和游戏结合起来。

2000 年，诺基亚推出 7110，在通话 + 游戏的基础上，又组合了上网功能。

如今的智能手机已经是各种功能的组合体：

通话 + 网络 + 游戏机 + 闹钟 + 笔记本 + 书籍 + 计算器 + 录音机 + 播放器 + 控制器 + 新闻资讯 + 远程医疗 + 移动支付 + 共享单车 + 视频 + 购物 +……

可以预想，未来的智能手机一定会组合更多功能，现在就让我们一起来大胆设计一款属于未来的智能手机吧，你觉得还可以组合哪些功能呢？

新增的功能　　功能的说明（可以用来做什么）

智能手机 +__________：______________________________

智能手机 +__________：______________________________

智能手机 +__________：______________________________

现在你发现日常生活中的很多新发明都是旧元素的新组合了吧。

## 5.2.5 什么是旧元素？

### 1. 什么是旧元素呢？

旧元素不是新创造出来的元素，而是已有的元素。你可能已经发现了，上面举

的例子里的元素没有一个是新创造出来的，都是已经存在的元素，但把它们组合在一起就会产生创新。

再例如，在饮料市场上，橙汁、葡萄汁、椰汁饮料都很常见，而且竞争激烈。某饮料公司推出了一款产品打破了单一水果的产品诉求，将三种水果进行有效重组，从而在竞争激烈的果汁饮料市场分得一杯羹。这里的橙汁、葡萄汁、椰汁不是新创造的元素，而是已有的元素。

为了提高燃料利用效率和满足更高的环境标准，很多汽车厂商都推出了混合动力汽车，将汽油、电能、天然气等作为汽车的燃料。这里的汽油、电能、天然气不是新出现的汽车燃料，只是传统汽车燃料的新组合而已。

所以，旧元素不是新创造出来的元素，而是已有的元素。

### 2. 什么样的旧元素是好元素呢？

好的旧元素是人人都知道，却没人想到去用的元素。

在前文中，我们提到过远距离联想（Associative Creativity），这是所有收敛思维训练的基础。萨乐诺夫·梅德尼克（Sarnof Mednick）认为创造性思考是将联想得来的元素重新整合的过程。新结合的元素之间离联想的距离越远，这个思维的过程或问题的解决就越有创造力。

因此，要得到一个好的创意，我们找寻的旧元素之间的距离一定是越远越好。也就是说，越难想到越好。

水泥＋光纤，会产生什么呢？

水泥和光纤？我们虽然熟悉这两个元素，却很少把它们联系在一起。匈牙利的一位建筑师把水泥和光纤组合起来，研发出一种透光混凝土。这种新型混凝土既具有混凝土的强度，嵌入的玻璃纤维又能使它显示外面的景象，如树的轮廓。亮面的光影会在暗面显示出清晰的轮廓，甚至连颜色都特别清晰。①

还记得小学老师怎么教你垃圾分类吗？将有机垃圾（如厨房剩余垃圾）放一起，将可回收垃圾（如快递盒、易拉罐等）放一起，将有害垃圾（如废药品）放一起，还有其他垃圾（如瓷砖）放一起……有时，我们难免会出错，如果有一款能教我们分类垃圾的游戏就好了！

① 米哈尔科 . 米哈尔科商业创意全攻略 [M]. 曹凯，译 . 北京：中国人民大学出版社，2010：75.

一个有创意的团队把“爱消除”游戏和垃圾分类教育联系在了一起，制作出一款好玩又有趣的垃圾消除游戏。游戏图标共 6 款，分别代表纸张、塑料、金属、玻璃、电池和有机垃圾。移动图标，当 3 个相同的图标彼此相连时，这 3 个图标就会消失，表示垃圾被正确回收。

你瞧，“爱消除”游戏和垃圾分类，将这两个距离遥远的元素放在一起，是不是产生了神奇的创意？

如果要产生有趣的创意，我们找寻的旧元素一定要越远越好哦！这就类似我们平常说的“脑洞”要开大一点，大到可以装下任何两个风马牛不相及的旧元素才好啊。

## 5.2.6 什么是新组合？

新组合是奥斯本 6M 法则中的化学性创新方法，它的核心是通过化学反应来建立崭新的结构。由于组合方式的不同，这里的新组合不仅仅是 1+1=2，而是可以有无穷种结果，就像棒球队可以组合出 362880 种队形来。

将不同的乐高积木组合在一起，可以搭建不同的城市和建筑。但如果把乐高和砖墙组合起来，这种全新的组合方式会呈现完全不同的效果。

德国艺术家沃尔曼（Jan Vormann）在周游世界的过程中，在40多个城市里用乐高“修复”建筑、街道和大桥。

沃尔曼（Jan Vormann）的作品①

他甚至“修复”了一段长城。

沃尔曼修复的对象都是具有历史意义和印记的建筑，他用乐高的鲜亮颜色与历史的深暗底色叠加，呈现出不一样的精彩创意。②

同样是乐高，当我们把它与义肢结合起来的时候会有什么样的新想法呢？

Cirec基金会发现，市面上大多义肢都是成人规格，并不适合儿童，残障儿童在与其他同龄的小朋友玩耍时十分不方便。于是，他们为残障儿童创造出了神奇的义肢。

Cirec基金会从学校、玩具店、幼儿园等地方向有爱心的大朋友和小朋友收集乐高玩具，为残障儿童重新设计可以自由安装玩具的义肢，这样大大方便了他们同其他小朋友玩耍。这是一件充满爱与智慧的设计！

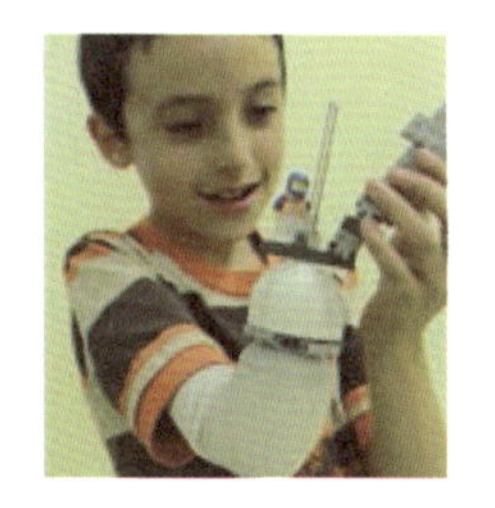

用乐高为残障儿童设计义肢③

① 图片来源：Jan Vormann的互动网站——https://www.janvormann.com/testbild/dispatchwork/。
② 转自：https://www.sohu.com/a/70840797_245389。
③ 图片来源：腾讯视频《2016 ONE SHOW十佳获奖案例》截屏。

## 5.2.7 如何进行新组合？

使用随机词法，我们可以将任意两个不同元素进行组合，但组合的方法不仅仅是材料的简单相加（乐高＋砖墙），还可以生发出多种组合方式，这种新组合的步骤如下。

1. 以每一个元素为创意原点，从属性、特征、用途、情景、效果 5 个方面进行发散。

2. 用思维导图的方式找到两个元素之间的交叉点。

3. 从交叉点生发出新的创想。

现在试着把巧克力和乐高组合起来，你会有多少种想法？下面只是其中一种。

写下你想到的新创意吧！

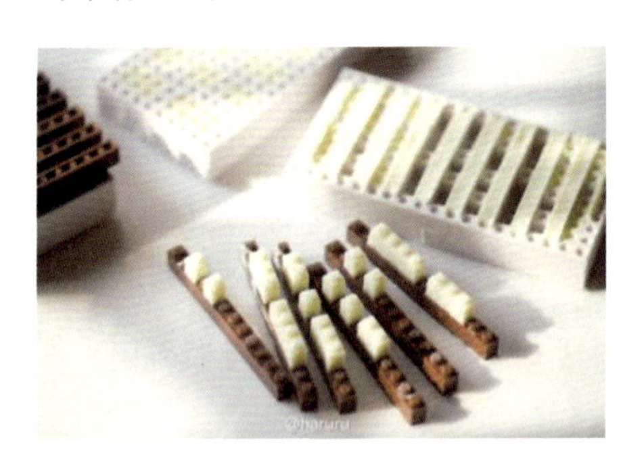

（创意 1）巧克力＋乐高：________________

（创意 2）巧克力＋乐高：________________

（创意 3）巧克力＋乐高：________________

（创意 4）巧克力＋乐高：________________

（创意 5）巧克力＋乐高：________________

下面的训练为两个“创新钻石”任务，完成本次思维训练，将获得一枚“创新钻石”勋章。

## 5.2.8 “创新钻石”训练：继续玩乐高

训练目的：练习“组合”的创新方式

训练内容：LEGO（乐高）是一种兼容性很好的产品，在丹麦语里“Leg-

Godt”是“玩得好”的意思，但在拉丁语中的意思是“拼合”。继续用乐高进行拼合，看看能产生多少种新的创意？

训练步骤：

1. 用随机词表抽取 10 个不同的词，依次与乐高组合，看看能得到多少种新的创想？

2. 开始组合吧！

乐高 +________：（新创想 1）________________________________

乐高 +________：（新创想 2）________________________________

乐高 +________：（新创想 3）________________________________

乐高 +________：（新创想 4）________________________________

乐高 +________：（新创想 5）________________________________

乐高 +________：（新创想 6）________________________________

乐高 +________：（新创想 7）________________________________

乐高 +________：（新创想 8）________________________________

乐高 +________：（新创想 9）________________________________

乐高 +________：（新创想 10）________________________________

### 5.2.9　“创新钻石”训练：新笔发布会

训练内容：笔除了书写还可以具有哪些其他的功能？试着给一支笔添加一种或多种功能，让它成为一种全新的产品！

训练目的：用组合的方法进行产品创新。

训练步骤：

1. 思维比赛

用组合的方式设计一种新的笔，想法越多越好。15 分钟内，你能想到多少种新方案呢？全都写在下面吧。

笔 +______（新功能 1）：______________（新产品 1）

笔 +______（新功能 2）：______________（新产品 2）

笔 +______（新功能 3）：______________（新产品 3）

笔 +______（新功能 4）：______________（新产品 4）

笔 +______（新功能 5）：______________（新产品 5）

笔 +______（新功能 6）：______________（新产品 6）

笔 +______（新功能 7）：______________（新产品 7）

笔 +______（新功能 8）：______________（新产品 8）

笔 +______（新功能 9）：______________（新产品 9）

笔 +______（新功能 10）：______________（新产品 10）

### 2. 制作原型

选一种你最喜欢的想法，用纸、双面胶、木头、彩色笔、吸管等简单的材料，把这支全新的笔制作出来。

制作的笔只要能体现它的新功能就好了，它可以很简陋，也可以不太美观。

### 3. 新产品发布

我们要召开一次隆重的新产品发布会，每位同学都需要一边演示一边讲述你开发的新产品的具体功能和用途。会不会有人把笔开发成一种新型的武器或者牙刷呢？发布会是收获惊喜的时刻。

**给教练员的小贴士：**

1. 尽可能给孩子们提供多样化的制作材料，让孩子们有选择的余地。

2. 发布会的现场可以布置得很隆重（比如增加投影、海报和音乐），让孩子们在推出新产品的过程中更有成就感。

3. 不要忘记给小小发明家和他们的产品拍照，这会是孩子们珍贵的一份记忆。

创新钻石

完成训练，恭喜你又获得一枚徽章！

# 5.3　创新检核表

> 大自然最爱翻新，最爱改变旧形，创造新形。
>
> ——（古罗马）奥维德（《变形记》）

大多数创新都是旧元素的新组合，但是怎样组合才能产生新创意呢？美国创造学家亚历克斯•奥斯本在他的著作《发挥创造力》中介绍了创意技巧。后来，美国创造工程研究所从这本书中选择了9个项目，编制出《新创意检核用表》，这就是我们常说的奥斯本检核表①。

## 5.3.1　奥斯本创新检核表

我们总是习惯于按照思维定式来看待事物，不知道如何创新。如果能提供多项思维的路径，那么普通人也可以在提示引导下去进行发散思考了，这就是奥斯本创新检核表的重要贡献。

奥斯本创造的检核表法中有9个问题（表5-1），就好像有9个人从9个角度帮助你思考。你可以把9个思考点都试一试，也可以从中挑选一、两条集中精力深思。检核表法使人们突破了不愿提问或不善提问的心理障碍，在进行逐项检核时，强迫人们思维扩展，突破旧的思维框架，开拓了创新的思路，有利于提高发现创新的成功率。

**表5-1　奥斯本创新检核表**

| 序　　号 | 检核项目 | 含　　义 |
|---|---|---|
| 1 | 能否他用 | 现有的事物有无其他的用途、保持不变能否扩大用途；稍加改变有无其他用途 |
| 2 | 能否借用 | 能否引入其他的创造性设想；能否模仿别的东西；能否从其他领域、产品、方案中引入新的元素、材料、造型、原理、工艺、思路 |
| 3 | 能否改变 | 现有事物能否做些改变？如颜色、声音、味道、式样、花色、音响、品种、意义、制造方法；改变后效果如何 |
| 4 | 能否扩大 | 现有事物可否扩大适用范围；能否增加使用功能；能否添加零部件；延长它的使用寿命，增加长度、厚度、强度、频率、速度、数量、价值 |

① 谭迪敖，张天如．检核提示型创造技法[J]．现代特殊教育，1999（08）：44-46.

续表

| 序　　号 | 检 核 项 目 | 含　　义 |
| --- | --- | --- |
| 5 | 能否缩小 | 现有事物能否体积变小、长度变短、重量变轻、厚度变薄以及拆分或省略某些部分（简单化）？能否浓缩化、省力化、方便化、短路化 |
| 6 | 能否替代 | 现有事物能否用其他材料、元件、结构、力、设备力、方法、符号、声音等代替 |
| 7 | 能否调整 | 现有事物能否变换排列顺序、位置、时间、速度、计划、型号；内部元件可否交换 |
| 8 | 能否颠倒 | 现有的事物能否从里外、上下、左右、前后、横竖、主次、正负、因果等相反的角度颠倒过来用 |
| 9 | 能否组合 | 能否进行原理组合、材料组合、部件组合、形状组合、功能组合、目的组合 |

### 5.3.2　检核表的应用

这个检核表简直是创新者的福音，它帮我们打开了创新的 9 种思维路径，例如，要对手机进行创新，可以像表 5-2 这样使用奥斯本检核表。

**表 5-2　手机的创新检核表**

| 序　　号 | 检　核　项　目 | 创造性设想 |
| --- | --- | --- |
| 1 | 能否他用 | 其他用途：手表、手电筒 |
| 2 | 能否借用 | 增加功能：可以全息投影的手机 |
| 3 | 能否改变 | 改一改：能发光的手机、可以变形的手机 |
| 4 | 能否扩大 | 延长使用寿命：电池时间更长、屏幕更大 |
| 5 | 能否缩小 | 缩小体积：缩小到一个纽扣大小，可穿戴 |
| 6 | 能否替代 | 代用：用手表或眼镜替代 |
| 7 | 能否调整 | 换型号：给盲人使用的手机 |
| 8 | 能否颠倒 | 反过来想：为治疗“低头病”，低头自动关机，抬头才开机 |
| 9 | 能否组合 | 与其他组合：可以检测空气质量的手机，可以测血压的手机 |

### 5.3.3　创新检核表的优缺点

奥斯本检核表法适用于对具体的产品进行改进，也就是说，要有一个待改进的具体对象。因而，对于需要原创的创新，就不太适合了。

### 5.3.4　实施步骤

1. 明确改进对象。需要改进什么？把已有的产品明确写下来。下面围绕这个具体产品进行改进型创新。

2. 根据创新检核表中列出的 9 个问题，运用丰富想象力，强制性地一个个核对讨论，写出新设想。

3. 对新设想进行筛选，将最有价值和创新性的设想筛选出来。

### 5.3.5　注意事项

1. 要一条一条地进行核检，不要有遗漏。

2. 要多核检几遍，效果会更好，或许会更准确地选择出所需创新、发明的方面。

3. 在检核每项内容时，要尽可能地发挥自己的想象力和联想力，产生更多的创造性设想。进行检索思考时，可以将每大类问题作为一种单独的创新方法来运用。

4. 核检方式可根据需要，一人核检也可以，3 ～ 8 人共同核检也可以。集体核检可以互相激励，产生头脑风暴，更有希望创新。

下面的训练为两个“创新钻石”任务，完成本次思维训练，将获得一枚“创新钻石”勋章。

### 5.3.6　“创新钻石”训练：设计概念车

训练目的：使用奥斯本创新检核表进行改进型创新。

训练步骤：

1. 预热

概念车（Concept Car）可以理解为未来汽车，一种介于设想和现实之间的汽车。汽车设计师利用概念车向人们展示新颖、独特、超前的构思，反映人类对先进汽车的梦想与追求。

现在就来作一名概念车的设计者，设计一款属于未来的概念车吧！

2. 使用奥斯本创新检核表

从 9 个方面进行创意发散，在“创造性设想”一栏填写你的奇思妙想，越多越好，如表 5-3 所示。

表 5-3　概念车的创新检核表

| 序　　号 | 检 核 项 目 | 创造性设想 |
|---|---|---|
| 1 | 能否他用 | |
| 2 | 能否借用 | |
| 3 | 能否扩大 | |
| 4 | 能否缩小 | |
| 5 | 能否改变 | |
| 6 | 能否代用 | |
| 7 | 能否调整 | |
| 8 | 能否颠倒 | |
| 9 | 能否组合 | |

### 3. 模型制作

从上面的创新检核表中挑选一个创意，用你的玩具汽车、乐高、电路板、纸板等制作这个概念车的模型。

在汽车网站上分享你的创意。

**给教练员的小贴士：**

1. 原型制作可以在已有的玩具汽车上进行改进，增加相关零件，制作出概念车的原型。也可以打破汽车的基本构造（车体＋车轮），设计完全创新的车型。

2. 在制作原型时，鼓励孩子寻找废旧材料，对材料的创造性运用本身也是对创新思维的训练。

## 5.3.7　“创新钻石”训练：改造闹钟

训练目的：使用奥斯本创新检核表进行改进型创新。

训练步骤：

### 1. 拆掉闹钟

很多孩子都有拆卸玩具的经历。那是因为我们想知道，它是怎么构造的，它为

什么可以这样运行。最常被拆掉的“玩具”之一就是闹钟。现在，我们知道，大多数闹钟都是一个机芯加一个外壳组成的。现在，我们拆掉外壳，让闹钟只剩一个机芯。

### 2. 创造新的闹钟

闹钟还可以是什么样子呢？从 9 个方面进行创意发散，在“创造性设想”一栏填写你的奇思妙想，越多越好，如表 5-4 所示。

表 5-4　闹钟的创新检核表

| 序　号 | 检 核 项 目 | 创造性设想 |
|---|---|---|
| 1 | 能否他用 | |
| 2 | 能否借用 | |
| 3 | 能否扩大 | |
| 4 | 能否缩小 | |
| 5 | 能否改变 | |
| 6 | 能否代用 | |
| 7 | 能否调整 | |
| 8 | 能否颠倒 | |
| 9 | 能否组合 | |

### 3. 模型制作

从上面的创新检核表中挑选一个创意，用废旧材料制作闹钟的外壳。当然，这时的外壳不仅仅只有保护机芯的作用，它可能已经被你改进成了任何东西。把外壳和机芯拼装起来，完成这个全新的闹钟的模型制作。

**给教练员的小贴士：**

1. 可以在网上购买闹钟机芯（大概 10 元一个），提供给孩子们。

2. 鼓励孩子们使用多种材料进行拼装，材料使用的创新也是创新中很重要的一部分。

完成训练，恭喜你又获得一枚徽章！

创新钻石

# 5.4 SCAMPER 法和十二聪明法

对于创新来说，方法就是新的世界，最重要的不是知识，而是思路。

——郎加明（《创新的奥秘》的作者）

SCAMPER 方法是美国心理学家罗伯特 • 艾伯尔（Robert F.Eberle）于 1971 年提出的一种综合性思维策略。SCAMPER 法在奥斯本创新检核表的基础上进行了简化和优化，更适合在创客教育中激发孩子们进行创造。

## 5.4.1 SCAMPER

SCAMPER 是 Substitute（替换）、Combine（组合）、Adapt（调整）、Modify/Magnify/Minimize（修改 / 放大 / 缩小）、Put to other uses（用作他途）、Eliminate（排除）、Reverse/Rearrange（颠倒 / 重新排列）的首字母缩写。[①] 这种检核表代表七种改进或改变的方向，能激发人们推敲出新的构想，如表 5-5 所示。

表 5-5 SCAMPER 创新检核表

| | 检 核 项 目 | 创造性的想法 |
|---|---|---|
| S | Substitute，替代 | |
| C | Combine，结合 | |
| A | Adapt，改进 | |
| M | Modify/Magnify/Minimize（修改 / 放大 / 缩小） | |
| P | Put to other uses，用作其他用途 | |
| E | Eliminate，排除 | |
| R | Reverse or rearrange，逆转或重新排序 | |

① 李尚之，汤超颖 . 创新思维的训练手册：脑体操 [M]. 北京：清华大学出版社，2017：21.

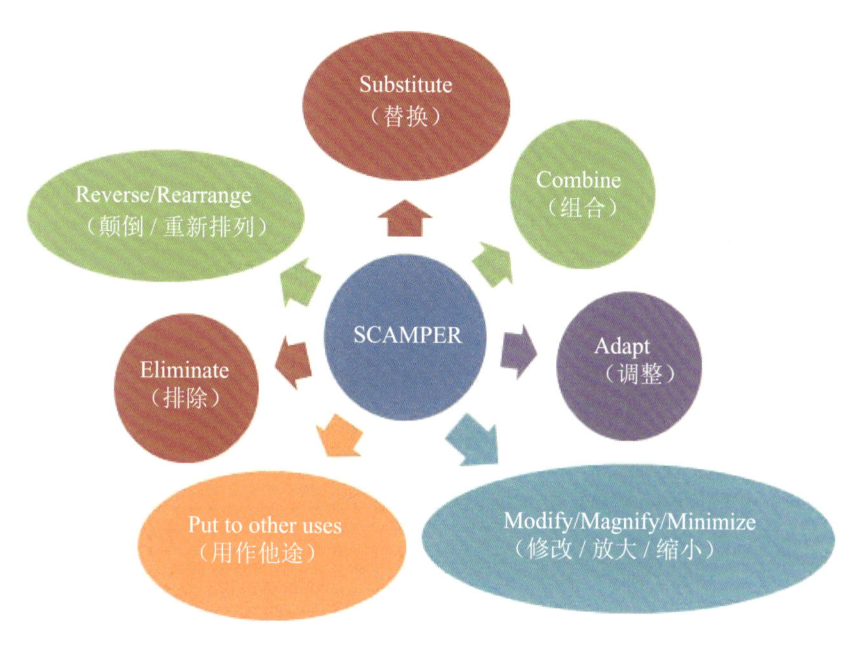


## 5.4.2　十二聪明法

奥斯本创新检核表的中国本土应用，是上海创造学会研究出来的十二聪明法，也叫思路提示法，共 12 句话 36 个字。该法已被日本创造学会和美国创造教育基金会承认，并译成日文、英文在世界各国流传和使用。

对于记不住 SCAMPER 中每个单词的中小学生，记住 12 句话 36 个字显得更加简单易懂。因此，我们在中小学创客教育中也推荐使用这种本土化的创新检核方法，如表 5-6 所示。

表 5-6　十二聪明法检核表

| | 检 核 项 目 | 举　例 |
|---|---|---|
| 加一加 | 考虑可在这件东西上添加些什么吗？需要加上更多时间或次数吗？把它加高一些、加厚一些行不行？把这样的东西跟其他东西组合在一起会有什么结果 | 智能手机就是收音、照相、摄像、上网、音乐播放等诸多功能的集合体 |

续表

| | 检核项目 | 举　例 |
|---|---|---|
| 减一减 | 考虑可在这件东西上减去些什么吗？可以减少些时间或次数吗？把它降低一点、减轻一点行不行？可省略、取消什么东西呢 | 拖鞋就是在普通鞋子的基础上减一减，减成最简单的方式，便于在房间穿 |
| 扩一扩 | 把产品的功能扩展一下会怎么样？把它的应用领域扩大一点好吗？还能扩展到别的产品上吗 | 最初的台式风扇是放到桌子上的，如果没有桌子那怎么扇呢？于是便出现了落地风扇。空调原来是装到窗户上的，接着扩一扩，变成分体式，再扩一下，变成了柜式机，再扩大一下成了中央空调 |
| 缩一缩 | 使这件东西压缩、缩小会怎样？拆下一些、做薄一些、降低一些、缩短一些、减轻一些、再分割得小一些行不行 | 随身听的发明，实际上就是“缩一缩”带来的发明。电热杯就是热水壶的缩一缩 |
| 变一变 | 改变一下形状、颜色、音响、味道、运动、气味、型号、姿态会怎样？改变一下次序会怎样 | 彩虹糖就是改变了普通糖果的颜色，变得五颜六色，受到孩子们的喜爱 |
| 改一改 | 这件东西还存在什么缺点？还有什么不足之处需要加以改进？它在使用时是否会给人带来不便？有解决这些问题的办法吗？可否挪作他用？或保持现状，做稍许改变 | 原来镜片是用玻璃做的，光学性能不佳，而且容易碎裂；架子是金属的，很沉。于是人们便把眼镜架改为钛合金的，不变形而且很轻快；把眼镜片改为树脂镜片，更轻、更安全 |
| 联一联 | 某个事物的结果跟它的起因有什么联系？能从中找到解决问题的办法吗？把某些东西或事情联系起来，能帮助我们达到目的吗 | 从孩子的褪色笔得到启发，人们发明出褪色打印机，打印后的纸张在放置一段时间后会重新变白，重复使用 |
| 学一学 | 有什么事物和情形可以让自己模仿、学习一下吗？模仿它的形状、结构、功能会有什么结果？学习它的原理、技术又会有什么结果 | 人们模仿企鹅的运动方式发明了沙漠跳跃机；从恐龙的巨大身躯悟出建筑学的道理等 |
| 代一代 | 有什么东西能代替另一样东西吗？如果用别的材料、零件、方法行不行？换个人做、使用其他动力，换个机构、换个音色行不行？换个要素、换个模型、换个布局、换个顺序、换个日程行不行 | 现在自来水管道不再用铸铁的了，因为铸铁的自来水管道用不了几年就会锈蚀，代之而起的是 PVC 管，只是这一“代”，水管的使用年限就大大提高 |

续表

| | 检 核 项 目 | 举　例 |
| --- | --- | --- |
| 搬一搬 | 把这件东西搬到别的地方，还能有别的用处吗？将这个想法、道理、技术搬到别的地方，也能用得上吗？可否从别处听取到意见、建议？可否借用他人的智慧 | |
| 反一反 | 如果把一件东西、一个事物的正反、上下、左右、前后、横竖、里外颠倒一下，会有什么结果 | 传统的破冰船都是依靠自身的重量来压碎冰块的，因此它的头部都采用高硬度材料制成，而且设计得十分笨重，转向非常不便，所以这种破冰船非常害怕侧向漂来的流水。苏联的科学家运用逆向思维，变向下压冰为向上推冰，即让破冰船潜入水下，依靠浮力从冰下向上破冰 |
| 定一定 | 为了解决某个问题或改进某件东西，为了提高学习、工作效率和防止可能发生的事故或疏漏，需要规定些什么吗 | 为了提高生产效率，在美国首先发明了流水线生产法。仅仅只是生产方法的改变，就获得了巨大的效益 |

下面的训练为两个“创新钻石”任务，完成本次思维训练，将获得一枚“创新钻石”勋章。

### 5.4.3　“创新钻石”训练：台灯变一变

训练目的：自己选择一个创新检核表（SCAMPER 法或者十二聪明法），用这种创新检核表作为工具，激发产品创意，越多越好。

训练步骤：

#### 1. SCAMPER 法或者十二聪明法

选择一种你喜欢的创新检核表，依次检核你的创新点，要充分发散，反复检核几遍，以免漏掉一些想法。

#### 2. 新想法

从新想法中选一种，用木板、电路板、灯泡、电线等材料组装一盏台灯。

### 5.4.4　“创新钻石”训练：有呀有呀书店

训练目的：自己选择一种创新检核表（SCAMPER 法或者十二聪明法），用这种创新检核表作为工具，激发关于“书籍”的创意，你能想到多少种新的书籍样式呢？都放到“有呀有呀书店”里去吧！

训练步骤：

1. 预热

在小镇的街道上，有一家“有呀有呀书店”，只要问店里的叔叔：“这里有某某方面的书吗？”他就会一边回答“有呀有呀”，一边从店里走出来。这里有哪些和书有关的东西呢？我们一起来看看吧。

可以栽培的书

双人看的书

只能在月光下看的书

会融化的书

会跑的书

会吃东西的书

会流泪的书

会不断长高的书

会夸奖人的书

会流鼻涕的书

有呀有呀书店[1]

……

还有好多啊！

### 2. 发明更多的书

选择一种你喜欢的创新检核表（SCAMPER 法或者十二聪明法），依次检核你的创新点，要充分发散，反复检核几遍，以免漏掉一些想法。

### 3. 做个“新书”绘本吧

你一共想出了多少种新的书？把它们画下来，做个像样的绘本，就像吉竹伸介做的那样。

① 吉竹伸介．有呀有呀书店 [M]．任青云，译．北京：中信出版社，2018：8-11.

**给教练员的小贴士：**

1.“预热”中所有关于书的想法都来自日本作家吉竹伸介的绘本《有呀有呀书店》，里面介绍了各种我们想不到的书的样式，推荐给孩子们读这本书，一定会让孩子们脑洞大开的。

2. 用绘本的方式把大家的想法收集起来，一边训练孩子们的创新思维，一边锻炼孩子们的视觉传达能力，为下一个章节的学习打下基础。

创新钻石

完成训练，恭喜你又获得一枚徽章！

## 5.5 原型制作

制作模型就是在解决问题，它是一种文化和语言。

——（美）汤姆·凯利（全球著名创新设计咨询公司 IDEO 总经理）

### 5.5.1 游戏：乐高太空舱

游戏内容：用乐高迅速搭建一个太空舱。

游戏步骤：

1. 明确任务

搭建一个太空舱，舱内需要宇航员生活的一切必备物品，时间30分钟。

2. 搭建

用乐高在半小时内完成搭建任务，大胆想象，大胆动手。

当我们用创新检核表找到一个令人惊喜的想法的时候，创新的过程就这样到此为止了吗？当然不是，创新者是thinker与maker的完美结合，接下来，就是动手制作原型的时刻啦！

### 5.5.2 什么是原型

什么是原型？原型是所有由想法演化而成的可被感知和用来测试的东西。

我们都曾是原型搭建专家，还记得小时候搭的积木吗？我们把头脑中关于楼房、消防站或航站楼的想法用积木的方式表达出来。我们会在里面设计一些人偶，用手拿着它们在建筑里穿行，仿佛真的生活在里面一样。有时，我们还会把汽车等交通玩具停靠在“楼房”的前面，告诉小伙伴们，那是来接我回家的“车车”。

在火箭发射基地外的“侯箭楼”等待的人们[1]

① 图片来源：作者拍自成都魅客科创中心教学现场。

每个孩子都是天生的原型设计师，因为孩子不满足仅仅让想法停留在头脑里。于是，我们会看到他们拿着一张混乱的画，认真讲述一个故事；或者拼出一个古怪的机器人，告诉我们他们是如何拯救地球的。每一个都不仅仅是想法，而是借由媒介表达出来的原型。

恰好，我有记录孩子们作品的习惯，下面，就让我们来看看几位孩子制作的原型吧！

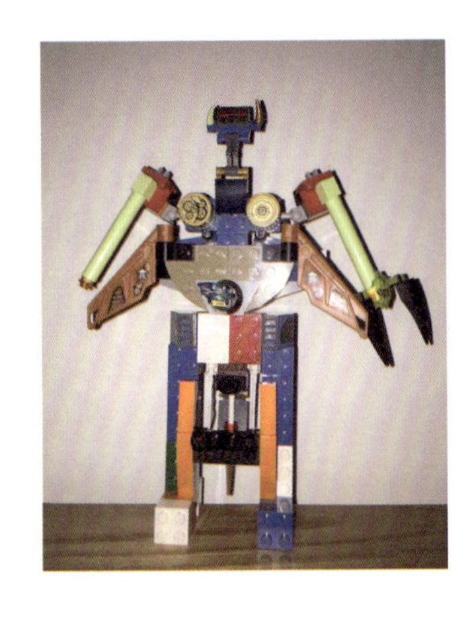

作战机器人（创造者：张新雨 九岁）

飞机、雪橇车和多功能机器人（创造者：义久照 七岁半）

通过原型制作，我们能将一个抽象的概念或想法变成人们可以感知的东西，并在这个原型的基础上与使用者沟通，从而改进原有的设计方案。

戴维・凯利（David Kelley）把原型制作称为“用手思考”。

俗话说，“一图抵万言”，事实上，一个好的模型抵过千张图。制作模型的过

程就是用手思考的过程，这让一些抽象的概念有了明确的表现形式。

你观察过孩子搭建乐高的过程吗？他们不希望被打扰，他们有时嘴里会念念有词，“又被打败了吗？我再给你的手臂上加一把激光枪吧……这下厉害了吧！”

他们一边思考一边制作模型，或者说，一边制作模型一边思考。总之，这两个过程是一体的，我们无法把两者分开。

### 5.5.3　原型制作的原则

“用手思考”充分体现了原型制作的价值和意义，动手可以帮助思考，制作的本身就是在创新。

除此之外，原型设计需要做到快速和低成本。

#### 1. 快速

模型制作的目的，不是制造一个能工作的模型，而是赋予想法具体的外形，这样就可以了解这个想法的长处和弱点，并找到新方向来搭建更详细、更精密的下一代模型。我们可以用纸板搭建一个洗衣机的模型，当然这个洗衣机是不能真正运转的，但我们能快速表达我们的想法，并在这个基础上进行迭代。因此，快速搭建，是原型制作的关键。

#### 2. 低成本

我们不需要用精密的仪器设计外观，最直接的方式就是手工切割，手工组装。使用的材料也尽量是简单易得的，如便利贴、纸板、泡沫板等。

IDEO 提倡“不求精细，胜在快速”的模型制作原则。在为捷锐士公司设计时，甚至制作出零成本原型。

捷锐士公司（Gyrus ACMI）是一家生产手术器械的公司。2001 年，IDEOO 与捷锐士合作开发一种用来对娇嫩鼻腔组织进行手术的新器械。项目刚开始时，设计团队与 6 位耳鼻喉外科医生见面，了解他们如何实施这一手术，现有器械有哪些问题，以及他们希望新系统具有哪些特性。其中一位外科医生，用不太标准的语言和笨拙的手势，描述他希望新器械上有一个手枪柄似的东西。这些医生离开后，一位设计师抓过一支白板笔和一个 35 毫米胶卷盒，用胶带把它们粘到一个搁在一边的塑料衣夹上，然后紧握这个像是扳机的衣夹。这个简陋的模型让讨论得以继续深入，让每个人都同时了解了目前的进展，并省掉了数不清的现场会议、视频会议、制造时间和机票。而这个模型在人力和物力上的花费为零。[1]

## 5.5.4 原型的种类

任何类型的解决方案都可以制作出原型，无论是产品、服务还是复杂的体验，甚至是商业模式。[2]

精密的胰岛素注射器，其前身就是乐高积木；软件开发前期，用便利贴做模拟界面；要把社区服务的功能展现出来，可以用视频短片。乐高、便利贴、视频短片……这些都是原型制作的例子。每一种想法要变成现实都需要媒介，下面我们就介绍几种适合少儿创客教育的模型制作媒介。

### 1. 纸板、泡沫板

对于产品的外形设计，用 3D 打印当然很好，但需要耗费一定的时间。简单的办法有点类似服装设计里的立体剪裁，直接切割纸板或泡沫板，将图纸上的想法变成立体的现实。

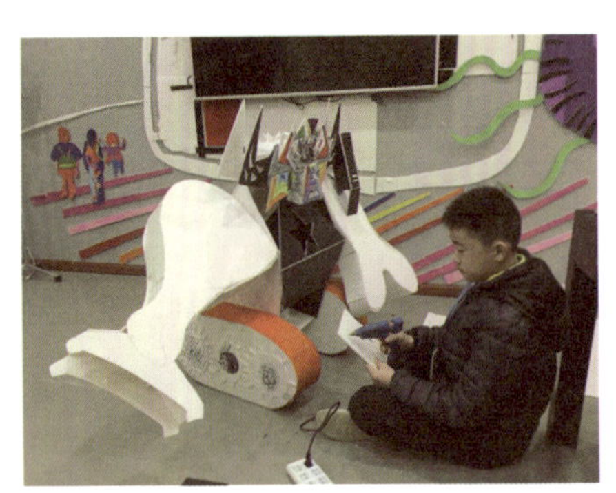

用泡沫板和纸板制作原型[3]

一位学艺术的孩子（上图）画了一张可行走机器人的设计图，在老师的鼓励下，他正用胶枪黏合切割好的泡沫板，把平面的作品变成立体的原型。旁边摆放的是另一位小作者用纸箱制作的三角龙原型，仅仅用折纸的方式就做成了恐龙的头。你瞧它的嘴巴和眼睛，还真有点活灵活现呢！

① 布朗 . IDEO 设计改变一切 [M]. 沈阳：万卷出版社，2011： 83-84.
② 张凌燕 . 设计思维：右脑时代必备创新思考力 [M]. 北京：人民邮电出版社，2017：156.
③ 图片来源：作者摄于成都杨红梅艺术中心教学现场。

### 2. 布料、彩纸

这个教室里的孩子们正在把服装设计图上一件件漂亮的礼服在人台上制作出来，用彩纸或布料，加上大头针就可以展现出一件件服装设计的原型。

时装设计工作室[①]

### 3. 乐高、电子积木

电子积木是将导线、灯泡 、二极管、三极管、电阻、电容、普通开关、震动开关、温控开关、无线发射器、电表、电机、喇叭、集成块等电子元器件固定在塑料片（块）上，用独特的子母扣做成独立可拼装的配件，在产品配置的安装底板上像拼积木一样拼装电路组合。电子积木由浅入深，可快速拼装出各种趣味电路与实用电路，每拼装一种电路，都能马上听到或看到声、光、电的效果，很适合少儿创客教学。

乐高、电子积木[②]

① 图片来源：作者摄于成都杨红梅艺术中心教学现场。
② 图片来源：作者摄于成都魅客科创中心教学现场。

孩子们用乐高搭建外形，用电子积木实现某些功能。下图是在成都魅客科创中心认真搭建“太空基地”的孩子们。从他们专注的神态和动作，我们能感受到这些小小设计师们正在从事一项伟大的创新！至少他们相信，自己设计制作的塔台是可以用来发射火箭的。

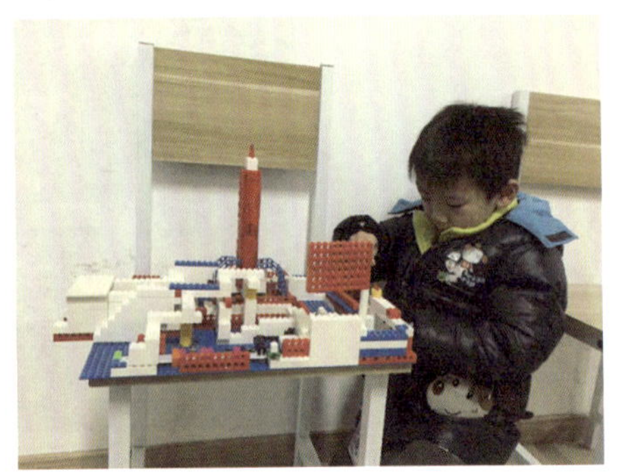

全神贯注设计和搭建“太空基地”的孩子们[①]

4. 电路板、电线、雪糕棒等

用于搭建有一定结构功能的设备，如小车。在一次搭建火星登陆车的比赛中，两组孩子分别搭建了两种不同结构的登陆车。从原型的角度看，孩子们的作品很好地表达了他们的构思。

两种不同结构的火星登陆车[②]

下图是一个正在进行原型制作的团队，他们搭建了独一无二的三角形登陆小车，因为他们觉得三角形是最稳定的结构（真不错的想法），他们在小车上安装了

① 图片来源：作者摄于成都魅客科创中心教学现场。
② 图片来源：作者摄于成都魅客科创中心教学现场。

太阳能板、电池和风扇，用三种方式来提供电能，还考虑在小车的前面安装一块铲车的铲子（其实就是雪糕棒），用来铲除可能遇到的不平障碍。为了避障，还在小车的风扇前面安装了摄像头（用一支棉签来代替），当小车探测到障碍物时，可以选择绕行避障。

搭建三角形登陆小车[①]

用简单的材料——太阳能板、雪糕棒、棉签等制作原型，孩子们表达了非常科学和有创意的想法，真是快速而有效！

### 5. 智能硬件

Arduino 是号称最适合初学者学习编程、最适合创客折腾创造、最适合跨平台运行的开源性电子平台。它由两部分构成：硬件 Arduino 板子（有各种型号，均价百以下）和软件 Arduino IDE，此外还可按具体功能需求连接各种传感器。

孩子们正在用智能硬件进行学习[②]

① 图片来源：作者摄于成都魅客科创中心教学现场。
② 图片来源：作者摄于成都魅客科创中心教学现场。

用智能硬件做个可以自动躲避障碍的扫地机器人，自如转遍家里的每个角落，是不是超酷呢！

自动避障小车

6. 纸、图

1）游戏开发中的纸原型

如果我们要开发一款电子游戏，开发费用是很昂贵的。如何在设计初期检测游戏是否好玩呢？ Maxis 的创意总监斯通 • 莱布兰德（Stone Librande）提倡在电子游戏设计中广泛使用纸原型。他在工作坊中要求学员创建过去玩过的真实游戏的纸质版本，在此工程中，有一次就真的做出了《行星战记》的完全离线版本。

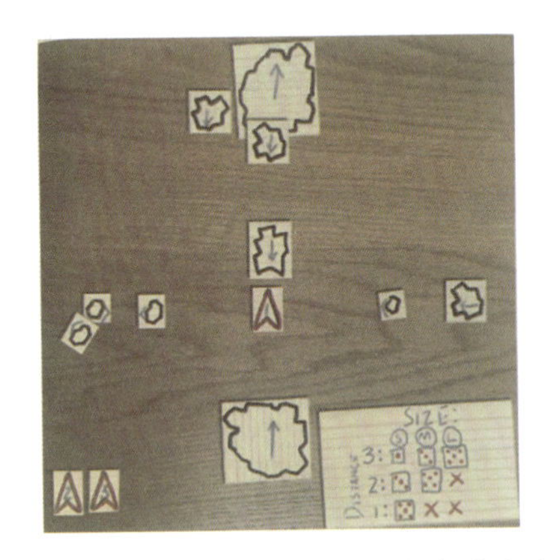

用纸原型重建经典街机游戏《行星战机》，用掷骰子的概率方阵（右下）决定是否命中

用这个模拟，玩家选择 4 个指向飞船中的一个方向，而行星一次接近一步。玩家掷骰子开火，根据行星的大小和离飞船的距离来计算是否成功。这个原型把游戏成功压缩成最基础的交互。

因此，电子游戏至少有一些元素适合纸原型设计。即使你正在创建的游戏有一部分无法转换，其他部分还是可能会转换的。没关系，不必完全重新创建游戏。但是无论什么地方有机会用纸原型来回答设计问题，都值得试试，因为方便和便宜。[①]

2）App 开发中的交互原型图

在开发 App 时，我们可以先用思维导图设计基本功能，并用交互原型图表现整个 App 的功能。这里使用的思维导图和交互原型图也是原型制作的一种方式。

例如，“暖心”App 是“小虎队长”在站酷网（zcool.com.cn）发布的原创

① 费拉拉 . 好玩的设计：游戏化思维与用户体验设计 [M]. 北京：清华大学出版社，2018：87-88.

App 设计。首先，用思维导图对“暖心”App 的功能进行了规划，之后用交互设计原型图展现了这款 App 的实际交互情况。这里的思维导图和交互原型图都是很好的原型制作方法。

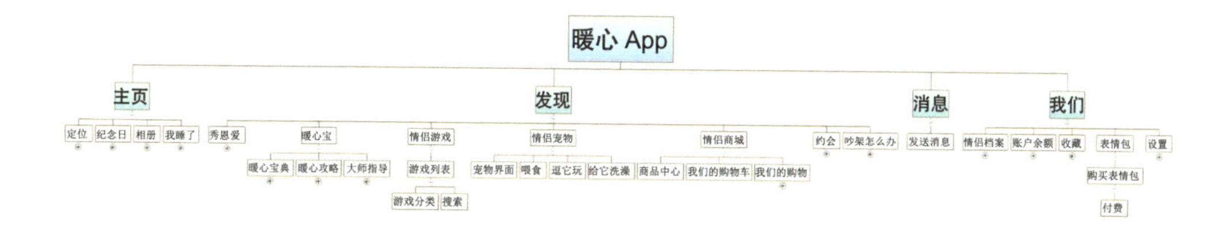


暖心 App 的思路构架图①

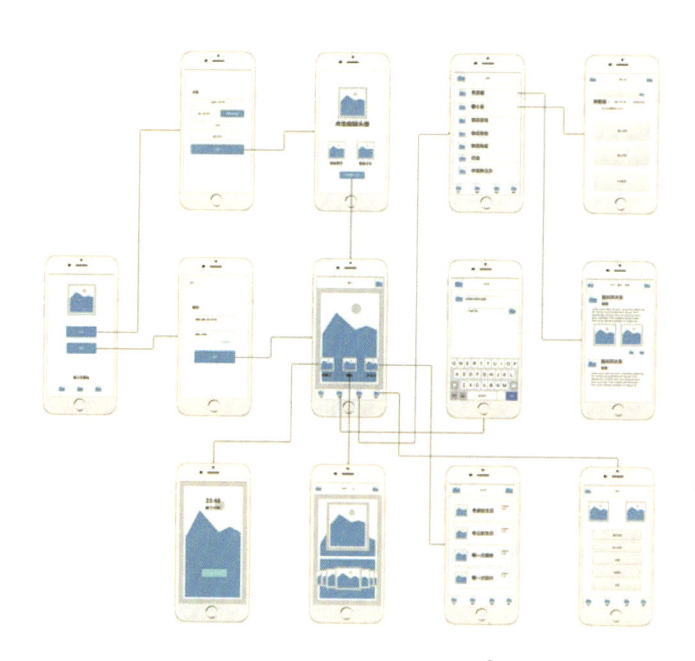

暖心 App 的交互设计原型图②

## 5.5.5 如何制作原型？

动手制作原型之前，我们需要先做三个准备工作：第一是制作流程图；第二是列出清单计划；第三是制定工作计划。这样三步走之后，我们的原型制作才能做到

① 图片来源：https://www.zcool.com.cn/work/ZMTQyNzY0MTY=.html。
② 图片来源：https://www.zcool.com.cn/work/ZMTQyNzY0MTY=.htm。

胸有成竹、有条不紊。

### 1. 分析加工 / 装配流程，制作流程图

原型制作并不是拿起工具就可以把想法变成现实的，这里面包含严密的工程思维。作为制作流程图，其实就是原型制作的步骤图。还记得我们每一次课后训练都有训练流程吗？第一步，第二步，第三步……

流程，就是为达到目标的步骤。流程图，就是记录这些步骤的图示。

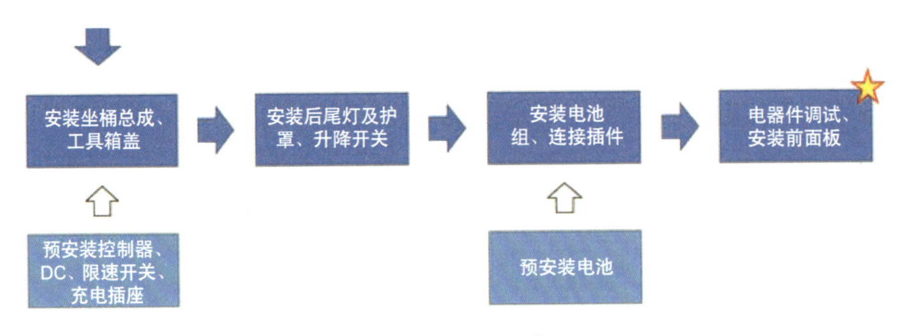


制作流程图举例①

### 2. 清单计划

在清楚制作步骤的前提下，我们开始考虑如何制作，包括制作工具和制作材料的选择。因此，我们需要先列出《物料清单》和《工具清单》。检查自己的现有物料和工具是否齐备，如果没有，想办法解决。下图是一项小制作的《物料清单》和《工具清单》举例。

**物料清单**

| 一、纸制类 | |
|---|---|
| 1.1 | 白纸 2 张，A4 |
| 1.2 | 废纸箱 5 个，长边至少为 30cm |
| 二、木制类 | |
| 2.1 | 树枝，长度至少为 10cm |
| 2.2 | 废桌板，厚度至少为 2cm |
| | |

**工具清单**

| 一、大件类 | |
|---|---|
| 1.1 | 3D 打印机 |
| 1.2 | 激光切割机 |
| 二、小件类 | |
| 2.1 | 剪刀 |
| 2.2 | 胶水，固体 |
| 2.3 | 钳子，小尖嘴 |

制作清单举例②

① 图片来源：西南交通大学中美青年创客交流中心创客教育导师王坤老师的课件《重构跨界视野·共创智美未来》。

② 图片来源：西南交通大学中美青年创客交流中心创客教育导师王坤老师的课件《重构跨界视野·共创智美未来》。

### 3. 工作计划（甘特图）——Excel、Visio 等

最后就是具体的工作计划了！有时，一项复杂的原型制作无法一次完成，需要花费一定的时间，那么，如何安排时间就是关键问题。下图的甘特表是一次工具计划的具体示范，我们不必在意里面的具体内容，只要知道表格的大致结构，知道如何按照表格填写工作计划就可以了。

编制人：/12-3-20　版次：A

| 大项序号 | 项目模块 | 项目模块细分工作事项 | 第十八周 | 第十九周 | 第二十周 | 项目后续服务 |
|---|---|---|---|---|---|---|
| 12 | 关键流程制度梳理 | [illegible] | [illegible] | [illegible] | [illegible] | [illegible] |
| 13 | 职责体系 | [illegible] | [illegible] | [illegible] | [illegible] | [illegible] |
| 14 | 绩效体系 | [illegible] | [illegible] | [illegible] | [illegible] | [illegible] |
| 15 | 薪酬体系 | [illegible] | [illegible] | [illegible] | [illegible] | [illegible] |
| 16 | 结项暨自运营 | [illegible] | [illegible] | [illegible] | [illegible] | [illegible] |

工作计划举例[①]

## 5.5.6　测试原型

制作原型不是创新的终点，我们需要把原型带入现实场景中去，测试它的使用情况，并进行改进。

最好的方法是，找到设计的使用者，让他们使用这些原型产品，设计师可以从用户那里得到很好的反馈。这些反馈对改进设计、迭代产品至关重要。

这里介绍设计思维中的一个视觉工具——反馈图。在左上方列出原型中起到作用且对用户有意义的点；在右上方列出用户反应的需要改进的地方；在左下方列出用户的疑问和不理解的地方；在右下方列出用户给的建议和想法。[②]

作为设计师，我们还需要对反馈图中的信息进行充分的讨论、调研、评估，选出至关重要的改进建议，带着这些建议重新回到原型设计中，重新制作原型。

① 图片来源：西南交通大学中美青年创客交流中心创客教育导师王坤老师的课件《重构跨界视野·共创智美未来》。

② 张凌燕．设计思维：右脑时代必备创新思考力 [M]．北京：人民邮电出版社，2017：159-160.

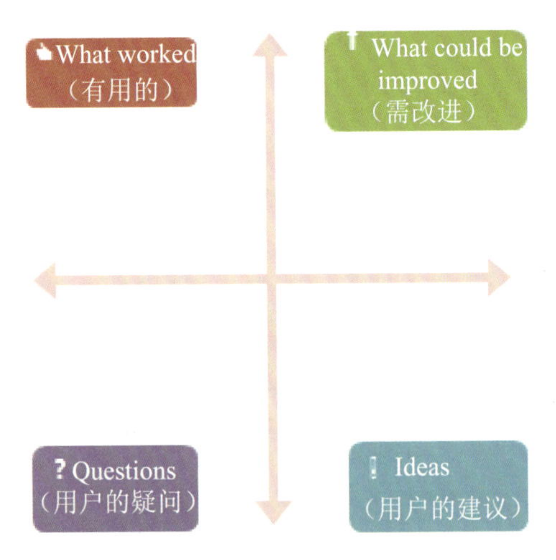


例如，来自成都石室双楠实验学校六年级的黎方可凭借作品“车内自动降温及车内遗留婴儿报警器”获得了2016年四川省（青少年）科技创新大赛一等奖。据小方介绍，其实她之前做了三个版本，第一个版本的车体是用瓦楞纸做的，很不结实，之后才改成了透明的亚克力材料。电路设计方面也做了多次改进，另外编程方面也进行了一次又一次优化。可见，一个成功的原型背后是若干次原型迭代创新。即便这样，要把这个“车内自动降温及车内遗留婴儿报警器”投入实际生产，仍然存在着很多问题。需要我们的小小创客们继续进行原型检测，不断解决新问题。

四川卫视科教频道《出发吧，小创客》节目截屏

下面的训练为两个“创新钻石”任务，完成本次思维训练，将获得一枚“创新钻石”勋章。

## 5.5.7 “创新钻石”训练：纸塔游戏

训练内容：搭建纸塔。

以 5 人为一个团队，要求在 20 分钟内搭建一座纸塔，塔最高的团队获胜。

训练目标：通过组建小组，完成一个有创新挑战的任务，体会团队协作的重要性，具体要求如下。

1. 只能使用报纸和透明胶带。
2. 塔不能倚靠和悬挂，必须自己能站立和被移动。
3. 尽可能高，越高越好。

训练步骤：

### 1. 搭建纸塔

### 2. 改进纸塔

想一想，你们的纸塔为什么会倒？或怎样才能搭得更高？

用 10 分钟的时间，思考改进的方案，在 A3 纸上画出改进的方案。

### 3. 项目提案

假设你所在的城市需要一座塔作为地标式建筑，请各个小组迅速为自己的塔命名，并进行一次项目设计，说明自己的塔可以作为城市地标的原因。最后请一位同学进行竞标提案。

“六一中队”小组[①]

“YWYT”小组

① 图片来源：作者摄于西南交大附小“小小创造家”课堂。

“开旗必胜”小组

“甜筒家”小组

“不知道”小组

“不知”小组

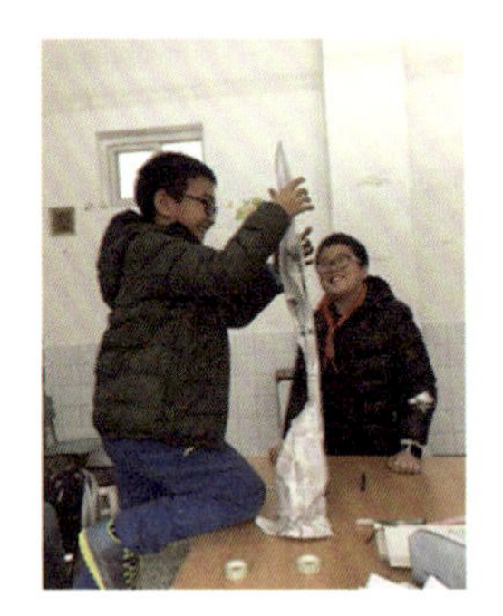

“吃瓜群众”小组

### 5.5.8 “创新钻石”训练：狗狗自动投食器

训练目的：动手做原型，把想法变成现实。

训练内容：如果你独居，白天上班，又养着宠物狗。那你可能面临这样一个问题，白天怎么喂自家汪？尝试用各种方式制作原型，解决这个问题。

训练步骤：

#### 1. 设计功能

设想一下，要解决自动喂狗的问题，这个投食器需要哪些功能？

#### 2. 设计图

在图纸上设计外观及结构，并列出可能使用的材料和工具。

#### 3. 原型制作

动手做原型，什么材料都可以试试看。

做好以后，可以看看小创客郑浩希同学的作品，也许会有很多启发哦。

郑浩希作品链接：https://v.qq.com/x/page/c0535iamx8d.html

创新钻石

完成训练，恭喜你又获得一枚徽章！

# 第六章
# 如何表达好创意？

## 6.1 视觉思维

3 分钟内画好，3 秒钟内分享。

——（韩）郑珍好（《视觉思维》的作者）

### 6.1.1 游戏：大西瓜呀大西瓜

游戏步骤：

1. 在黑板上写下“西瓜”两个字，问学生，“你们从这两个字联想到了什么？请写下来。”

2. 给学生展示西瓜的图片，问学生，“你们从这张图能联想到什么？请写下来。”

结果是不是让人大吃一惊？当我们在对“西瓜”进行联想的时候，我们能想到的是“夏天”“圆形”“条纹”等，但当我们在对西瓜的图片进行联想的时候，我们能想到的一下子变多了：“红色”“沙瓤”“甜”“口渴”“西瓜红的口红色”……看到红色的诱人的西瓜，我们的口腔中似乎已经开始分泌唾液，真有种垂

涎欲滴的感觉呢！这是为什么呢？

为什么西瓜（图）比西瓜（文字）更能刺激我们的联想呢？

这是因为图像的开放性及多元性能激发无限的想象力，也就是我们常说的“一图抵万言”。

##  6.1.2 视觉思维的作用

看看下面这幅图，你看见了什么？

鲁宾之杯

这是格式塔心理学家爱德加·鲁宾（Edgar Rubin）在1915年创作的鲁宾之杯。有人看到了一个杯子，有人看到了一个花瓶，有人看到了建筑的柱子，有人说这是两个人在对望……

图形能够激发更多的想象力。在向大家讲述自己的创意时，如果仅仅用语言文字来阐述，会很快疲惫不堪。因此，当我们要表达创意的时候，用图形结合文字的方式进行表达，能更好地激发听众的想象力，从而给听众留下更深的印象。

为什么孩子们都喜欢看绘本呢？因为孩子们是天生的视觉思维者，在接触语言和文字之前，他们的视觉思维在记忆和表达上发挥着重要作用。

3个孩子画的不同的火箭

### 6.1.3 视觉传达的特点

通过绘画，孩子们完成了手脑并用的创作过程，完成了用手思考的创新。但遗憾的是，孩子们越大对绘画越恐惧，越不敢画了，这是为什么呢？

这是因为，我们往往把视觉思维理解为艺术，追求“像不像”和“好不好看”，如果那样画画，的确会让人望而却步，不敢轻易动笔了。

视觉传达不是艺术，只是一种思维的表达方式。和艺术绘画不同，视觉传达追求的是快速和表达。

#### 1. 快速

3 分钟内画出来，这就是快速。用思维导图、轮廓线、符号等来表达思维，让人看懂你的思维路径，就是好的视觉传达。不要考虑传统绘画所强调的“明暗关系”“透视”等让人头疼的艺术问题。

#### 2. 表达

如果你的图能让人在 3 秒钟内看懂，明白你要表达的意思，就是好的视觉传达。就像做 PPT 一样，它的主要功能是沟通，不是艺术品。孩子们画的图只要能配合他们的讲解就行了，就像下图一样。

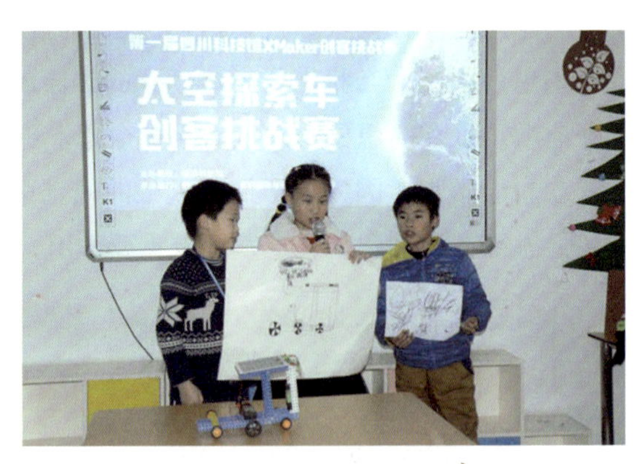


用图讲解小车的功能①

为了达到“快速表达”的要求，我们就要学会一种快速有效的绘画方式（忘掉美术课上的痛苦经历吧），用最简单、易学的方式表达创意！

① 图片来源：作者摄于成都魅客科创中心。

看完这个章节，你就可以画出任意你想表达的想法了。不相信吗？现在就和我一起开始画“小人”“表情包”、基本形和思维导图吧！用“小人”表达动作，用表情包表达情绪，用基础形表达任意物体，用思维导图表达思路，然后，你就可以解锁一切视觉传达的技巧了。

##  6.1.4 用“小人”表达动作

如何表达动作呢？先从画“小人”开始。大家都画过火柴人吧？你只需要稍做改进就可以了，是不是很简单？

第一步，先画头。

第二步，画身体。

第三步，画胳膊。

第四步，画腿。

第五步，画阴影。[①]

大功告成！在绘画中，最难的是画人，现在你已经学会画人了，其他的更不在话下！现在我们要用这个“小人”表达一些动作，如抉择、对话、团结，该怎么画呢？很简单，只要变换一下动作就行了。

抉择　　对话　　团结

① 郑珍好．视觉思维 [M]. 潘翔，译．北京：中国铁道出版社，2017：39.

现在我们用这个“小人”表达任意动作，一起试试吧！

下面的训练为5个“创新钻石”任务，完成本次思维训练，将获得一枚“创新钻石”勋章。

### 6.1.5 “最强大王”训练：画小人

训练内容：用“小人”表达思考、反对、假笑等动作。

训练目的：学会用简单的“小人”表达一切动作。

训练步骤：

1. 用“小人”表达思考，画在下面。

2. 用“小人”表达反对，画在下面。

3. 用“小人”表达假笑，画在下面。

### 6.1.6 用表情包表达情绪

用画“小人”的方式解锁了一切动词的表达之后，我们一起来玩画表情包的游戏，用表情包表达情绪。

这还用学吗？我们天天都在用啊。例如，开心、伤心。你发现了吗？表情包就是在一个圆圈里，通过眼睛、嘴巴等的变化表达各种情绪。

下面，我们试着在圆圈里画出不同的眼睛、嘴或其他符号，表达所有的情绪。

### 6.1.7 “最强大脑”训练：画表情包

训练内容：用表情包表达感动、疑惑、害羞、有好主意、犯困、失望等情绪。

训练目的：学会用简单的表情包表达一切情绪。

训练步骤：

1. 用表情包表达感动，画在下面。

2. 用表情包表达疑惑，画在下面。

3. 用表情包表达害羞，画在下面。

4. 用表情包表达有好主意，画在下面。

5. 用表情包表达犯困，画在下面。

6. 用表情包表达失望，画在下面。

### 6.1.8 用基础形表达任意物体

我们现在把绘画的范围拓展到任意物体，只要以下三把钥匙，就能轻松搞定。

1. 第一把钥匙：只看外形大致轮廓，别看细节。

画任何物体之前，先眯起眼睛，只看物体的外部轮廓，不要看里面的细节。这

时候的物体就简化成了一个剪影。

2. 第二把钥匙：基础形（三角、方形、圆形）。

任何物体都是由三角、方形、圆形这三种基础形组合而成的。

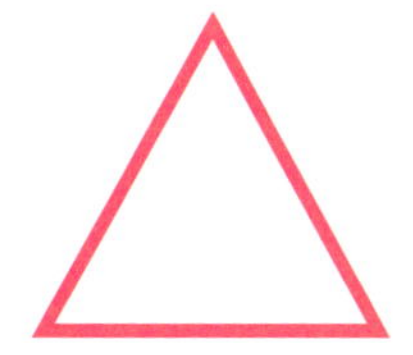

在剪影的基础上，看看物体是由什么形状组成的。例如，“手机”其实就是一个长方形，热带鱼其实就是由一个大三角形（鱼身）和一个小三角形（鱼尾）组成的。

3. 第三把钥匙：修饰与组合。

有了基本形构成的图形之后，我们试着把直线改成曲线，用彩色笔涂上颜色，让画面变得丰富多彩，这就是修饰与组合。①

对于第二把钥匙基础形（三角、方形、圆形），它真的能组成任意图形吗？下面，我们就来挑战一下吧。

## 6.1.9 “最强大王”训练：随心所欲

训练内容：观察以下物体都是由哪些基本形构成的？在下面画出来。

训练目的：用基础形（三角、方形、圆形）表达任意物体。

① 陈资璧，等. 你的第一本思维导图操作书 [M]. 广州：广东人民出版社，2017：92-95.

训练步骤：

1. 台灯

2. 眼镜

3. 交通信号灯

4. 汽车

## 6.1.10 用思维导图表达思路

在前面的“思维导图”中，我们了解到思维导图的两大特征是发散和图形。有了以上技巧，我们现在就可以在思维导图中加入更多图形和图案，用思维导图更好地表达思路了。

例如，我们在学习 5W3H 法时，用到了下面这张图表。

| 5W3H 联想 | | | | |
|---|---|---|---|---|
| Who<br>人 | What<br>事 | When<br>时 | Where<br>地 | Why<br>为何 |
| | How<br>方试 | How<br>many<br>数量 | How<br>much<br>多少钱 | |

5W3H 法

如何用思维导图表达这张图表呢？来看下面的例子。

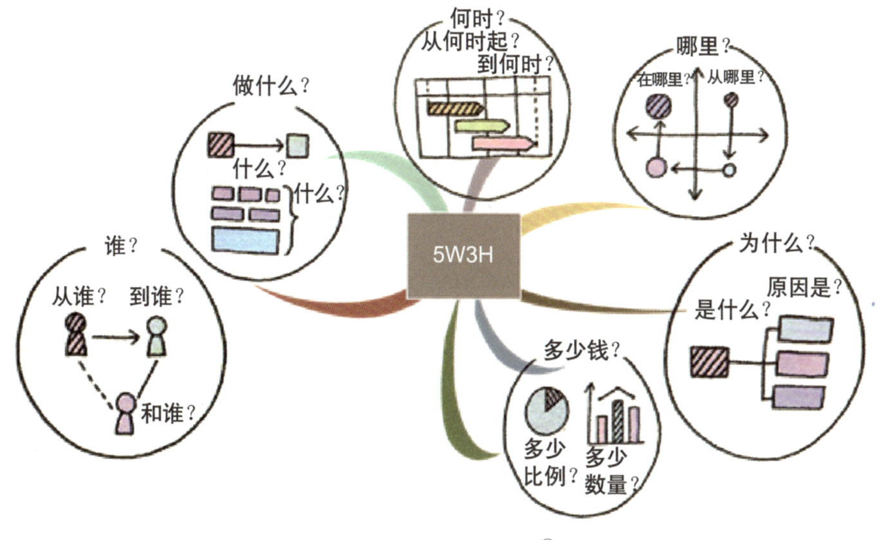


5W3H 法的思维导图①

这张思维导图是不是比刚才的图表好多了？有了图形以后，我们的表达力大大提升了。

再比如，我们在学习思维导图的用途的时候，发现思维导图可以用在教学中：在热身活动中用思维导图进行沟通，在课前用思维导图进行课程设计，在课程前期用思维导图进行大班沟通，在课程进行中用思维导图进行发散和收敛思维训练，在

① 永田丰智．“完全图解”超实用思考术 [M]. 蔡峥，译．南京：江苏凤凰科学技术出版社，2016：139.

课后进行知识进化，发展视觉思维和思维导图进阶。这些内容该如何表达呢？看看下面这张思维导图。

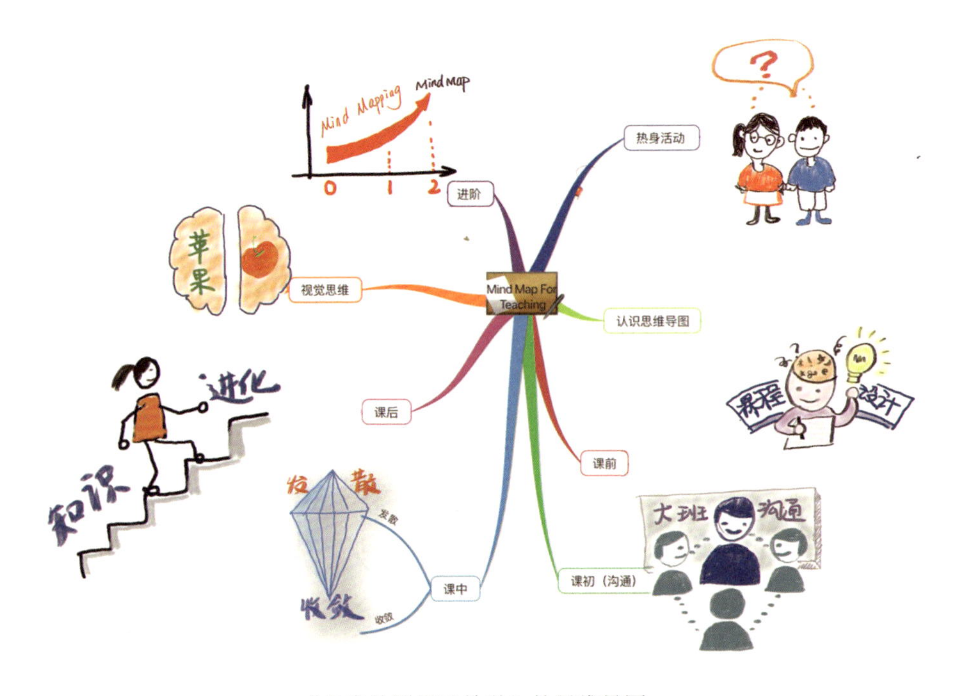


“思维导图用于教学”的思维导图

学了视觉思维之后，我们可以更好地运用思维导图表达思路了，同时，我们也能把枯燥的文字转换成图形语言，下面就开始练习吧。

## 6.1.11　“最强文王”训练：为文配图

训练内容：根据以下文字内容，画出相应的图形。

训练目的：练习视觉思维的能力。

训练步骤：

1. 把“车”“人”“天气”3个词分别用图形表达出来。

2. 把“平稳”“增长”“创想”3个词分别用图形表达出来。

## 6.1.12　“最强大王”训练：一图抵万言

训练内容：根据以下文字内容，画出相应的图形。

训练目的：练习视觉思维的能力。

训练步骤：

1. 用图形表达“男顾客人数平稳，女顾客人数呈增长趋势”。

2. 用图形表达“如何解决交通问题？我有一个好创意！”

**给教练员的小贴士：**

1. 第一个训练是单一词汇的视觉思维训练，第二个训练是长句的视觉思维训练。第一个训练是第二个训练的基础，因为任何长句都是由词汇组成的，我们要学会用关键词的组合表达长句的意思。

2. “车”“人”“天气”的图形示范。

3. “平稳”“增长”“创想”的图形示范。

4. 用图形表达“男顾客人数平稳，女顾客人数呈增长趋势”的示范。

5. 用图形表达“如何解决交通问题？我有一个好创意！”的示范。

创新钻石

完成训练，恭喜你又获得一枚徽章！

## 6.2 黄金圈

这个世界上所有伟大的、有感染力的领导者或者企业，无论是苹果公司，马丁·路德·金或者莱特兄弟，他们都以一种完全相同的方式进行思考、行动和交流。这可能是世界上最简单的法则。我把它叫作黄金圈。

——（美）Simon Sinek（《从“为什么”开始》的作者）

### 6.2.1 游戏：3分钟讲出你的方案

游戏准备：小组各自准备产品原型、海报和方案PPT。

教练员准备便利贴，并提前用抽签的方式决定小组演讲的顺序。

游戏步骤：

#### 1. 引入

当我们从问题的荆棘一路探寻，找到了一条通往创新的小路，而且重新定义了我们的问题，为此历尽艰辛寻找解决思路和方案，最终通过原型测试，似乎我们终于来到了创新思维的终点站。正当我们准备驻足休息并好好庆祝一下的时候，你突然接到了要参加一个创客比赛的消息。现在请你用 3 分钟的时间讲述你的方案，展示你的原型设计。你要尽可能说服坐在下面的同学为你的方案投票。每位同学只有 3 次投票机会。

#### 2. 方案演讲

按照抽签的顺序上台演讲，时间为 3 分钟。

#### 3. 投票

教练员在黑板上写下各方案的名字，每组用便利贴投票，选出最棒的方案。

#### 4. 公布结果

教练员公布投票结果，并提问，票选出来的方案是你们之前就认为最好的方案吗？这个结果有没有一些出乎意料？

结局往往出乎意料，此前热门的获奖方案可能并没入选，而票选的方案可能你之前并不看好。为什么会这样呢？在创客比赛的最后阶段——创意阐述环节，有的小创客兴奋不已地把自己的作品介绍给评委，期待他们的“惊喜”，但得到的反馈也许并不如人意。这时，你会问，是哪里出了问题？

做出好方案不等于讲出好方案，这两者之间没什么必然关系。如何才能讲出好方案呢？让我们一起来学习讲好方案的黄金圈法则。

### 6.2.2　什么是黄金圈？

黄金圈法则是国际知名广告专业人士西蒙·斯涅克（Simon Sinek）在 2011 年提出的，一种由内向外的思维模式。黄金圈理论要求我们从 why、how、what3 个圈层来思考或决策。

黄金圈法则揭示了伟大的领袖是如何激励和影响人们的行为的。运用这个法则，无论个人、组织还是企业，都将获得别人无法复制的竞争优势。

这是一种思维模式，它把思考和认识问题画成3个圈：最外面的圈层是What层，也就是做什么，指的是事情的表象；中间的圈层是How层面，也就是怎么做，是实现目标的途径；最里边的圈层是Why层面，就是为什么做一件事。

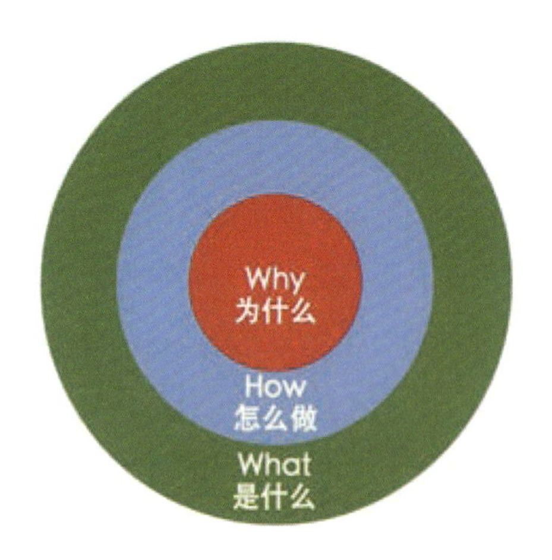


### 6.2.3 错误的讲述思路：What，How，Why

每一个创客最容易说的就是：我做了什么。

你瞧，我们的“行李出行”（2017中美青年创客大赛参赛项目）利用URFID技术，将车票分成主票和副票两部分的新型车票，主票、副票内含磁条，与列车门上的防盗报警系统装置形成联系。

我是怎么做的呢？

车门上均装有报警防盗系统，发出射频监测通过车门的车票。车票内装有铝箔IC标签和车载服务器等微型装置分别便于读取车票信息、查询信息和下载信息。当行李被偷盗出列车门时，车门上的防盗系统便会发出声响来提示行李被盗；当乘客遗忘行李出门时，防盗系统也会做出相应提示。

是不是很多项目都是这样描述的？这样的讲述就足够了吗？

NO，极少有创客能说清楚，我为什么要这样做。我们问的这个“为什么”不是你为什么要采用URFID技术，也不是为什么防盗系统会起效，而是，你为什么要做这个项目，你行动的原因是什么？你这个项目的本质是什么？我们为什么要重视你做的想法？

### 6.2.4　正确的讲述思路：Why，How，What

斯涅克发现，那些有感召力的企业（如苹果公司）或个人（如马丁·路德·金）都有着相同的沟通方式，那就是从内向外扩散的沟通：Why，How，What。

便携式的海量音乐存储播放器实际上是一家总部设在新加坡的创新科技公司研发出来的。此前，他们还发明了声霸卡，让家用计算机有了声音。事实上，直到创新科技的产品问世 22 个月之后，苹果才推出了 iPod。

纵观创新科技在数字音响领域的历史，它本该比苹果更有资格做数字音乐产品才对。可问题是，他们的广告上说的是“容量 5G 的 mp3 播放器”，而苹果 iPod 的广告词是“把 1000 首歌装进口袋”。创新科技的广告告诉我们他们的产品“是什么”，而苹果的广告里没有长篇累牍地介绍产品细节：重要的不是产品，而是我们“为什么”想买这些东西。①

从“为什么”开始，应该如何讲述刚才的“行李出行”项目呢？我们要问的问题是：我们为什么要做“行李出行”？我们做的“行李出行”为什么非常必要？你们为什么要重视我们的“行李出行”项目？好的，下面我们从“为什么”开始重新讲述这个项目。

截至 2017 年年底，我国已投入使用的高铁 2.2 万千米，占全球高铁线路总长的 65%。截至目前，已超过 60 亿人次旅客搭乘高铁出行。乘坐高铁出行已经成为国人主要的出行方式之一。（背景：说明问题的广泛性，影响的深远性）

同时，高铁出行时旅客丢失行李的事件也在逐年上升。有记者做了统计，每年春运期间，乘坐高铁的旅客丢的东西最多，仅在北京南站丢失的行李多达 121 件。为什么在高铁上旅客容易忘行李？调查发现，高铁列车相对宽松，旅客都比较放松，除了车厢两边的大型行李架，旅客基本都将小件的行李放进座椅上面设计较深的行李架上，下车不注意很容易将放在行李架最里面的物品忘记。②（问题：解释为什么要）

有没有一种方法可以防止乘高铁丢失行李的事件发生呢？为此，我们调查了目

① 斯涅克 . 从“为什么”开始：乔布斯让 Apple 红遍世界的黄金圈法则 [M]. 苏西，译 . 深圳：海天出版社，2011：55.

② 高铁乘客遗失物品最多 . 北青网 . 2013 年 2 月 6 日 . http://www.cqn.com.cn/news/xfpd/szcj/dflb/673088.html。

前国内外的防丢失方案，发现有以下几种解决方案。

1.

2.

3.

……

以上方案的优缺点分别是：

为此，我们设计了“行李出行”项目……（技术说明）。

Why

背景：范围广 / 影响大（回答为什么要关注这个问题）。

问题：严重性 / 及时性（回答为什么要重视这个问题）。

How

已有的解决方案：网络检索 / 专利查询（回答目前是如何解决这个问题的，以及已有解决方案的优缺点）。

现有的解决方案：项目思路 / 解决方法（回答你打算如何解决这个问题，以及如何做到比以往方案更优）。

What

技术要点 / 方案设计（回答你打算具体怎么做，具体解决方案是什么，技术要素是什么）。

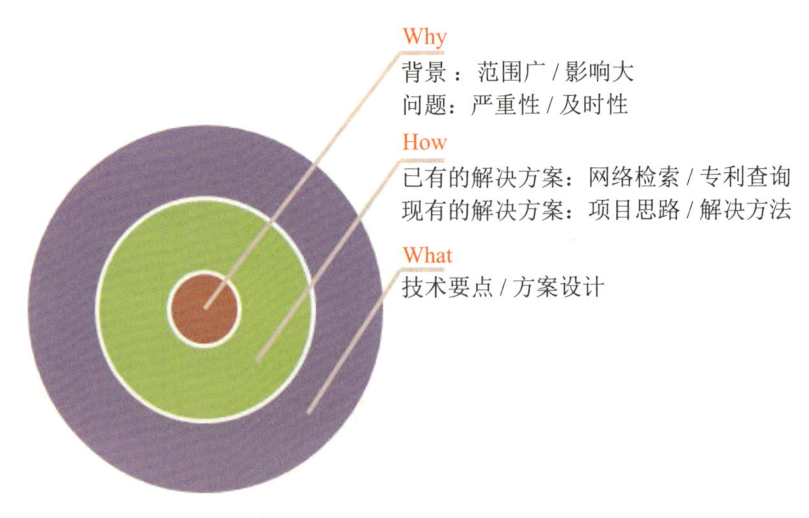


“行李出行”项目的讲述黄金圈

下面的训练为 2 个“创新钻石”任务，完成本次思维训练，将获得一枚“创新钻石”勋章。

### 6.2.5　“最强大王”训练：用黄金圈讲创意

训练目的：在创意陈述中运用黄金圈法则。

下面的案例是来自 2018 中美青年创客大赛的参赛项目，请阅读以下项目说明，按照“黄金圈法则”检验这个项目说明，完成文后的思维导图，评价一下这个项目说明做得如何。

“白菜价”车位大放送

随着社会的进步，三十年前普通百姓所不敢奢望的汽车现如今已经成为烂大街的东西。以前是人手一辆自行车，现在是人手一辆汽车，小区的自行车停车位也变成了汽车停车位，然而停自行车的地方能停多少汽车呢？汽车的体积决定了它停放所需要的占地面积，现在的汽车车位已经高达数万乃至数十万的价格，让很多车主望而生畏，而老旧小区的规划更是决定了必定会产生车主有钱也买不到车位的尴尬情况。

然而，现在这些问题都可以用我们“砥砺前行”团队开发的“无避让立体停车装置”来解决。

无避让立体停车装置主要用于城市老旧小区，街边道路停车位的改造扩容。该装置在现有标准垂直车位的上层空间增设一个可独立使用的停车平台，达到一个车位能同时停放两辆汽车的目的，同时上层停车台可下降至地面，使存取的车辆无须倒车，直接驶入（出）。该装置通过 Genuino 101 和电机编码器以及限位开关等实现一键式控制，接入 NB-lot 物联网通讯模块，实现智能车位监管和停车大数据采集，接入智能停车引导系统可以方便停车场后期分析和提升管理质量。对于家庭个人用户单人采购安装还可通过键盘输入管理员密码或者指纹解锁实现停取车。

由“砥砺前行”团队开发的无避让停车装置与传统的立体停车库有一个最重要的不同点，那就是他们采用了自主研发的机械式动力驱动装置，与传统的液压式驱动装置相比，它采用机械传动，设计精巧，整机传动巧妙，安全度不亚于液压式，对安装环境要求极低，维护极其简单，并且维护和维修成本仅为液压系统的 30% 左右。

这套机械传动系统是由这支来自西南石油大学的“砥砺前行”团队自主研发的“独门秘籍”，并且这套动力核心最大的优点就是便宜。其量产成本仅为传统液压式的十分之一，据该团队核心设计人员透露，一套设备成品的成本（包含安装费用）仅为6500元左右。对于抱怨老旧小区停车难，新小区车位天价的车主来说，如此“白菜价”的停车位一定能解决他们的烦恼，相信这套装置在不久的将来会走向城市的大街小巷。①

### 6.2.6 “最强王者”训练：用黄金圈做团队介绍

训练内容：如何结束自己的创客团队才能给人留下更深的印象呢？用黄金圈。

训练目的：在团队介绍中运用黄金圈法则。

训练步骤：

1. 用黄金圈法则写一篇团队介绍。
2. 和团队成员一起，按照黄金圈法则拍一支团队介绍视频。

创新钻石

完成训练，恭喜你又获得一枚徽章！

① 案例来自2018中美青年创客大赛成都赛区方案。

# 答案

## 1. 1.1.6 节训练答案:

原来，图书馆在报纸上发出了一条惊人的消息：从即日起，大英图书馆免费、无限量向市民借阅图书，条件是从老馆借出，还到新馆。

## 2. 1.2.4 节训练答案:

剪出一个螺旋，然后解开它。

## 3. 3.4.1 节游戏答案:

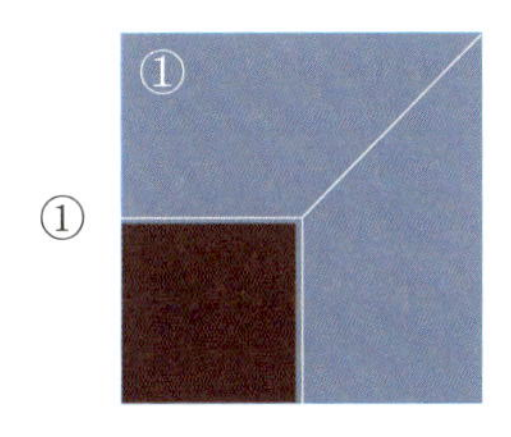


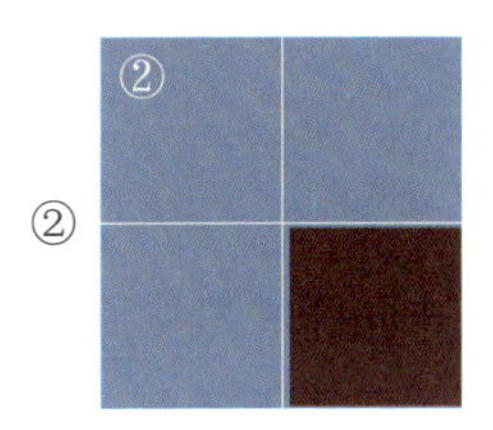


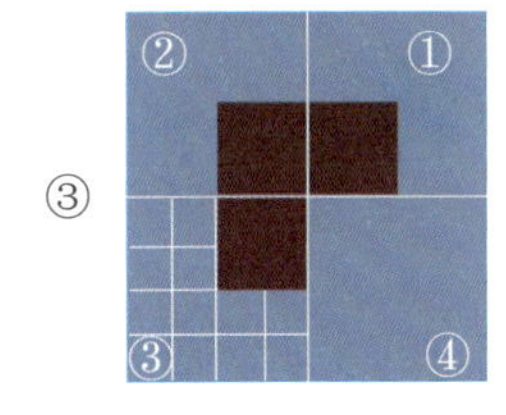


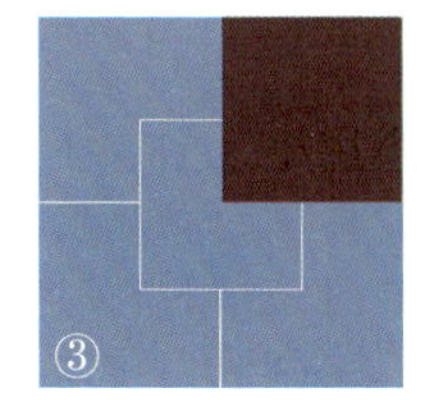